Joseph de Laporte

Reisen eines Franzosen oder Beschreibung der vornehmsten Reiche in der Welt

Achter Teil.

Joseph de Laporte

Reisen eines Franzosen oder Beschreibung der vornehmsten Reiche in der Welt
Achter Teil.

ISBN/EAN: 9783743477889

Hergestellt in Europa, USA, Kanada, Australien, Japan

Cover: Foto ©Andreas Hilbeck / pixelio.de

Manufactured and distributed by brebook publishing software (www.brebook.com)

Joseph de Laporte

Reisen eines Franzosen oder Beschreibung der vornehmsten Reiche in der Welt

Reisen eines Franzosen,

oder

Beschreibung

der

vornehmsten Reiche

in der Welt,

nach ihrer ehemaligen und itzigen
Beschaffenheit;

in Briefen an ein Frauenzimmer

abgefasset

und herausgegeben

vom

Hrn. Abte Delaporte.

Achter Theil.

Mit Churfürstl. Sächs. gnädigster Freyheit.

Leipzig,

bey Bernh. Christ. Breitkopf u. Sohne.
1772.

Der 89. Brief.
Lappland.

Ein Volk, das unter dem Gehorsame dreyer verschiedenen Nationen steht, und von keiner die Gebräuche annimmt; ein Volk, welches das elendeste Land in der Welt bewohnet, und nirgends sonst zu leben verlanget; das aus den benachbarten Reichen ursprünglich herstammet, und von seinen Nachbarn nicht die geringste Aehnlichkeit hat; ein Volk, von dem die Alten eine bloß fabelhafte Kenntniß, unter dem Namen der Pygmäen, hatten, das aber wegen seiner kleinen Gestalt die Neueren fast bereden sollte, die Erzählung von den Pygmäen sey keine Fabel; ein Volk, welches weder die Religion, zu der es sich bekennet, noch die Gesetze, darnach es lebet,

Der 89. Brief.

lebet, noch die Fürsten, denen es gehorchet, kennet; das die Weibspersonen liebet, und den Ehebruch verabscheuet, auch keine Vielweiberey oder Ehescheidung verstattet; kleine, vier Fuß hohe Menschen, die eine häßliche Gestalt, große Köpfe, platte Gesichter, eine braune Farbe, stumpfe Nasen, tief liegende Augen, schwarze Haare, dünne Arme, schwache Beine, kleine Füße, einen übelgestalteten Körper, und ein niederträchtiges Ansehen haben; dieß sind, Madame, die Einwohner, die wir auf den Küsten von Lappland, bey unserer Ankunft aus dem Haven von Archangel, über das weiße Meer, zuerst angetroffen haben.

Dieser Haven von Archangel, der in dem europäischen Rußlande am weitesten nach Norden liegt, war eben so unbekannt, als die Häven von Amerika, zu der Zeit, da die Engländer, ohngefähr in der Hälfte des sechzehnten Jahrhundertes, daselbst einliefen. Sie suchten in den nördlichen Gegenden, so wie die Portugiesen und Spanier in den Südlichen, Entdeckungen zu machen, und legten sich in der Mündung der Dwina vor Anker. Das Land war nur nichts als mit Wilden besetzet, halben Christen, die sich einbildeten, von der

griechi=

Lappland.

griechischen Religion zu seyn. Etliche Mönche, so unwissend, wie sie, verrichteten daselbst den Gottesdienst in einer dem Erzengel, (engl. Archangel). Michael geweiheten Kirche; daher der Name Archangel entstanden ist. Die Engländer begaben sich den Fluß hinauf, in das Innerste des Landes, und bemächtigten sich des ganzen Pelzhandels, den die Venetianer vorher getrieben, und ihre Factoreyen an den Ufern des Don angeleget hatten. In den Haven von Archangel kann man, wegen der äußerst rauhen Witterung, sieben Monate im Jahre nicht einlaufen: überdieß wird er auch weniger besuchet, seitdem Peter der große einen andern Weg in die Ostsee, durch Anlegung einer neuen Hauptstadt, gemachet hat. Die Engländer und Holländer sind nur die einzigen Fremden, die sich mit ihren Schiffen auf dasiger Rehde sehen lassen. Mir hat die Abreise eines für Island bestimmten Kaufartheyschiffes Gelegenheit gegeben, mich auf selbigem einzuschiffen; und es ist aus der Cajüte des Schiffcapitains, daß ich Ihnen schreibe, was ich von Lappland gesehen, oder durch besondere Nachrichten gehöret habe.

Der 89. Brief.

Man glaubet gemeiniglich, daß einige aus Finnland weggegangene, oder vertriebene Familien sich in diesem mehr nördlichen Lande niedergelassen haben, und daß aus dem Worte Lappe, welches vertrieben bedeutet, Lappland entstanden sey. Man behauptet auch, dieses Volk, welches bis in das sechzehnte Jahrhundert in der ganzen Welt unbekannt gewesen ist, habe seine eigenen Fürsten, und obrigkeitlichen Personen gehabt: andere sagen, es sey, bey seiner herumirrenden Lebensart, ohne Könige, ohne Regierung, und ohne Oberhäupter geblieben. Heut zu Tage ist das ganze Land drey verschiedenen Herren unterworfen: der nördliche Theil gehöret nach Dänemark; der östliche ist Rußland unterthänig; und der wichtigste, der auf der einen Seite an Norwegen, auf der andern an Finnland gränzet, steht unter der Botmäßigkeit von Schweden.

Wir landeten in dem Rußischen Lapplande in Kola an, einem Haven, den die Engländer und Holländer besuchen. Die Stadt besteht aus einer einzigen Gasse: die Häuser sind von Holze, mit Fischbeine gedecket, und haben kein anderes Licht, als das durch kleine Kapplöcher hineinfällt. Es giebt
auch

auch noch andere Städte in diesem Districte, sie sind aber nicht so gut, als unsere Dörfer. Nicht weniger trifft man rußische Mönchsklöster an; allein, die dasigen Mönche sind kaum mit unsern Eremiten, in den Wäldern, zu vergleichen.

Das Schwedische Lappland wird in sechs Provinzen, oder Lappmarken, eingetheilet, welche ihre Namen von den daselbst durchströmenden Flüßen erhalten. Sie machen drey große Statthalterschaften aus; die von Angermanland, von Torneå, und von Kiemi, über welche drey schwedische Landrichter gesetzet sind. Unter diesen stehen noch andere Beamte, die theils den Tribut einfordern, theils das Recht sprechen. Der Statthalter von Angermanland hat in seinem Districte drey andere Städte, Umeå, Piteå, und Luleå: allein, alle diese Städte zusammen genommen, machen nicht ein Dorf von Frankreich aus. Der größte Theil dieser Wohnplätze ist nichts, als ein Haufen von etlichen Häusern, aus Bäumen verfertiget, und mit Baumrinde gedecket. Das größte davon stellt die Kirche vor, worinnen auch der Pfarr und Schulmeister wohnen. In den andern halten sich diejenigen Lappen auf, die

die aus Liebe zur Religion gern um ihre Pfarrer sind; denn sonst leben diese Völker zerstreuet. Jeder District begreift eine gewisse Anzahl Familien; und jede Familie hat ein gewisses Stück Landes für ihre Heerden. Vor diesem stund ihnen frey, ihre Wohnungen von einem Orte an den andern zu verlegen, und sich niederzulassen, wo sie wollten. Die Schweden aber haben ihnen diese Freyheit genommen, und ihnen einen bestimmten Platz angewiesen, den sie nicht erweitern dürfen. Weil aber die Lappen ihre Gewohnheit, herumzuziehen, beständig behalten haben, so verändern sie ihre Wohnplätze nach Gefallen in den ihnen vorgeschriebenen Bezirken; nur müssen sie sich hüten, daß sie solche nicht überschreiten. Zur Zeit des Fischfanges nähern sie sich den Flüssen und Morästen; die Jagdzeit aber bringt sie wieder in die Hölzer und Gebirge; doch brauchen sie, zu Erhaltung ihrer Rennthiere, die Vorsicht, sich von der Weide nicht zu sehr zu entfernen. Indem sie also den ihnen eingeräumten Umfang durchziehen, nutzen sie ihn nach und nach, und so, wie sie einen Strich Landes verlassen haben, erholet er sich wieder, und fängt an zu tragen. Es besteht auch der ganze Reich=

Lappland.

Reichthum dieses Volkes bloß in Heerden, in Pelzwerke, in etwas Vorräthen, und in dem nöthigsten Hausgeräthe. Die Erbschaften werden nach den Gesetzen der Länder, welche sie bewohnen, getheilet. Von liegenden Gründen, als Ländereyen, Seen, Bergen u. d. gl. haben sie nur den Nießbrauch; Grund und Boden gehöret dem Landesherrn.

Die herumziehende Lebensart der Lappländer verstattet nicht, daß sie feste Häuser bauen: vier in die Erde gesteckte Stangen, zwölf oder funfzehn Fuß hoch, mit vier Querbalken befestiget, machen das ganze Bauholz dieser Gebäude aus. Sie werden pyramidenförmig aufgerichtet, mit Bretern verschlagen, mit großen Stücken Zeug oder Häuten bedecket, und Zweige, Baumrinde, oder Rasen darüber geleget. Der Herd, worauf das Feuer beständig erhalten wird, ist in der Mitten, umher aber sind Steine gelegt, daß man sich setzen kann. Auf die Erde werden Häute von Rennthieren gebreitet, und Blätter darunter gestreuet; und die Einwohner haben keine anderen Betten. Wenn sie von einem Orte wegziehen, nehmen sie nichts als die Decke des Hauses und etliche Meublen mit, die sehr geschwind auf ihre Rennthiere gela=

Der 89. Brief.

geladen sind. Kommen sie an einen andern Ort, ist eine neue Hütte bald fertig: in weniger als zwey Stunden hat jedes seine Wohnung, worinnen es eben so bequem eingerichtet ist, als in der vorigen. Die rußischen Lappländer wohnen in Hütten unter der Erde, und dürre Blätter sind ihre Betten.

Die meisten dieser Häuser haben zwey Thüren, eine große, und eine kleine; die eine vorne, die andere hinten. Durch die hinterste tragen die Mannsleute die Lebensmittel. Es ist nicht erlaubet, solche von vorne hineinzuschaffen, aus Furcht, man möchte einer Weibsperson begegnen, und dieses würde der Fischerey und Jagd schaden. Auch dürfen die Weiber niemals durch die hinterste Thüre gehen. Hinter dieser kleinen Thüre ist ein Raum, wo sich blos die Mannspersonen aufhalten. In der Hütte sind andere Plätze für die Mutter und Kinder, für das Gesinde, und noch ein anderer für die Lebensmittel bestimmet. Es geschieht vielmals, daß diese Speisekammern von den Bären eingerissen werden, welche in einer Nacht die Vorräthe auf viele Tage verzehren.

Diese

Lappland.

Diese Völker haben noch eine andere Art von Magazinen mitten in den dickſten Wäldern, die auf einem einzigen Pfahle ſtehen. Sie hauen einen Baum, ſechs oder ſieben Fuß hoch, ab, und oben auf den Stamm legen ſie kreuzweis zwey Stücken Holz, auf welche ſie ihr Gebäude aufrichten, das einem Taubenhauſe nicht unähnlich ſieht. Das Dach iſt mit Brettern belegt, der Stamm aber, der das Gebäude trägt, iſt abgeſchälet, und mit Fiſchthrane beſtrichen, daß die Bäre nicht hinaufklettern können. Die Treppe, iſt ein anderer mit Löchern ausgehohlter Stamm, den man auf der Erde liegen läßt, bis man ihn brauchet.

Die Speiſen, worauf ſich die Lappländer am meiſten zu gute thun, ſind Bärenfleiſch, oder Zungen, Fett, und Mark von Rennthieren. Anſtatt des Brodes nehmen ſie getrocknete Fiſche, machen ſie zu Pulver, und kneten ſolches wie Mehl. Darunter mengen ſie junge Knoſpen von Fichten, die zu Anfange des Sommers eingeſammlet werden. Aus der inwendigen Schale dieſes Baumes machen ſie Salz, und zwar auf folgende Art. Die Rinde ſchälen ſie in dünnen Blättern ab, und trocknen ſie in der Sonne:

Sonne: sie brechen sie hernach in kleine Stücken, legen sie in Küsten, bedecken sie mit Sande, und setzen sie an einen warmen Ort, biß die Stücken zu Pulver geworden sind, und eine rothe Farbe, nebst einem angenehmen Geschmacke angenommen haben. Mit diesem Salze richten sie alle ihre Speisen zu. Fische, und Wildpret, kochen sie zusammen, und essen es halb roh. Diejenigen Lappen, die den Gebirgen am nächsten wohnen, essen das Fleisch ihrer Rennthiere, wie auch die Käse, die von dieser Milch gemachet sind. Sie haben auch eine Art von Eingemachten, von Maulbeeren oder andern Früchten, die mit Fischrogen, oder mit dem Fische selbst, abgesotten werden. Sie thun die Gräten heraus, und legen den Fisch in einen Mörsel, stoßen alles zusammen, daß ein Mus daraus wird, und machen es zu einer Marmelade, die sie für den Winter aufheben.

Wasser ist dieser Völker ordentliches Getränke. Bey großer Kälte halten sie einen Kessel über dem Feuer bereit, damit das Wasser nicht friere, und jedes kommt, und schöpfet darinnen mit einem hölzernen Löffel: vorzüglich aber lieben sie das Wasser,

worin-

worinnen Speisen gekochet worden sind. Wein, oder Bier, trinken sie gar nicht, denn sie können es wegen der strengen Witterung nicht aufbehalten. Das gröste Geschenk, das man ihnen machen kann, und das sicherste Mittel ihre Freundschaft zu erwerben, ist der Brandwein. Die Kaufleute, die ihre Messen besuchen, fangen zu erst an, sie voll zu trinken; hernach betrügen sie sie ohne Bedenken, und für einige Gläser Brandwein nehmen sie ihnen das kostbareste, was sie von Pelzwerke haben.

Bey Mangel sind die Lappländer mäsig; beym Ueberflusse, unersättlich. Man sieht sie in einem Kreise um einen Kessel sitzen, und ein Stück Fleisch, oder Fisch, nach Gefallen heraus langen, es in ihre Mütze, oder in einen Zipfel vom Rocke legen, und stillschweigend mit der grösten Begierde verschlucken. Nach dem Essen beten sie. Sie danken Gott, daß er die Speise zu ihrer Nahrung und Vergnügen geschaffen habe, machen sich gegenseitige Freundschaftsbezeugungen, schlagen in die Hand, und ermahnen sich, von einerley Herze und Gesinnungen zu seyn, so wie sie einen Tisch gehabt haben.

Diese

Der 89. Brief.

Diese Völker rauchen, und kauen Taback mit dem grösten Vergnügen. Einige haben ihn in ledernen Beuteln; andere langen ihn hinter den Ohren hervor: denn daselbst, hat man mir gesaget, lassen sie ihn trocken werden, und haben kein anderes Behältniß, ihn zu verwahren. Zu erst kauen sie ihn, und wenn sie allen Saft herausgezogen haben, legen sie ihn hinter die Ohren, wo er einen neuen Geschmack annimt. Sie kauen ihn hernach wiederum, und legen ihn nochmahls dahin; hat er nun alle Kraft verloren, so rauchen sie ihn. Ich will nicht für die Wahrheit dieser Umstände stehen; ich wiederhole nur, was man mir gesagt hat.

Eine andere Art von Vergnügen, die sie sich öfters machen, ist, daß sie einander besuchen, und wechselsweise Gastgebote anstellen. Nach der Mahlzeit üben sich die Mannspersonen im Springen, Laufen, Ringen, oder mit dem Bogen zu schießen: eine Bärenhaut, oder ein Fuchsbalg ist die Belohnung für den Ueberwinder. Die Weibspersonen belustigen sich, den Ballon zu schlagen. Zuweilen mengen sich die Mannspersonen darunter, sind aber nicht sonderlich geschickt.

Bey

Lappland.

Bey den Lappen findet man wenige Kranke; und sie erreichen ein sehr hohes Alter. Es ist nichts seltenes, hundert Jahre ohne die geringste Beschwerung alt zu werden. Die Krankheit, welcher sie am meisten ausgesetzet sind, ist das Augenweh: der Schnee, und der beständige Rauch in den Hütten, ist Ursache davon, und machet sie im Alter blind. Man hat mir von einer Art von Dürrsucht gesaget, welche denen, die damit behaftet sind, übele Träume veranlasset. Dergleichen Leute bilden sich ein, sie hätten im Schlafe Eingebungen von Geistern, welche ihnen die geheimsten Dinge offenbareten. Man findet sie auf der Erde liegen und schlafen, singen, weinen, oder heulen nach Beschaffenheit der Erscheinung die sie beschäfftiget.

Die Lappen haben weder Aerzte, noch Wundärzte: sie heilen ihre Krankheiten mit den einfachsten Mitteln. Wider innerliche Beschwerungen gebrauchen sie sich einer von Moos gemachten Tisane, und fehlet ihnen diese, nehmen sie Angelickenwurzel, die sie roh essen: oder sie nehmen den Stengel dieses Krautes, und kochen ihn in Rennthieresmilch. Dieser Trank thut sehr gute Wirkung. Wenn sie an einem Theile des Leibes

Schmer-

Der 89. Brief.

Schmerzen empfinden, nehmen sie einen gewissen Staub, den sie auf den alten Stöcken der Bäume sammeln, formen ihn spitzig, setzen ihn auf den Ort, wo der Schade ist, und zünden die Spitze an. Dieser kleine Kegel verzehret sich nach und nach, das Feuer greift unter sich, brennet die Haut und die Nerven, und der Schmerz, der anfänglich sehr heftig ist, verwandelt sich in ein gelindes Kützeln. Man wartet, biß dieses Brennmittel von sich selbst abfällt, und die Wunde schließt sich, ohne andere Beyhülfe. Es ist fast kein einziger Lappländer ohne dergleichen Narben: das Hülfsmittel aber ist eben das, was der Moxa in Japan ist. Ihre Wunden heilen sie mit Pflastern von Tannenharze, oder mit Käsen von Rennthieren. Eben dieser Käse, in Milch geweichet, oder mit einem glüenden Eisen gewärmet, da alsdenn eine Art von Oele heraus bringt, ist ein vortrefliches Mittel wider innerliche Krankheiten. Zuweilen nehmen sie auch ihre Zuflucht zu Zaubereyen: denn bey einem Volke, das sich der größten Unwissenheit überläßt, spielet der Teufel allezeit eine große Rolle. Nur in Ländern, wo die Leute denken, und überlegen, werden magische Künste nicht geachtet.

Die

Lappland.

Die Lappen also glauben in dieser Kunst sehr weit gekommen zu seyn, und rühmen sich, über den Wind zu gebieten, Sturmwetter zu erregen, verlorne Sachen wieder zu schaffen, eine glückliche Jagd zu veranstalten, oder durch ihre Zauberkunst den Fehler des Gewehres zu ersetzen. Vergeblich haben die Könige von Schweden die schärfsten Gesetze wieder diese vermeynten Schwarzkünstler ergehen, ja etliche als Zauberer, bestrafen lassen; sie haben dieses Volkes Neigung zu der täuschenden und verachtungswürdigen Kunst der Bezauberung, des Wahrsagens, und der Hexerey, nicht ausrotten können. Eine geheimnißvolle Trommel, mit symbolischen Figuren bezeichnet, und mit eigenen, zu Bewirkung der Zauberey dienlichen Instrumenten versehen, ist das vornehmste Werkzeug, dessen sich der Zauberer bedienet. Zu erst hält er sie an das Feuer, um das Trommelfell hart zu machen, welches sich von der Hitze einzieht: darnach kniet er nieder, und alle Anwesende müssen ein gleiches thun. Alsdenn schlägt er sachte auf die Trommel, machet einen Kreis um sich herum, und spricht etliche Worte aus: nach und nach schlägt er stärker, und erhebt die Stimme:

bald darauf borsten seine Haare, das Gesicht wird erhitzet, die Augen verkehren sich, er fängt an zu schreyen, und sich zu gebehrden, er wird wüthend, fällt endlich nieder auf das Gesicht, und bleibt ohne Bewegung liegen. Wenn die Raserey vorbey ist, steht er mit einer angenommenen Gelassenheit auf, und eröffnet den Anwesenden, was er vom Teufel gehöret hat.

Die Nation glaubt blindlings, was diese Betrüger vorgeben. Insonderheit fürchtet man sich vor einer gewissen Bezauberung, oder Kunststücke, der Gan genennet, dem die traurigsten Wirkungen zugeschrieben werden. Es besteht in einer kleinen Kugel, so groß wie eine Nuß, welche aus den zartesten Federn eines gewissen Thieres gemachet wird, und bey allem, was sie berühret, den Tod verursachet. Diese Kugel wird von einem Orte zu dem andern geschicket, und läuft mit solcher Geschwindigkeit, daß man sie nicht wahrnimmt, als vermittelst eines kleinen blauen Striches, den sie auf ihrem Wege zurückläßt. Fügt es sich, daß sie unterweges an etwas Lebendiges trifft, thut sie sogleich ihre Wirkung, so gut als an der Person, für die sie bestimmet ist.

Wer

Lappland.

Wer jähling stirbt, von dem glaubet man, er sey von dieser Kugel berühret worden. Wenn aber derjenige, dem sie geschicket wird, listiger ist, als sein Feind, so schicket er sie augenblicklich, ohne sie berührt zu haben, wieder zurück, und der letzte stirbt an dem Uebel, das er seinem Gegner zugedacht hatte. Dieser Gan ist hauptsächlich bey den Dänischen Lappen im Gebrauche. Sie haben auch eine große schwarze Katze, der sie alle ihre Geheimnisse sagen, und die sie bey allen wichtigen Vorfallenheiten zu Rathe ziehen: sie fragen sie, ob sie auf die Jagd, auf die Fischerey gehen; ob sie ihre Wohnungen verändern sollen, u. s. w. und sind überzeuget, daß der Teufel, unter der Gestalt dieses Thieres, ihnen seinen Willen durch gewisse bestimmte Kennzeichen zu erkennen giebt.

Wenn ein Lappe gefährlich krank wird, nimmt man seine Zuflucht zu der Trommel, um den Ausgang der Krankheit zu erfahren. Ist der Ausspruch günstig, sparet man bey dem Kranken weder Sorgfalt, noch Mittel. Im widrigen Falle aber läßt man ihn eine Menge Brandwein verschlucken, welcher den Uebergang in die andere Welt erleichtern soll.

soll. Zuweilen geschieht es, daß, wenn der Zauberer seinen Tod prophezeyet hat, ihn alle Welt verläßt, und man sich nur mit den Anstalten zu dem Feste beschäfftiget, das nach seinem Absterben gegeben wird. Man geht an den Ort, wo Brandwein verkaufet wird, und erwartet daselbst den Augenblick seines Todes ganz gelassen. So bald er gestorben ist, kommt man in die Hütte zurück, und fängt an vom neuen zu trinken, um sich wegen des gehabten Verlustes zu trösten, oder aber die erforderliche Betrübniß rege zu machen.

Wenn der Verstorbene reich ist, begräbt man ihn in die Kirche: da aber das Volk nach dieser Ehre begierig zu seyn anfängt, wird sie niemanden verwilliget, als wer sie theuer bezahlet. Alle andere Leute, ohne Unterschied, werden auf den Gottesacker getragen. Zur Seite des Grabes werden ihre Waffen, Schlitten, und alles andere Werkzeug, das sie bey ihrem Leben gebrauchet haben, hingeleget. Die Lappen bilden sich ein, sie könnten es nach ihrem Tode noch nöthig haben; es sey nun, um sich Licht in der Finsterniß zu verschaffen, oder die Bäume umzuhauen, und die Hindernisse wegzuräumen, die den

Weg

Lappland.

Weg zum Himmel enge und uneben machen. Alle diese Sachen bleiben auf dem Gottesacker: auf dem Grabe opfert man ein Rennthier; die Anwesenden aber lassen sich das Fleisch davon gut schmecken. Bey dergleichen Festen ist der Brandwein die Seele des Schmaußes: vermuthlich macht er die Gäste beredter, den Verstorbenen zu loben. Die Trauer trägt man hier nicht anders als in dem Herzen; und sie geht erst an, wenn nichts mehr zu trinken vorhanden ist.

Die Lappen verändern ihre *Kleidung* zweymal im Jahre. Im Sommer tragen die Mannspersonen enge leinwandene Beinkleider, die bis auf die Füße gehen, und ein Wams von grober Wolle, ohne Hemde. Darüber haben sie einen ledernen Gürtel, woran ein Messer ohne Scheide, und eine Tasche hängt, wo sie Zwirn, Nadeln, u. s. w. hineinstecken. Den Kopf bedecken sie mit einer Mütze von Federn; die Schuhe aber sind von Rennthiershaut gemacht. Das Winterkleid ist von dem vorigen nicht unterschieden, als der Materie nach; denn die Form ist ohngefähr eben dieselbe: was im Sommer von Federn oder Zeuge ist, wird in der kalten Witterung mit großen Pelzen ver-

verwechselt. Ihre Mützen bedecken das ganze Gesicht; sie lassen nichts als eine Oeffnung für die Augen und das Maul; und da bey der ganzen Kleidung das rauche herausgekehret ist, kann man sie nicht besser vergleichen, als mit denen Thieren, derer Haut sie geborget haben.

Die Weiber sind fast wie die Mannspersonen gekleidet, mit Ausnahme einiger Zierrathen, die sie besonders haben. Zum Exempel, ihr Gürtel ist breiter, und mehr verzieret: sie hängen daran meßingene Ketten, kleine silberne, oder zinnerne Platten, die wie Blumen, Sterne, oder Vögel ausgeschnitten sind. An jeder Kette hängt ein Futteral, ein Messer, oder ein Beutel; und das Gewicht dieser Zierrathen ist so schwer, daß es vielmahls mehr als zwanzig Pfund beträgt. Aller dieser Plunder macht im Gehen ein solches Geräusch, daß man glauben sollte, es käme jemand von Wichtigkeit. Um den Hals haben sie ein Tuch, (sichu) von rothem Zeuge, das mit kleinen Knöpfen, und andern Stückgen Kupfer besetzet ist. Ihr Kopfputz besteht in einer Art von runder, flacher Mütze, die bis an die Ohren geht, und die Haare bedeckt, welche sie zuweilen

weilen hinaufschlagen, zuweilen aber in geflochtenen Zöpfen auf die Schultern fallen lassen.

Kaum waren wir zu Kola abgestiegen, so gab man uns von der Ankunft eines Schwedischen Officieres Nachricht, der von dem Statthalter zu Torneå war dahin geschicket worden, um einige Gränzstreitigkeiten zwischen Schweden und Rußland abzuthun. Da er hörete, daß ich ein Franzose war, sagte er zu mir: „Sie sind nicht der einzige von ihrer Nation, der hieher gekommen ist, und den ich unter diesem entlegenen Himmelsstriche gekennet habe; ja ich kann mir schmeicheln, einiger ihr Freund gewesen zu seyn." Er redete von der bekannten Reise unserer Herren von der Akademie nach Norden. Sie wissen Madame, daß der König die berühmte Frage, von der eigentlichen Figur der Erdkugel, wollte entschieden wissen, und gab im Jahre 1736 der Akademie der Wissenschaften Befehl, einige ihrer Mitglieder unter dem Aequator zu schicken, um den ersten Grad des Mittagszirkels zu bemerken, andere nach Norden, um den nördlichsten Grad zu messen. Man sah diejenigen, die der brennenden Sonne in dem hitzigen Erdstriche ausgesetzt wurden,

wurden, mit eben dem Eifer abreisen, als die andern, welche die strengeste Kälte in dem kalten Erdstriche auszuhalten hatten. Letztere waren die Herren, von Maupertuis, Camus, Clairaut, und le Monnier, denen der Abt Outhier als Gehülfe zugegeben wurde. Diese würdigen Reisende nahmen von Frankreich alles mit, was zur Beförderung ihres Unternehmens nöthig war, und der Schwedische Hof gab auch Befehl, daß es ihnen in den entlegensten Provinzen von Lappland an erforderlichem Beystande nicht fehlete. „Ich wurde gewählet, sie zu begleiten, sagte unser Schwede, da ich schon mehrere Reisen dahin gethan hatte, und das Land kennete. Wir reiseten also von Stockholm ab, nach dem hintersten Ende des Bottnischen Meerbusens, wo die Stadt Torneå liegt. An diesem Orte wird zu Winterszeit die vornehmste Messe der Lappländer gehalten, wenn das Meer, und die Landseen mit Eise genug beleget sind, daß man auf den Schlitten dahin kommen kann. Der Handel dieser Stadt besteht in Fischen, womit die Einwohner alle Provinzen an der Ostsee versorgen: einen Theil davon salzen sie ein, und den andern räuchern sie."

„Ich

„Ich will nichts von den astronomischen Beobachtungen ihrer Landesleute erwähnen, fuhr der Schwede fort; diese höhern Wissenschaften gehen über meine Begriffe; ihre Arbeit aber verhinderte nicht, daß wir auch öftere Spatziergänge anstelleten. Sie waren Liebhaber von der Jagd, und wir machten uns dieses Vergnügen nach der hiesigen Landesart. In ihrem gemäßigten Clima bedienet man sich bey dieser Lust mehrentheils des Feuergewehres; hier aber, bey der außerordentlichen Menge von Wildpret, nimmt man das meistemal einen Stock, oder eine Peitsche. Wird man von weitem einen Taucher, oder eine Ente gewahr, so verfolget man sie mit dem Auge, ohne zu thun, als ob man auf sie Achtung gäbe; nach und nach nähert man sich ihr, und so bald sie an den Rand kommt, wirft man sie mit dem Stocke, der ihr den Kopf einschmeißt. Wenn diese Thiere auffliegen wollen, erlegt man ihrer etliche mit einem einzigen Peitschenhiebe. Die Bauern sind auf diese Jagd sehr abgerichtet; ungeachtet wir aber weniger geübet waren, fehlte es uns doch nicht, zehn oder zwölf Stücken in weniger als einer Stunde zu erlegen."

„Wir

Der 89. Brief.

"Wir giengen auch sehr oft, die Kupfer=
bergwerke zu besehen, und erstaunten über
die vielerley Arbeit, und über die Tiefe der
Schachte, die bis an den Mittelpunkt der
Erde zu reichen schienen. Auf unsern ver=
schiedenen Gängen brachte uns der Zufall an
einige Denkmale, die unsere Herren von
der Akademie belehrten, daß bereits andere
Franzosen vor ihnen in diesen Gegenden ge=
wesen waren. Sie fanden, daß einer ihrer
comischen Dichter, Renard, mit den Herren
von Corberon und Fercourt, über Holland,
Dänemark, und Schweden, nach Lappland
gereiset waren, aus keiner andern Ursache,
als fremde Länder zu besehen. Man sieht
ihre Namen noch in Holz und in Stein ge=
graben; und in den Aufschriften findet man,
daß sie so weit gereiset sind, als sie haben
Land entdecken können. Die vornehmste
dieser Aufschriften, die lateinisch abgefaßt ist,
und auf einem Berge, an dem Ufer des Tor=
neåtresker See steht, woher der Fluß
Torneå kommt, ist den 22 August 1681 da=
tiret. Die Länge dieses Sees ist ohngefähr
vierzig Stunden; die herumliegenden Berge
aber sind von einer so erstaunenden Höhe,
daß man die Gipfel nicht erkennen kann, und
der

Lappland.

der darauf liegende Schnee machet, daß man sie mit den Wolken, an welche sie zu stoßen scheinen, verwechselt. Man sagte uns, daß man auf dem höchsten dieser Berge ganz Lappland übersehen könnte. Wir brauchten vier Stunden, um über die beschwerlichsten Wege bis auf den Gipfel zu kommen; und von da aus entdeckten wir allerdings eine unübersehliche Gegend, von den norwegischen Gebirgen an, bis an das Norder=Cap und bis an das Eismeer. Auf einem sehr harten Felsen, welcher die Spitze dieses Berges machet, sieht man eine Aufschrift von vier lateinischen Versen, davon der letzte also lautet:

Hic tandem stetimus, nobis ubi defuit orbis.

„Nach unserer Rückkunft zu Torneå fiengen wir an, aufs neue herum zu reisen; und es wurden etliche astronomische Beobachtungen in der Gegend der Stadt Uleå, an dem bottnischen Meerbusen, vorgenommen. Die Gassen dieser Stadt sind lang, und nach der Schnure gezogen: hiernächst sind eine Kirche, ein Rathhaus, eine Stadtuhr, und ein Werft zu Verfertigung der Schiffe daselbst befind=

befindlich. Auch die Schiffe fahren bis an die Stadt hinan. Das Schloß, das auf einer kleinen Insel liegt, ist von Holze, so wie die Kirche und die übrigen Gebäude. Alle Einwohner haben eine, oder mehrere kleine Barken, worinnen sie im Sommer ihre Reisen verrichten. Hier versorgten sich die Herren der Akademie mit neuen Vorräthen; mit Zwieback, mit etlichen Bouteillen Wein, mit Häuten von Rennthieren, die ihnen als Betten, auf der Erde zu schlafen, dienen sollten; mit vier Zelten, derer jedes zwey Personen fassete; mit zwey Quadranten, einem Meßtische, einer Penduluhr, mit Thermometern, und mit allen übrigen nöthigen Instrumenten. Dieses war, nebst etwas von Kleidung, das Reisegeräthe, welches auf sieben Barken geladen, und jede durch drey Leute geführet wurde„

„Ich will die Beobachtungen ihrer Herren von der Akademie nicht umständlich anführen, setzte unser Schwede hinzu; es ist genug, wenn ich ihnen sage, daß sie sich unglaubliche Mühe gegeben haben, Arten von Sternwarten auf den höchsten Gipfeln der Berge aufzurichten. Die von Kiemi ist wegen der daselbst gemachten Observationen,

und

und der vielen Beschwerlichkeiten, die sie dabey ausgestanden haben, eine der merkwürdigsten. Als sie aus der Barke gestiegen waren, begaben sie sich sogleich zu Fuße bis an einen kleinen Fluß, dessen Ufer sie folgten, zugleich aber einen so dicken Wald durchzugehen hatten, daß sie wegen des vielen Mooses und der umgefallenen Tannenbäume bey jedem Schritte anhalten, und sich endlich mit der Axt durchhauen mußten. In den Wäldern dieses Landes findet man fast eben so viel umgeworfene Bäume, als man ihrer auf dem Stamme stehen sieht; denn, weil der Boden nicht fruchtbar genug ist, ihnen Nahrung zu verschaffen, sterben die meisten ab, oder sie fallen bey dem geringsten Winde um. Ueberall findet man umgerissene Tannen und Birken. Letztere werden mit der Zeit zu Staube, ohne daß man an der Schale die mindeste Veränderung wahrnimmt; man muß sich wundern, ihrer überaus starke zu sehen, die man zerbrechen und zermalmen kann, so bald man sie angreift. Dieses hat vielleicht zu dem Gebrauche in Schweden Anlaß gegeben, daß man die Häuser mit Birkenrinde decket. Der Wald also, welchen die Herren von der Akademie

demie durchzuwandern hatten, um auf den Berg von Kiemi zu kommen, kam ihnen nicht anders vor, als ein entsetzlicher Haufen Ruinen und Trümmern. Dieser Berg, wegen der herumliegenden Seen, und wegen der Beschwerlichkeit, hinzu zu kommen, gleicht einem bezauberten Orte in der Fabel. Auf der einen Seite trifft man ein leichtes Gehölze an, wo der Boden so gerade ist, wie die Gänge in einem Garten; die Bäume verhindern nicht, darinnen zu gehen, noch weniger benehmen sie die schöne Aussicht eines an dem Fuße des Berges befindlichen Sees. Auf der andern Seite sieht man Säle und Cabinete, die in den Felsen gehauen zu seyn scheinen, und denen nichts fehlet, als das Dach. Die Felsen gehen so gerade in die Höhe, und sind so eben, daß man sie nicht für ein Werk der Natur, sondern für angefangene Mauern eines Palastes halten sollte, die nach den genauesten Regeln der Baukunst angegeben wären.„

„Es ist noch ein anderes Denkmaal, das die Lappländer als ein Wunder ihres Landes ansehen, und von dem sie glauben, daß die erhabensten Wissenschaften darinnen verborgen wären. Sie setzen seine Lage in das Mittel

Mittel eines weitläuftigen Waldes, der den bottnischen Meerbusen von dem Weltmeere scheidet. Die Neugierde trieb den Herrn von Maupertuis und mich an, es zu besehen. Wir waren in dem Monate April, und mußten, auf Treue und Glauben der Lappländer, alle Beschwerlichkeiten der Kälte wagen, in einer Wüsteney, wo man nirgends unterkommen konnte. Die Art und Weise, wie man in diesem Lande reiset, vermehrte unsre Schwierigkeiten. Gleich bey dem Anfange des Winters bezeichnet man die Wege, die nach den bekanntesten Oertern zugehen, mit Zweigen. Kaum aber haben die Schlitten den ersten Schnee, der die Wege bedecket, niedergefahren, und die hohlen Wege gangbar gemachet, so macht ein neues Schneegestöbere sie wieder so voll, daß sie dem übrigen Felde gleich werden. Andre Fuhrwerke, die dahin kommen, drücken diesen Schnee zwar nieder, allein ein gar bald darauf folgender bedecket ihn abermals; ob nun gleich diese wechselsweise eingeebende und wieder voll gewordene Wege nicht höher scheinen, als das übrige Erdreich, so machen sie doch eine Art von Damme, auf welchem man weder zur Rechten noch zur Linken abweichen

darf,

darf, ohne in Abgründe von Schnee zu fallen. Man muß beständig Achtung geben, daß man nicht aus einer Art von Furche kommt, welche die Schlitten gemeiniglich in der Mitten lassen. Allein in den Wäldern, an Oertern, wo nicht gefahren wird, hat man nicht einmal dergleichen Wege, und wir würden uns nicht zu rechte gefunden haben, wenn uns nicht gewisse Zeichen, die man an den Bäumen läßt, geholfen hätten. Die Rennthiere fallen vielmals bis an die Geweihe in den Schnee; und würde ein Reisender zu solcher Zeit von einem Wirbelwind überfallen, könnte er weder den vor sich habenden, noch den vorigen Weg finden. Die Lappen, als sehr fruchtbare Leute in abentheuerlichen Mährgen, erzählten uns, wie viele Personen, mit ihren Schlitten, wären von dergleichen Schneewinden in der Luft fortgeführet, und bald an einen Felsen, bald mitten in einen See geworfen worden.„

„Ohne sonderliche Vorfälle gehabt zu haben, kostete es uns doch Mühe genug, durch den Wald zu kommen, und wir mußten unsere Rennthiere alle Augenblicke ausruhen lassen, auch ihnen Moos, das wir vorräthig bey uns hatten, geben. Das Moos

Lappland.

Moos ist ihre einzige Nahrung; und die Lappen mengen Schnee und Eis darunter, und machen es zu einem harten Teige, der diesen Thieren so wohl zum Futter, als zum Getränke dienet. Wir selbst waren wegen des gezwungenen Sitzens im Schlitten außerordentlich müde; unser einziger Zeitvertreib aber auf dieser verdrüßlichen Reise war, die Fährden der verschiedenen Thiere, wovon der Wald voll war, auf dem Schnee zu betrachten. Man muß sich wundern, daß man eine so große Menge Wildes in einem so kleinen Umfange spüret. Wir fanden unter Weges allerhand Fallen, für die Hermeline aufgestellet; auch etliche, wo sich die Hermeline gefangen hatten. Die Lappen legen auf einen kleinen Baum, der dem Schnee gleich abgehauen wird, ein Scheit Holz, worauf ein anderes schief geleget ist, damit der Hermelin einen kleinen Weg darunter behalte, das aber einfällt, und das Thier tod schmeißt, so bald es an die Kirrung rühret. Diese Art von Jagd findt man in Lappland sehr häufig."

„Wir kamen endlich auf den Berg von Windso, wo das Denkmaal ist, das wir sehen wollten: es war aber in dem Schnee

Schnee vergraben, und wir mußten lange suchen, ehe wir es finden konnten Endlich, nach vieler Bemühung, entdeckten wir den Gegenstand unserer Neugierde. Wir räumten den größten Theil des Schnees weg, machten auch ein großes Feuer, um den übrigen zu schmelzen. Dieses berühmte Denkmaal ist ein Stein, von unregelmäßiger Figur, der aus der Erde anderthalben Fuß hervorraget, und nicht mehr als drey Fuß in der Breite hat. Auf der einen Seite sind zwey gerade Linien von unbekannten Buchstaben, welche einen Daumen lang, und ziemlich tief eingegraben sind. Unerachtet sie mit dem Eisen verfertiget zu seyn scheinen, will ich doch nicht versichern, ob sie wirklich von Menschenhänden gemachet, oder ob es ein Spiel der Natur ist. Wenn man der Sage des Landes glaubt, sind diese Buchstaben eine sehr alte Aufschrift, welche große Geheimnisse enthält. Allein wie kann man dem Zeugnisse der Lappländer, bey einem Beweise des Alterthums trauen, da sie selbst ihr eigenes Alter nicht wissen, ja, das meistemal ihre Mutter nicht kennen? Dieser Stein, sagte mir der Herr von Maupertuis, hat freylich nicht die Schönheit der Griechischen

und

und Römischen Denkmale; wenn das aber, was man sieht, eine Aufschrift ist, so ist es vermuthlich die älteste in der Welt. Da das Land, worinnen sie befindlich ist, blos von Menschen bewohnet wird, die wie das Vieh leben, so ist nicht zu glauben, fuhr er fort, daß selbige der Nachwelt jemals sehr merkwürdige Begebenheiten zu hinterlassen gehabt haben; wenn sie aber auch solche gehabt hätten, würden sie vermuthlich die Mittel, solche fortzupflanzen, nicht gekennet haben. Man kann auch nicht glauben, setzte er hinzu, daß dieses Land, in der Verfassung darinnen es ist, jemals andere, gesittetere Einwohner gehabt habe. Es scheint also, es ist beständig der Herr von Maupertuis, welcher redet, es scheint, daß diese Aufschrift zu einer Zeit verfertiget worden ist, wo dieses Land ein anderes Clima gehabt hat; noch vor einer der großen Veränderungen, welche die Erde scheint erlitten zu haben.„

Diejenigen, welche den Ursprung der Aufschrift von Windso nicht glücklich genug erkläret zu seyn glauben, werden sie vielleicht in einer so außerordentlichen Begebenheit finden, wie die Reise der Mitglieder der Französischen Akademie nach Lappland ist. Die Auf=

Aufschrift, sagte der Herr von Maupertuis, die wir als ein Andenken unserer astronomischen Verrichtungen hier zurück gelassen haben, wird dereinst vielleicht eben so dunkel scheinen. Wenn alle Wissenschaften verloren wären, wer sollte sich einbilden, daß ein solches Denkmaal die Arbeit der Französischen Nation gewesen sey, und das was darauf gegraben steht, die Ausmessung der Grade der Erdkugel, und die Bestimmung ihrer Gestalt vorstellet? Wir können ein gleiches von der lateinischen Aufschrift sagen, welche die Herren von Fercourt, Corberon, und Renard, am Ufer des Sees von Torneåtresck, hinterlassen haben.„

„Unsere Neugierde war nicht so geschwind gestillet, als wir uns wieder in unsre Schlitten setzten, und nach Torneå zurück kehrten. Unterweges begegneten wir auf dem Flusse etlichen Caravanen von Lappländern, die ihre Waaren auf eine Messe führten. Diese Caravanen bestunden aus einer langen Reihe Schlitten: das vorderste Rennthier wurde von einem Manne, zu Fuße geführet; das zweyte war an das erste gebunden, und so ferner, bis auf dreyßig oder vierzig, die alle, an Schlitten gespannet, der kleinen

Furche

Furche folgeten, welche das erste in den Schnee gemachet, die andern aber vergrößert hatten. So bald die Rennthiere anfiengen müde zu werden, wurde ein großer Kreis gemachet; sie legten sich in den Schnee nieder, und man legte ihnen Moos vor. Ihre Führer, die eben so leicht zu befriedigen sind, begnügten sich, ein großes Feuer zu machen, und lagerten sich auf dem Flusse, unterdessen daß ihre Weiber und Kinder einige Fische aus dem Schlitten hervorlangeten, die ihr Abendessen ausmachen sollten. Andere schlugen eine Art von Zelten auf, die aus elenden Lappen von groben, wollenen Zeuge bestunden, und ganz schwarz von Rauche waren. Diese hängen sie um etliche Stangen, welche spitzig wie ein Kegel eingestecket sind, und oben bleibt eine Oeffnung, welche die Feueresse vorstellet. Die Lappländer legen sich darunter auf eine Bären oder Rennthierhaut, und in dieser Lage bringen sie ihre Zeit hin, mit Taback rauchen, und haben Mitleiden mit den Beschäfftigungen anderer Menschen."

„Nachdem wir einen Theil des Weges mit unsern Rennthieren zurückgeleget hatten, kamen wir an Moräste, welche durch den geschmol-

geschmolzenen Schnee unwegsam geworden waren. Die Einwohner, um darüber zu kommen, hatten Tannenbäume hinter einander geleget, auf welchen man, bey Erhaltung des Gleichgewichtes, noch ziemlich hätte geben können, wenn die Knoten der abgehauenen Aeste, die wie lauter Spitzen waren, verstattet hätten, den Fuß fest zu setzen. Unterdessen kamen wir fort; und konnten wir uns nicht mehr auf den Bäumen erhalten, so wadeten wir in dem Moraste. Wir fuhren hernach über zwey Seen, vermittelst etlicher Stücken Holz, die wir wie ein Floß zusammen gebunden hatten."

„Bey diesen verschiedenen Arten zu reisen, näherten wir uns den mittäggigen Gegenden von Lappland, wo das Clima gelinder, auch das Volk nicht so wild ist, und wo man anfängt, Pferde zu sehen. Die Art und Weise, wie diese Thiere leben, ist eine der sonderbaresten Dinge im Lande. In dem Monath May, oder später, nachdem der Winter lange gedauert hat, verlassen sie die Wohnung ihres Herrn, und begeben sich, von sich selbst, in gewisse Gegenden der Wälder, wo man glauben sollte, sie hätten sich einen Sammelplatz ausgemachet.

Daselbst

Daselbst theilen sie sich in verschiedene Haufen, die sie niemals vermengen, oder verlassen. Jeder Trupp nimmt den Bezirk ein, den er von langer Zeit her gehabt hat, bleibt daselbst, und greift nicht weiter um sich. Wenn sie keine Weyde mehr haben, verlassen sie ihren Distrikt, und suchen mit eben der Ordnung einen andern. Diese Polizey wird so genau beobachtet, und die Einförmigkeit ihres Zuges ist so beständig, daß ihre Herren, wenn sie es nöthig haben, sie allezeit zu finden wissen. Gegen den Winter kommen sie Truppweise wieder, und kehren von sich selbst, ohne Anführer, in ihre Ställe zurück.

„Die Bewohner des mittägigen Lapplandes fangen auch schon an, den Gebrauch der Bäder zu kennen. Sie haben eine Art von Ofen, den sie in eine Ecke der Stube setzen, und wenn er recht warm ist, gießen sie Wasser darauf, und feuchten sich mit der davon entstehenden Dunst an. Man sieht da Männer, Weiber, Mägdchen, und Jungen beysammen, derer jedes eine Hand voll Ruthen hat, womit sie sich peitschen, um die Ausdünstung zu befördern. Ich habe alte Leute gesehen, die aus dieser Schwitz-

Der 89. Brief.

stube nackend, im größten Schweiße, und in der strengsten Kälte, über einen Hof|giengen, und sich in den Schnee, oder in einen Fluß wurfen.„

„Diese Leute nehmen anstatt einer Lampe oder eines Inseltlichtes, dünne Späne von Tannenholze, zwey oder drey Fuß lang, welche helle brennen, aber wenig dauern. Man setzt Körbe voller Schnee darunter, um die Kohlen, die aller Augenblicke herunterfallen, aufzufangen.„

„Bey meiner Ankunft zu Torneå empfieng ich vom Schwedischen Hofe Briefe, laut welchen ich dem Statthalter dieser Stadt, ihm in seinen Amtsverrichtungen beyzustehen, zugegeben wurde; und seit dieser Zeit, sagte unser Schwede, habe ich meinen beständigen Aufenthalt hier gehabt. Torneå, das ganz von Holze gebauet ist, besteht aus siebenzig Häusern, und drey gleichlaufenden Gassen, welche von zehn oder zwölf kleineren durchschnitten werden. Die mehresten dieser Häuser haben einen großen Hof, mit Stuben, Ställen, und Heuböden umgeben. Der Camin steht in einer der Ecken der Stube, und der Gewohnheit nach wird das Holz aufgerichtet darinnen

nen aufgestellet; wenn es zu Kohlen verbrennet ist, machet man das Rohr zu, und giebt der Stube den Grad von Wärme, welchen man will. Die Kirche ist von den Häusern etwas abgelegen, jedoch in dem Umfange der Palissaden, welche die Stadt umgeben. Man verrichtet den Gottesdienst in Schwedischer Sprache, denn die Einwohner reden diese Sprache. Eine Viertelstunde weiter ist noch eine andere Kirche, von Steinen gebauet, wo für das Gesinde und die Bauern in Finnländischer Sprache geprediget wird.„

„Längst dem! Flusse, der der Stadt den Namen giebt, trifft man hier und da einzelne Häuser an, derer eine gewiße Anzahl ein Dorf, diese Dörfer aber ein Kirchspiel ausmachen, und der Pfarr wohnet in einem nahgelegenen Flecken. Vermöge eines Gesetzes ist bey großer Strafe verboten, der Messe der Catholiken beyzuwohnen; diesen aber wird ihre Religionsübung nicht anders als in einer Stube, bey geschlossenen Thüren, erlaubet. Ein anderes Gesetz befiehlt, keine Tuchkleider zu tragen, welche nicht in den Falten mit dem königlichen Siegel gestempelt sind. Zu Beobachtung

Der 89. Brief.

dieſer Verordnungen ſind eigene Commiſſarien geſetzet. Auch bringt die Gewohnheit mit ſich, in die Betten nur ein leinwandenes Tuch, nebſt einer Decke von weißem Haſenfellen zu legen, welche an ſtatt des zweyten Tuches dienet. Es iſt nichts ſeltenes, bey den Bauern Löffel, Becher, und Schaalen, von Silber zu finden. Die weniger Reichen haben dergleichen Hausrath von Holze: man bemerket aber unter den Reichen und Armen keinen Unterſchied in ihrem Bezeigen; ſie ſind leutſelig, dienſtfertig, voller Rechtſchaffenheit, aber äußerſt ſchüchtern, und furchtſam. Dieſes Volk, ſo wie alle andere Lappländer, die in den Wäldern in der Irre leben, liefern keinem Potentaten Soldaten. Guſtav Adolph verſuchte, ein Regiment von ihnen unter ſeine Armee zu nehmen; ſie konnten aber, außer ihrer natürlichen Zaghaftigkeit, auch ſchlechterdings nicht außer ihrem Lande leben. So bald ſie ſich davon entfernet ſahen, wurden ſie krank, einige ſturben, die andern aber wurden wieder nach Hauſe geſchicket. Die ſtrenge Luft, die ſie athmen, iſt ihnen, ſo wie ihren Rennthieren, nur allein zuträglich: ein gelinderes Clima wird ihnen, wie dieſen Thieren, mit

denen

denen sie so viel ähnliches haben, zuwider, ja tödlich. Es ist nun eine geraume Zeit, daß ich unter ihnen wohne, sagte der Schwede, und ie mehr ich sie kennen lerne, ie mehr finde ich, daß diese Vergleichung gegründet ist: einerley Trieb scheint sie zu leiten, die Vernunft hat bey den meisten Handlungen dieses rauhen, unwissenden, und dummen Volkes keinen Antheil. Doch hat es einige Begriffe von Religion. Heutiges Tages werden alle Lappländer getaufet: ich getraue mich aber nicht zu behaupten, daß sie Christen sind; so sehr mengen sie besondere Verehrungen, und abergläubige Gewohnheiten unter ihren Gottesdienst. Die Zauberey scheint der Hauptpunkt ihres Glaubens zu seyn. Da der Zweck davon seyn soll, ihre Mühseligkeit zu erleichtern, so ist sie durch diese entstanden, und wird mit ihr fortgepflanzet. Sie sehen das Christenthum als eine Gelegenheit eines Zwanges an, vermöge welches sie ihren Priestern Abgaben leisten müssen: so viel Pfund Fleisch für die Taufe, so viel Fische, Käse, Häute, für eine Predigt, Trauung, oder für ein Begräbniß. Uebrigens ist dieses Land nicht das einzige, wo man die geistlichen Dinge verhandelt;

der

der Unterschied besteht nur in dem Werthe des Geldes. Hier vertauscht man sie gegen Lebensmittel; anderwärts bezahlt man sie mit baarem Gelde.„

„Man ist nicht einig über die Einführung des Christenthumes in Lappland: so viel weis man, daß da die ersten Missionaire das Evangelium ohne Erfolg predigten, man unter der Regierung Gustav I. andere dahin geschicket hat, welche Kirchen erbauet haben. Dieser Herr führte die **Lutherische Religion** in seinen Staaten ein, und verlangte, diese Leute sollten wie seine übrigen Unterthanen sich auch dazu bekennen. Er verwilligte ihnen verschiedene Jahrmärkte, und befahl, die Aeltern sollten dahin kommen, und ihre Kinder taufen lassen, Predigten hören, erzählen, was für einen Unterricht man ihnen gegeben hätte, und was für einen Nutzen sie davon zögen. Seine Nachfolger haben nicht weniger Eifer bewiesen, dergestalt daß heut zu Tage ordentliche **Kirchspiele**, und **christliche Schulen** in Lappland errichtet sind, wie in den andern Ländern der Christenheit. Man sendet Schwedische **Priester** ab, die den Gottesdienst in den Kirchen verrichten, und die Jugend unterweisen müssen; und

alle

Lappland.

alle diese Priester haben ihre gesetzten, und reichlichen Besoldungen. Die Einwohner begegnen ihnen mit vieler Ehrfurcht, nennen sie gnädiger Herr, gehen ihnen entgegen, um sie zu empfangen, führen sie auf einer Art von Wagen in ihre Hütten, und die ganze Familie bezeiget ihnen die größte Hochachtung, und eine ungemeine Freude, wenn sie zu ihnen kommen.„

„Unterdessen sind sie ihren abergläubigen Gebräuchen nicht weniger ergeben, und für ihre Zauberkünste sehr eingenommen. Sie beobachten zwar sorgfältig, was ihre Priester vorschreiben; aber man muß ihnen nicht verwehren, auch den Teufel anzubethen, und wider ihre Feinde Zaubereyen auszuüben. Dieser oder jener würde am Sonntage sein Rennthier nicht melken; aber er bringt diesen Tag zu, bey seiner schwarzen Katze sich Raths zu erholen: ein anderer ißt an einem Fasttage keinen Käse; aber er betrinkt sich zu Ehren seines Götzen in Brandewein. Es bleiben unter diesem Volke allemal noch Ueberbleibsel vom Heidenthume, die fast nicht möglich sind auszurotten. Wenn man ihnen Vorstellungen thut, antwortet sie, ihre Voreltern hätten auch so gelebet, und

Der 89. Brief.

und wären nicht unglücklicher gewesen. Hiernächst machen sie ihrer Lehrer Aufführung zu einem Einwurfe; denn diese sind begierig, sich zu bereichern, als durch Beyspiele von Tugend und uneigennützigem Wesen ihre Zuhörer zu erbauen: letztere haben daher wenig Glauben zu einer Religion, die man unter Erpressungen und Tyranney prediget. Sie haben bey Annehmung des Evangelii alle ihre Laster behalten, und die von ihren Missionarien noch angenommen. Der Brandwein und die Begehrlichkeit sind die traurigen Geschenke, die ihnen diese Prediger des Glaubens mitgebracht haben; und hat auch dieses Volk einige gesellschaftliche Tugenden erlanget, und ist nicht mehr so wild, so hat es zugleich die Reinigkeit seiner alten Sitten verloren.„

„Die Lappländer, da sie ihren Gottesdienst mit Christo und ihren Götzen theilen, haben von letzteren drey vorzügliche: der erste hat die Hoheit über die andern Götter, über die Menschen, und über die Teufel; der andere wachet für die Erhaltung des Viehes; und der dritte für die Erzeugungen der Erde. Man bethet sie an besondern Oertern, in einiger Entfernung von der Hütte,

an;

an; und der Altar ist ein sieben oder acht Fuß hoher Tisch, der mit Zweigen umgeben ist. Auf diesem Altare steht das Bild des Götzen, welches nichts anders, als einen unförmlichen Klotz vorstellet, dessen Kopf einige Aehnlichkeit mit einem Menschenkopfe hat. Ein Hammer, der an die Stelle des rechten Armes aufgemachet ist, zeiget seine Macht an. Der Weg, welcher von der Hütte zu dem Altare geht, ist mit gestreueten Blättern bezeichnet, die man erneuert, so oft sie trocken werden.„

„Die Götter von einer geringern Classe wohnen an Oertern, wo der Zugang beschwerlicher ist. Zuweilen ist es eine Höhle, oder der Rand eines Morastes, oder der Gipfel eines Berges. Ihre Bildnisse sind rohe Steine, wie man sie unter den Felsen findet: um sie kenntbar zu machen, und zu verhindern, daß der Platz, den sie einnehmen, nicht entheiliget werde, so bestecket man den Umfang dieses Heiligthums mit birkenen Zweigen.· Jede Familie hat ihren Götzen, daher die Anzahl sehr groß ist: man rechnet in jeder Statthalterschaft, Landvoigtey, oder Amte, bis dreyßig. Keiner Frau ist erlaubet, ihnen zu nahe zu kommen, noch weniger

Opfer

Opfer zu bringen. Es wäre dieß eine unverzeihliche Entheiligung, die den Zorn der Gottheit, und die Entrüstung der Einwohner verdiente."

"Der Hauptstein ist mit andern kleinern umgeben, davon man sich einbildet, der Gott werde von seiner Frau, Kindern, und Gesinde begleitet. Allen erweiset man fast gleiche Ehre; diese Ehre aber besteht darinnen, daß man sie mit Fette oder Blute von Rennthieren bespritzet. Daher sie auch sehr ekelhaft aussehen; doch ist dieses das, was sie einem so häßlichen, unreinlichen, und schwachen Volke ehrwürdig machet. Wenn Fremde diese Götzen besuchen, nehmen sie zuweilen etliche davon mit in ihr Land, und schmücken ihre Cabinete damit aus; die Lappländer aber, voller Zorn, die Familie ihrer Götter auf solche Art verringert zu sehen, überhäufen diese Räuber mit Drohungen, Schimpfworten, und Anwünschung alles Unglücks."

"Die Rennthiere sind das ordentliche Schlachtopfer, welches diese Völker ihren Götzen bringen. Wenn sie letztere mit dem Blute und Fette dieser Thiere bestrichen haben,

ben, vergraben fie das übrige; die Geweihe
ausgenommen, welche fie um den Götzen
herumstecken. Eine dergleichen Ceremonie
geschieht unter dem tiefsten Stillschweigen,
mit besonderer Andacht, so wohl von Seiten
dessen, der das Opfer bringt, als der Anwe=
senden. In der Art zu opfern geschieht
zuweilen eine Veränderung, aber das Blut
und Fett der Rennthiere ist allezeit der Grund
und das Hauptwerk davon. Sie haben auch
gewisse Tage, die sie dem Andenken der Ver=
storbenen widmen. Am Weihnachtsfeste
legen sie einen Theil ihrer Speisen in einen
kleinen Kasten, und hängen solchen an einen
Baum, um die Seelen der Verstorbenen da=
mit zu bewirthen. An eben diesen Festen
geht kein Hausvater aus seiner Hütte, und
wohnet dem Gottesdienste bey; er begnüget
sich, seine Kinder und Gesinde dahin zu schi=
cken: er entschuldiget sich mit der Furcht, die
er hat, er möchte von den Geistern geplaget
werden, ehe sie gesättiget wären. Ueber=
haupt zeigen die Lappländer einen großen
Widerwillen, in die Kirche zu gehen: der
Oberste eines Dorfes muß sie dazu zwingen,
und Leute abschicken, die sie mit Gewalt hin=
einführen. Einige, um sich loszumachen,

VIII. B   geben

geben den Priestern Geld, und diese sind allezeit bereit, solches anzunehmen. *)

Ich bin u. s. w.

Kola, in Lappland, den 15 April, 1748.

———————————————

Der 90. Brief.

Fortsetzung von Lappland.

Sie haben, Madame, aus der Erzählung unseres Schweden gesehen, daß die Lappländer nicht so völlig zum Christenthume bekehret sind, daß sie nicht noch eine ziemliche Neigung zum Götzendienste übrig behalten hätten: ja es giebt Gegenden, wo sie, fast alle, Götzendiener sind. Es sind solches die moscowitischen Lappen, die ihre alte Unabhängigkeit beständig erhalten haben. Sie erwählen sich selbst eine Art von Statthalter, der allein Gewalt über sie hat, und das Justizwesen besorget. Unterdessen

*) Die ganze gemachte Beschreibung von der Aufführung der schwedischen Priester in Lappland scheint sehr verdächtig, und partheyisch zu seyn.

Fortsetzung von Lappland.

dessen erkennen sie den Czaar als ihren Souverain, und bezahlen ihm einen Tribut in Pelzwerke. Die dänischen Lappen richten sich nach den Gesetzen von Dännemark, und der König setzet ihnen Richter, und Beamte, welche die Abgaben einheben. In Ansehung derer, die unter der Schwedischen Botmäßigkeit stehen, wenn sie ihre Freyheit auch nicht gänzlich verloren haben, sind sie doch solchen strengen Verordnungen unterworfen, daß man ihren alten National-Charakter schwerlich mehr erkennet. In vorigen Zeiten gehorchten sie einer Art von kleinen Tyrannen, welche sie bezwungen hatten, Birkarler genennet, und die ein König von Schweden ihnen zu Regenten gab. Er erlaubete ihnen, Tribut einzufordern; ja er überließ ihnen die unumschränkte Gewalt im ganzen Lande, mit der Bedingung, daß sie ihm als Lehnsleute einen jährlichen Zins an Pelzwerke liefern sollten. Die Birkarler genossen dieser Gerechtsame viele hundert Jahre; nachdem sie aber ihre Gewalt mißbraucht, und die Unterthanen zu sehr geplaget hatten, schaffte Gustav I. diese ungerechten Regenten ab, und vereinigte Lappland mit seinen übrigen Staaten. Seine Nachfolger

Fortsetzung von Lappland.

Classen vertheilet, in das gute, mittelmäßige, und unfruchtbare, und jede Classe bezahlt nach Beschaffenheit der Güte und Größe des Grundstückes. Man setzt jeden dieser Districte auf eine gewisse bestimmte Summe, und es steht ihm frey, solche in Gelde, oder Fischen, oder Pelzwerk abzutragen. Funfzig Felle von Eichhörnern gelten so viel als fünf Livres, (1 Rthlr. 8 gl.) ein Fuchsbalg, oder neun Pfunde getrockneter Fische, gelten ohngefähr eben so viel. Außer diesen Abgaben, nimmt man auch noch den Zehnten von der Fischerey, von der Jagd, und von den Rennthieren, zum Unterhalte der Geistlichkeit, die diesen Tribut mit mehrerer Schärfe fordern, als die königlichen Einnehmer. Es sind gewisse Messen im Jahre angesetzt, wohin die Lappen ihre Abgaben selbst bringen müssen; selbige werden hernach in die Magazine, und von da, an den Ort ihrer Bestimmung, geschaffet. Da diese Fracht Kosten verursachet, muß jeder Lappe zu seinem ordentlichen Tribute, noch ein paar Schuhe, als eine Art von Ersatze, hinzufügen. Diese Völker ziehen zu sehr in der Irre herum, und man wüßte nicht, wo man sie suchen sollte, sie könnten sich folglich auch der Bezahlung ihres

Der 90. Brief

ihres Tributs entziehen, wenn sie nicht auf die Messen kommen müßten: hiernächst treibt sie die Nothdurft, Eisen, Stahl, Messer, Stricke, und andere Bedürfnisse zu kaufen, so daß sie nothwendig an diese Oerter kommen müssen, wo sie alles, was ihnen dienlich seyn kann, finden.

Die berühmtesten Messen werden den sechsten Januar, den fünf und zwanzigsten eben dieses Monates, und den zweyten Februar, gehalten. Sie dauern acht oder vierzehn Tage; und es kommen die Kaufleute aus allen Gegenden von Schweden, Dännemark, Lappland, und Norwegen, dahin. Derjenige, der die oberste Aufsicht daselbst führet, hat noch einen Rechtsgelehrten, einen Policeybeamten, und einen Priester bey sich: der erste entscheidet die Streitigkeiten, der andere unterhält gute Ordnung, und der Priester taufet, trauet, begräbt, hauptsächlich aber nimmt er die Geschenke, die ihm die Lappen, jeder nach seinen Umständen machet, in Empfang. Die Frömmesten beschenken die Kirche mit Grauwerke, das an die Wände aufgehangen wird, und mit Häuten von Rennthieren, die an statt der Fußdecken auf den Boden, biß vor den Altar geleget

leget werden. Diese guten Leute glauben, sie können keine Wohlthat von Gott erlangen, sie haben denn die Priester auf ihre Seite gebracht.

Die Waaren, welche die Lappen auf die Messe bringen, sind Pelzwerk, Kleider, Handschuhe, Schuhe, Stiefeln, getrocknete Fische, Rennthiere, und Käse, von der Milch dieser Thiere gemachet. Dafür tauschen sie ein, Brandwein, Taback, Tuch, Leinwand, Hausgeräthe, oder baares Geld. Der Verkehr geschieht um so viel geschwinder, da alle diese Sachen ihren gesetzten Preis haben: man weis, was jede Waare gilt, und es machet nicht mehr Schwierigkeit Pelze gegen Brandwein zu vertauschen, als bey uns einen Louis d'or gegen einzelnes Geld zu verwechseln: daher der Handel auch in einem Augenblicke geschlossen wird: ein Pfund Taback gilt einen Thaler, (19 gl. 2 Pf.) eine Bärenhaut, eben so viel. Man braucht also nicht zu handeln; man erhält die Haut, wenn man den Taback giebt.

Mehrentheils macht derjenige, der sich verheurathen will, auf diesen Messen, oder bey andern dergleichen Zusammenkünften seinen Antrag. Ein Lappe, der um ein

Mägdgen wirbt, bekümmert sich nicht um ihre Schönheit, oder Tugend. Ist sie reich? hat sie viele Rennthiere? dieß ist die erste Frage, die man den Aeltern thut. So bald ein Kind getaufet ist, Madame, bekommt es ein Rennthier geschenkt, dem man ein Zeichen eindrücket, um es zu erkennen, so wie allen, die davon erzeuget werden. Wenn das Kind Zähne bekommt, wird seine Heerde mit einem andern Rennthiere vermehret, und gezeichnet, wie das erste. Je größer das Kind nun wird, desto mehr nimmt sein Reichthum zu; denn aller Nutzen, so wie die Jungen von diesen Thieren, gehören ihm: ist es endlich herangewachsen, und kann selbst Sorge dafür tragen, legt man ihm Rechnung davon ab.

Wenn nun ein junger Mensch sich eine Braut ausersehen hat, geht er mit seinem Vater, und einem Freunde, zu den Aeltern des Mägdgens, und nimmt einen guten Vorrath Brandwein mit sich. Die beyden Unterhändler gehen in die Hütte, er aber bleibt vor der Thüre, und beschäfftiget sich mit Holzspalten, oder mit einer andern, seinem künftigen Schwiegervater nützlichen Verrichtung. Ohne gebeten zu werden, ist
ihm

Fortsetzung von Lappland.

ihm nicht erlaubet, hinein zu gehen; es wäre dieses eine Unhöflichkeit, die seine Heurath würde rückgängig machen. Aller Brandwein wird in seiner Abwesenheit getrunken, und bey jedem Glase macht der Vater des jungen Menschen dem Vater des Mägdgens ein Compliment, und verneiget sich: die Worte aber, derer er sich bedienet, um zu erhalten, was er verlanget, sind: großer Vater, ehrwürdiger Vater, höchster Vater. Wenn die Antwort günstig ausfällt, so ruft man den jungen Menschen, der bey der ersten Unterredung seine Braut küßet, und seine Nase an die ihrige reibet: es ist dieses der äußerste Grad der Höflichkeit in Lappland. Nach diesem Vorgange zieht er aus seinem Busen etliche Stücken gekochtes Fleisch, und bietet sie seiner Zukünftigen an. Sie schlägt es ab, sie giebt ihm aber zu gleicher Zeit ein Zeichen, daß er mit ihr hinaus gehen soll. Da sehen sie sich alsdenn vor der Hütte alleine; und dieses ist der Augenblick der Entscheidung. Der Liebhaber bietet ihr das Mitgebrachte nochmals an, und die Geliebte machet keine Schwierigkeiten mehr, es anzunehmen. Er bittet sie hierauf, ihm zu erlauben, daß er in der Hütte bey ihr schlafen dürfe:

dürfe: misfällt ihr der Vorschlag, so wirft sie die Geschenke auf die Erde, und die Heurath geht zurück. Im gegenseitigen Falle aber, behält sie solche, und die Sache ist ausgemachet. Es ist alsdenn bloß die Frage, welcher Tag zur Hochzeit angesetzet werden soll; und dieß machet die größte Schwierigkeit. Es ist dem Schwiegervater daran gelegen, die Vollziehung zu verzögern: denn jedes mal, daß der junge Mensch kommt, seine Braut zu besuchen, bringt er Brandwein und Taback mit, welches das größte Geschenk ist, das man einem Lappen machen kann. Man findet Leute, welche die Verheurathung ihrer Tochter von einem Jahre zum andern aufschieben, bloß, um diese kleinen Freygebigkeiten von längerer Dauer zu machen. Die Besuche geschehen mehr oder weniger häufig, nach Beschaffenheit der weiten Entfernung beyder Theile. Die Reise wird zu Schlitten angestellet; und der ungeduldige Liebhaber bezeigt sein Verlangen, bald anzulangen, in folgenden Liebesliedern:

„Auf! muthig! wir wollen eilen, mein liebes Rennthier! wir haben noch weit zu fahren. Lauf zu! lustig! geschwind!„

„Wir

„Wir vollbringen unsere Reise desto eher; ich bekomme den Gegenstand meiner Liebe desto geschwinder zu sehen; ich werde meine Geliebte finden, längst den Morästen spatziren gehen. Sieh, mein liebes Rennthier, entdeckest du sie nicht vom weiten? Sage mir, auf was für Blumen geht sie einher? Sonne! bestrahle den Ort, wo sie wohnet; und wenn ich sie könnte von der Höhe dieser Bäume zu sehen bekommen, wollte ich bis auf den Gipfel steigen; ich schnitt alle Zweige weg, die mir ihren Anblick verdeckten."

„Auf! muthig! laß uns eilen, mein liebes Rennthier! lustig! geschwind."

„Ach! wenn ich könnte, geliebte Braut, du würdest mich sehen, dem Laufe der Wolken folgen, die nach deinen Morästen zu eilen! wenn ich Krahenflügel hätte, wollte ich mich in dem Augenblicke in die Höhe schwingen, um desto eher bey dir zu seyn. Vergebens würdest du dich meinen Blicken entziehen wollen, und durch eine schüchterne Flucht dich meinem Umarmen entreißen: ich würde unaufhörlich dir zur Seite seyn, und dich an meine Brust drücken.

drücken. Ach! ich fühle, wie sehr mein Herz pochet!„

„Auf! muthig! laß uns eilen, mein liebes Rennthier! Auf! lustig! geschwind!„

„Was ist fester, als eiserne Ketten, die nichts zerbrechen kann? So fesselt die Liebe unsere Herzen. Was ist unbeständiger, was in mehrerer Bewegung, als die Wolken? So macht die Liebe unsere Köpfe drehend, ändert unsere Gedanken, und Entschlüsse. Wenn ich allen Vorstellungen, die mich beunruhigen, wollte Gehör geben, so verlöre ich meinen Weg aller Augenblicke; aber ich weis, was ich thun werde. Hier, dieser Fußsteig ist der kürzeste, um zu meiner Geliebten zu gelangen. Ich fahre fort; ich fliege ihr entgegen.„

„Auf! muthig! laß uns eilen, liebes Rennthier! Auf! lustig, geschwind!„

Die Lappen haben zu dieser Art von Liedern, weder Ton, noch Tact, noch Melodie. Ein jeder singt sie, wie er will; und man nennet sie Hochzeitlieder. Wenn der Tag der Hochzeit angesetzet ist, so versammeln sich die Anverwandten bey der Braut Vater;

der

Fortsetzung von Lappland.

der Bräutigam aber machet der ganzen Familie Geschenke, nach Verhältniß seines Vermögens, und des Standes und Alters der Anwesenden. Alsdenn geht man in die Kirche; die Mannspersonen zuerst, und der Bräutigam vor sie her: hierauf kommen die Weiber, welche von der Braut aufgeführet werden: zwey ihrer Verwandten, mit der Mütze in der Hand, halten sie unter den Armen. Die traurige Mine, die sie annimmt, scheint anzuzeigen; daß sie das väterliche Haus mit Widerwillen, und gezwungen, verläßt. Wenn sie gefraget wird, ob sie ihren Bräutigam heurathen will, so giebt sie keine Antwort. Die Verwandten bringen in sie, sie solle sich erklären, und ihre Einwilligung geben; sie bleibt aber bey ihrem Stillschweigen. Endlich, nach vielen Bitten, spricht sie das Ja so sacht, und mit so leiser Stimme, daß es der Priester kaum verstehen kann. Dieses Zurückhalten wird hier als eine große Schamhaftigkeit, und Keuschheit angesehen, darüber man ihr viele Lobeserhebungen machet.

Wenn sie aus der Kirche zurück kommen, setzen sie sich zu Tische; und das Gastmahl geht auf Kosten der Gäste. Ein jedes bringt sein Fleisch mit; ist aber die Hütte zu klein,

so

so viele Leute zu fassen, so steigen die jüngsten auf das Dach, und lassen einen Strick herunter, an welchen das, was sie fordern, gebunden wird. Einer aus der Gesellschaft, der den Haushofmeister vorstellet, hat diese Austheilung zu besorgen. Das Fest endiget sich mit Brandweintrinken, davon jeder einen guten Vorrath bey sich zu haben nie verabsäumet.

Nach vollbrachter Hochzeit bleibt der junge Ehemann, mit seiner Frau, bey dem Schwiegervater; und er muß ihm ein ganzes Jahr dienen. Nachher steht ihm frey, sein Hauswesen einzurichten, wo er will, auch die ihm zugehörigen Rennthiere, und andere Sachen mitzunehmen. Es giebt Väter, die ihrer Tochter bis zwey hundert dieser Thiere mitgeben; und alle Verwandte, die von dem jungen Menschen Geschenke bekommen haben, geben ihm vier oder fünfmal so viel wieder. Die Rennthiere sind bey den Lappländern, so wie bey den Samojeden, der größte Reichthum; und Sie werden gemerket haben, Madame, daß dieses nicht die einzige Aehnlichkeit zwischen beyden Völkern ist.

Was ich von den Heurathen der Lappen gesaget habe, geht nur diejenigen an, die

unter

Fortsetzung von Lappland.

unter Schwedischer Hoheit stehen: die Moscowitischen machen nicht so viel Umstände. Man versammelt sich bey dem Vater des Bräutigams, und da schlägt man mit einem Stücke Stahl etliche Funken Feuer, welche ein Sinnbild, und Siegel der ehelichen Verbindung vorstellen sollen. Der Feuerstein, sagen sie, enthält eine Quelle von Feuer, das man nicht eher gewahr wird, als bis es durch das Eisen erwecket wird; eben so findet sich in beyden Geschlechtern eine Lebensquelle, die sich nicht eher zeigt, als wenn sie mit einander verbunden sind.

Niemals heurathet dieses Volk eine seiner Verwandtinnen im verbotenen Grade.

Die Ehescheidung ist sehr rar unter ihnen; und der Ehebruch noch seltener. Es ist also falsch, was einige Reisende vorgeben, als wenn die Männer sich gefallen ließen, ja es verlangten, und als eine Ehre ansähen, daß die Fremden bey ihren Weibern schliefen. Sie sind vielmehr in diesem Punkte sehr vorsichtig, und werden leicht eifersüchtig. Die Weiber zeugen nicht viel Kinder; denn selten sieht man mehr als drey in einer Familie. Man schreibt ihre Unfruchtbarkeit

dem

dem häufigen Gebrauche des Brandeweins, und der starken Getränke, zu.

So bald ein Mann spüret, daß seine Frau schwanger ist, läuft er zu dem Wahrsager, um zu erfahren, ob es ein Sohn oder eine Tochter sey. Hauptsächlich aber richtet man sich in diesen Umständen nach dem Monde: man bildet sich hier zu Lande, wie in vielen andern, ein, daß zwischen dem Monde, und einer Frau, eine sympathetische Verbindung statt finde. Dieses Gestirn wird auch wegen des Kindes Schicksal befraget. Man will wissen, ob es am Leben bleiben, ob es glücklich, oder ob es gesund seyn werde, u. d. gl. Wenn es auf die Welt kommt, wird es mit kaltem Wasser, oder Schnee so lange gewaschen, bis es fast den Athem verliert; alsdenn tauchet man es in einen Kessel laulichtes Wasser, und wenn man es einige Zeit darinnen gehalten hat, wickelt man es in Hasenfelle.

Die Mutter bleibt nicht über vier oder fünf Tage im Bette; und weil die Besorgung der Taufe ihr allein obliegt, muß sie selbst die gehörigen Anstalten dazu treffen. Zuweilen hat sie fünf oder sechs Stunden weit zu dem Pfarrer zu gehen; das Kind aber wird

in

Fortsetzung von Lappland.

in seiner Wiege von einem Rennthiere getragen, und sie folget ihm durch sehr beschwerliche Wege zu Fuße. Im Winter hat sie es bey sich im Schlitten. Außer dem Namen, welchen das Kind in der Taufe bekommt, geben ihm die Aeltern noch einen andern, der sich auf ihre falschen Gottheiten beziebt; oder man legt ihm den Namen einer in der Familie werth gehaltenen Person bey, deren Andenken man erhalten will.

Die Männer nähern sich ihren Weibern nicht eher, als sechs Wochen nach des Kindes Geburt. Es ist dieses eine Regel bey ihnen, worüber sie genau halten; und in diesem Eißlande zwingt sie keine physikalische Nothwendigkeit, sie zu übertreten. Sie werden leicht glauben, daß die Gewohnheit, fremde Ammen zu haben, hier gänzlich unbekannt ist. Nur die gesitteten Nationen wissen sich einer beschwerlichen Erziehung zu entledigen, ohne die mütterliche Zärtlichkeit zu verlieren. Die Lappländerinnen säugen ihre Kinder selbst: werden selbige krank, so geben sie ihnen Rennthiermilch zu trinken, und gewöhnen sie bey Zeiten, kleine Stücken Fleisch zu kauen. Ihre Wiege ist ein ausgehohltes Stück Holz, mit Fellen gefüttert: die Windeln

VIII. B. E bestehen

bestehen in feinen, weichen, trockenen, und leichten Moose, welches alle Unsauberkeit an sich zieht, und den Tag über vielmal gewechselt wird. Auch die Weiber bedienen sich dessen zu einem besondern Gebrauche, und halten sich bey ihren Veränderungen dadurch reinlich. Die Wiege des Kindes wird an das Dach der Hütte gehänget, und ein Strick daran gebunden, daß man wiegen, und das Kind einschläfern kann. Zuweilen muß ein Hund diese Verrichtung über sich nehmen: er setzet sich auf seine Hinterpfoten, legt die vorderen auf die Wiege, welche alsdenn nicht hoch über der Erde hängt, und giebt ihr die nöthige Bewegung; er fährt damit fort, bis das Kind eingeschlafen ist, und fängt wieder an, wenn er es schreyen höret.

Wenn die Kinder heranwachsen, lehret die Mutter den Töchtern nähen; die Väter aber unterweisen die Söhne, mit dem Bogen zu schießen. Diese kriegen nicht eher zu essen, als bis sie das Ziel getroffen haben; und die oft wiederholte Uebung macht sie zu sehr geschickten Bogenschützen und Jägern. Die Jagd ist ihre liebste Beschäfftigung. Die Bärenjagd geschieht mit großer Zurüstung: kein Ruhm ist ihnen wichtiger, als

ein

Fortsetzung von Lappland.

ein dergleichen Thier erleget zu haben. So oft ein Lappe einen Bär erleget hat, macht er sich von den Haaren dieses Thieres einen kleinen Busch, und trägt ihn auf seiner Mütze. Diese Art von Kopfputze dienet zum Beweise seiner Stärke und Tapferkeit, und machet ihn zu einem Helden im Lande. Je mehr er dergleichen Zeichen von Herzhaftigkeit aufzuweisen hat, desto angesehener ist er bey der Nation; man sieht sie für noch untrüglichere Proben eines Heldenmuthes an, als wir, die so gesuchten Bänder der meisten unserer Ritterorden.

Wenn ein Lappe einen Bär auf dem Schnee spüret, sucht er seine Höhle ausfindig zu machen, und kommt triumphirend, die Nachbarn davon zu benachrichtigen, welche ihm sogleich die ganze Einrichtung der Jagd überlassen. Diese anzustellen, wartet man, bis der Schnee sich gesetzet hat; denn es ist alsdenn leichter, auf den Schlittschuhen fortzukommen. Diese sind fast eben so gemacht, wie die von den Samojeden. Es sind Stücken Holz, etliche Fuß lang, die sich vorne in eine erhabene Spitze krümmen, und wie Mönchsschuhe angebunden werden. Vermittelst eines Stabes, den der Jäger in der

Hand hat, an deſſen einem Ende ein kleines rundes Bret angemachet iſt, damit er nicht durch den Schnee drücke, an dem andern aber ein ſpitziges Eiſen befindlich iſt, damit er das Wild erleget, läuft er ſehr geſchwind, und weiß ſich auf und hieder, rechts und links, mit ſo großer Geſchicklichkeit zu wenden, daß kein Thier iſt, welches er nicht ſehr leicht erleget.

Wenn der Tag zur Jagd beſtimmet iſt, fraget man den Wahrſager um ihren Erfolg. Iſt die Antwort günſtig, ſo geht man in den Wald, und der, welcher die Fährte des Bäres zuerſt geſpüret hat, führet die andern an. Er darf kein anderes Gewehr haben, als einen Stock, woran ein großer meßingener Ring befeſtiget iſt. Der Wahrſager mit ſeiner Trommel geht hinter ihm her, und dieſem folget der Jäger, der dem Thiere den erſten Streich verſetzen ſoll. Die andern gehen in ihrer Ordnung mit, und jeder hat eine beſondere Verrichtung. Der Angriff geſchieht unter Abſingung eines Liedes, worinnen ſie den Bär bitten, daß er ihnen kein Leid thun, und ihr Gewehr, das ſie wider ihn brauchen, nicht zerbrechen wolle. Sind ſie an das Thier gekommen, ſo ſuchet

ein

Fortsetzung von Lappland.

ein jeder sich durch Unerschrockenheit hervorzuthun. Einer giebt ihm einen Schlag mit der Axt, der andere einen Hieb mit dem Säbel; dieser sticht ihn mit der Hellebarde, jener wirft ihn durch einen Flintenschuß zu Boden. Das auf diese Art überwältigte Thier bleibt auf dem Platze; und der Anführer der Jagd, zum Zeichen des Sieges, fängt an, anstatt des Jagdhorns, ein Lied zu singen. Jedermann überläßt sich der Freude, und der ganze Wald erschallet von Frolocken. Den Bär legt man in einen Schlitten, und bringet ihn in die Hütte, wo er zu Bewirthung seiner Ueberwinder dienen soll. Das Rennthier, das ihn geführet hat, darf ein Jahr lang nicht arbeiten; jeder Jäger aber empfängt zur Zubereitung des Festes seine Vorschrift. Der eine muß dem Bäre die Haut abziehen, und ihn in Stücken zerhauen; der andere kochet das Fleisch; der dritte unterhält das Feuer, ein anderer holet Wasser, u. s. w. Wenn sich die Jäger der Hütte nähern, kommen die Weiber ihren Männern entgegen, und es erschallen neue Freudenlieder. Die Weiber stimmen mit ein, und um den Triumph ansehnlicher zu machen, nehmen sie, und zermalmen eine

gewisse

gewisse Wurzel mit den Zähnen, welche den Speichel roth färbet. Auf diese Art nähern sie sich ihren Männern, als wenn sie sie umarmen wollten, und spucken ihnen in das Gesicht, um ihnen das Ansehen zu geben, als wären sie mit des Bäres Blute bespritzet. Diese Ceremonie wird mit neuen Liedern begleitet: "Was für Dank sind wir euch nicht schuldig, geliebte Männer, daß ihr uns diese Beute gebracht habet? Was für Stärke, was für Geschicklichkeit habt ihr anwenden müssen, dieses Thier zu bewältigen! Unter euern Streichen hat es erliegen müssen: was muß euch dieser Sieg für Freude verursachen und was für Vergnügen spüren wir selbst nicht dabey!„

Die Weiber sind bey dem Gastgebote nicht gegenwärtig, sogar dürfen sie nicht an den Ort kommen, wo es zugerichtet wird. Es ist dieses eine Hütte, die bloß zu dergleichen Gebrauche bestimmet ist. Der Bär wird nicht durch die Thüre hineingeschafft, sondern wenn er in Stücken gehauen ist, schmeißt man ihn oben durch das Loch hinein, wo der Rauch heraus geht: es soll dieses das Ansehen haben, als wenn er vom Himmel geschickt, und herunter gefallen wäre.

Die

Fortsetzung von Lappland.

Die Haut gehöret demjenigen, der den Bär zu erst entdecket hat; ihm wird auch der erste Platz bey Tische angewiesen: der Zauberer hat den zweyten, und die übrigen beobachten eben die Ordnung, wie bey der Jagd. Wenn das Fleisch gekochet ist, werden zwey Theile gemachet, einer für die Männer, der andere für die Weiber. Diesen wird ihr Antheil durch zwey Lappen gebracht, die ihre Ankunft durch folgendes Lied melden: „Hier seht, ihr Weiber, Leute, die aus Schweden, Pohlen, England, und Frankreich kommen, um euch Geschenke zu bringen." Auf dieses Zeichen gehen die Weiber aus ihren Hütten den Abgeordneten entgegen, und antworten, durch folgendes Lied: „Kommt, die ihr aus Schweden, Pohlen, England, und Frankreich angelanget seyd; kommt, wir wollen euch wollene Quasten um euere Beine binden." Zu gleicher Zeit nehmen sie das Fleisch aus den Händen der Abgeschickten, und schenken ihnen rothe Büschel.

Keiner dieser Jäger darf bey seiner Frau schlafen, als drey Tage nach dem Feste; der Anführer aber erst den fünften Tag: sie sollen dadurch die Ermordung des Bäres, und die Verunreinigung, die sie sich durch

Der 90. Brief.

seinen Tod zugezogen haben, büßen. Wenn sie wieder zu ihren Weibern kommen, empfangen sie diese mit Gesängen, und werfen ihnen eine Hand voll Asche auf den Rücken, wodurch sie wieder in alle Rechte der ehelichen Pflicht treten.

Die Jagd ist den Weibern schlechterdings untersaget: sie dürfen nicht einmal dem Gewehre, oder einem andern Werkzeuge, das dabey gebrauchet wird, zu nahe kommen; noch weniger, ein erlegtes Thier angreifen. Das Ansehen einiger Grausamkeit scheint sich mit der Sanftmuth ihres Geschlechtes nicht zu vertragen: oder vielleicht glaubt dieses Volk, daß die Gegenwart, oder die Hand einer Frau sie beheyen möchte; denn es ist unerhört abergläubisch. Gewisse Tage werden als unglücklich gehalten, an welchem kein Lappe aus seiner Hütte zu bringen wäre. Er glaubt, zum Exempel, daß wenn er am Tage der heil. Catharine, des heil. Clemens, oder Marcus, auf die Jagd gienge, sein Bogen, Pfeile, oder Flinte zerbrächen, er auch das ganze Jahr unglücklich seyn würde.

Bey diesem unwissenden und groben Volke, werden Sie sich leicht vorstellen, Mada=

Fortsetzung von Lappland.

Madame, daß weder Wissenschaften, noch freye Künste, anzutreffen sind; kaum kennet man die mechanischen Künste. Doch bildet es sich ein, das Kochen zu verstehen, welches die Mannspersonen, bey der einmal angenommenen Meynung, daß keine Frau das Fleisch eines Thieres berühren dürfe, allein verrichten. Die Lappen beschäfftigen sich auch Barken, Schlitten, Kasten, Schränke, und andere Tischers arbeit zu verfertigen. Ueberhaupt wissen sie, ohne Unterricht zu haben, alles zu machen, was zur Fischerey, Jagd, und in der Haushaltung, nöthig ist. Ihre Barken bestehen aus etlichen Tannenbretern, die sie mit den Nerven von Rennthieren, und mit Theer zusammen fügen. Sie haben zweyerley Schlitten, einen, worauf sie ihr Hausgeräthe laden, den andern, wo sie sich selbst hineinsetzen: beyde sind von der Samojeden ihren wenig unterschieden.

Die Lappen haben auch eine Art von Pracht. Auf ihre Schränke und Kisten machen sie kleine Zierrathen von Rennthierknochen, auf allerhand Art geschnitten, und sehr sauber eingelegt. Ihre Körbe, von Wurzeln geflochten, sind ungemein künstlich gearbeitet. Die Weiber spinnen die Wolle der Schafe, und machen Bänder, und Quasten, welche letztere sehr gebräuchlich bey ihnen sind. Sie spinnen auch die Haare von Hasen, und brauchen sie zu Mützen. Besonders aber zeiget sich ihre Kunst in der Stickerey. Sie machen den dazu benöthigten Zwirn selbst, nehmen Zinn, ziehen es mit den Zähnen durch ein Locheisen, bis es so fein wird, daß sie es um Sennen winden können, so wie wir Gold- und Silberfaden machen. Mit diesen Zinnfaden sticken sie ihre Kleider, das Geschirr der Rennthiere, Börsen, Messerscheiden, Gürtel u. s. w. Außer dieser Arbeit, welche allein die Pracht angehet, haben sie auch nützlichere Verrichtungen, die sie mit ihren Männern theilen. Sie gehen auf die Fischerey, hüten die Heerden, besorgen die innerliche Wirthschaft; und bey ihren beständigen Herumziehen von einem Orte zu dem andern, haben sie die Beschwerlichkeit des Ausräumens zu veranstalten. Sie legen die Hüttendecken zusammen, machen Packete daraus von gleicher Größe, und binden ihrer zwey und zwey auf die Rennthiere, so daß sie auf beyden Seiten herabhängen. Sind ihre Kinder noch nicht im Stande zu gehen,

wickeln

Fortsetzung von Lappland.

wickeln sie selbige in kleine leichte, nach ihrer Größe eingerichtete Wiegen, woran nichts als eine kleine Oeffnung zum Athemholen, zu sehen ist. Sie laden ihrer zwey und zwey auf die Rennthiere, wie die übrigen Packete; ist auch eines schwerer als das andere, so vergleichen sie sie durch andere Sachen. Haben sie nur ein einziges Kind, so nehmen sie ein anderes Bündel, um das Gewicht gleich zu machen. Ist nun alles aufgepacket, so begleiten der Mann, die Frau, und die erwachsenen Kinder, die beladenen Rennthiere, zu Fuße: die unbeladenen laufen Truppweise hinten nach, ohne daß ihre Führer sonderliche Acht auf sie haben dürfen. In den Hölzern und zwischen den Bergen, machen sie Halte, schlagen aber nirgend ein Zelt auf, als bis sie an den Ort kommen, wo sie bleiben wollen. Auf den Rennthieren kann man nicht, wie auf Pferden reiten: sie haben ein zu schwaches Rückgrad; und ihre hauptsächlichste Stärke liegt in dem Bügen, und in den Läuften: sie schicken sich daher viel besser zum Zuge, wo sie länger aushalten, und schwerere Lasten fortbringen, als sie nicht tragen können.

Ich habe Ihnen von der Lappländer Gemüthsart noch nichts gesaget. Unser
Schwede

Der 90. Brief.

Schwede hat sie mir als feige, mistrauische, schüchterne, eigensinnige, betrügerische, und lügenhafte Leute beschrieben: wenn man sie böse machet, oder wenn sie betrunken sind, gerathen sie in die größte Wuth, und sind schwer zu besänftigen. Eine unbesonnene Verwegenheit, ein ungezähmter Muth ersetzet alsdenn ihre natürliche Furchtsamkeit. Wie Rasende gehen sie auf einander los, schlagen sich mit großen Messern, und der Ueberwinder ruhet nicht eher, als bis er seinem Gegner das Maul bis an die Ohren aufgeschlitzet hat. In ihrer Gelassenheit sind sie unzufrieden und traurig: in der Rache, heimtückisch, und abergläubig. Das meistemal nehmen sie ihre Zuflucht zur Zauberey, und versuchen heimlich alle Mittel dieser Kunst, um ihren Feinden zu schaden. Ist ein Eidschwur nöthig, um ihren Gegner verhaßt zu machen, so machen sie sich kein Bedenken, falsch zu schwören. Wenn sie etwas bejahen wollen, so sparen sie auch die entsetzlichsten Flüche nicht. Sie ziehen sich nackend aus, bis an den Gürtel; und in dieser Gestalt übergeben sie sich, ihre Weiber, Kinder, und Rennthiere, dem Teufel, um zu versichern, daß etwas wahr sey.

Fortsetzung von Lappland.

Die Weiber überlassen sich dem Zorne bis zur Ausschweifung: gleich wütenden Löwinnen, werfen sie sich auf den, der sie böse machet; und in diesen Augenblicken sehen sie weder auf Ehrbarkeit, noch weibliche Schamhaftigkeit. Beyden Tugenden sind ihnen zwar zu keiner Zeit sonderlich bekannt; der beständige Aufenthalt beyder Geschlechter bey einander, der eingeführte Gebrauch, daß Knaben und Mägdchen in einer Hütte, ohne Hemde, neben einander schlafen, sind wohl fähig, den Wohlstand und die Bescheidenheit in Vergessenheit zu bringen, welche bey uns die ehrbaren Weiber auch in Gelegenheiten, wo sie darauf zu sehen nicht nöthig hätten, beobachten.

Diese Fehler ersetzen die Lappen durch einige gute Eigenschaften. Sie verabscheuen den Diebstahl, sie sind gutthätig, und gastfrey, mehr als ein Volk in der Welt. Ihre Gefälligkeit erstrecket sich auch auf die Fremden, und Reisenden, die sie mit ganz besonderer Gutherzigkeit aufnehmen. Lebensmittel und Erfrischungen liefern sie ihnen unentgeldlich, und dieß mit eben der Sorgfalt, Eifer, und gutem Willen, als wenn sie bezahleten.

Dieses

Der 90. Brief.

Dieses sind die vornehmsten Tugenden der Lappen; auch derer, welche in den mitternächtlichen Gegenden wohnen, die man doch für die ungesittetesten unter der Nation hält. In diesen dem Pole am nächsten gelegenen Provinzen, wo ich mich gegenwärtig aufhalte, ist es im Sommer, drey Monathe lang beständiger Tag, und im Winter, eben so lange Nacht. Der Mond vertritt alsdenn die Stelle der Sonne; sein Licht, nebst der Weiße des Schnees, macht es hell genug, daß jedermann auf der Jagd, Fischerey, auf der Reise, und sonst in allen Gelegenheiten, wie bey der Sonne, sehen kann. In dieser Jahreszeit ist die Kälte so heftig, daß der Weingeist in den Wettergläsern frieret. Wenn man die Thüre einer warmen Stube aufmachet, so verwandelt die äußere Luft die darinnen befindlichen Dünste so gleich in Schnee, und es entstehen dicke weiße Wirbel; geht man aber hinaus, so ist es, als wenn einem die Brust sollte zerrissen werden. Wer die Einsamkeit der Städte mit ansieht, der sollte glauben, alle Einwohner wären durch die Kälte umgekommen; und sie nimt oft so geschwind zu, daß diejenigen, die ihr unglücklicher Weise

aus-

Fortsetzung von Lappland.

ausgesetzet sind, Arme und Beine, ja vielmal das Leben einbüßen. Zu anderer Zeit erhebt sich ein Schneegestöbere, das noch größern Schaden thut. Der Wind treibt den Schnee mit so großer Heftigkeit, daß alle Wege in einem Augenblicke verwehet sind. Vergebens würde man alsdenn suchen, sich durch die Bekanntschaft der Gegend, oder durch die bemerkten Bäume zu helfen; man wird durch den Schnee geblendet, und kann keinen Schritt thun, ohne zu versinken.

Allein, bey allem Grausenden, das uns der Erdboden dieses abscheulichen Landes darbietet, so zeigt doch der Himmel die vortrefflichsten Anblicke. Die ganze Luft wird durch Feuer erleuchtet, welches tausenderley Farben und Figuren spielet. Diese Nordlichter erscheinen nicht an einer beständigen Himmelsgegend: denn, ungeachtet man sie hauptsächlich gegen Norden gewahr wird, so scheinen sie doch den ganzen Himmel einzunehmen. Zuweilen fangen sie sich mit einem breiten Streife eines hellen, und zitternden Lichtes an, dessen beyde Enden bis an den Horizont reichen, und der geschwind über den Himmel läuft. Die gewöhnlichste Bewegung dieses Lichtes gleicht ausgebreiteten Fahnen, die man schwenket. Nach der Schattirung der Farben, die diese Nordlicher haben, nähme man sie für große Banden derjenigen Taffte, die man geflammete nennet. Zuweilen überziehen sie den Himmel mit einer so lebhaften Röthe, daß man glauben sollte, er wäre mit Blute gefärbet. Diejenigen, die diese Himmelserscheinungen mit einem andern als philosophischen Auge ansehen, glauben darinnen traurige Zeichen großer bevorstehender Unglücksfälle zu finden.

Im Sommer ist die Hitze eben so unerträglich, als im Winter die Kälte. Keinen Frühling und Herbst kennet man gar nicht; und in weniger als Monatsfrist treiben alle Blätter, und das Gras, und erlangen ihre Vollkommenheit: doch hat diese Jahreszeit auch ihre Sturmwetter, und Gefährlichkeiten. Zuweilen toben entsetzliche Sturmwinde, denen die festesten Häuser nicht widerstehen können. Sie ergreifen so gar das Vieh, und führen es so weit weg, daß man nicht weiß, wo es hingekommen ist. Diese Orkane wehen eine solche Menge Sand in die Höhe, daß die Luft davon verfinstert wird. Ein Reisender hat alsdenn kein anderes Mittel zu ergreifen, als daß er seinen

Schlitten

Fortsetzung von Lappland.

Schlitten über sich umkehret, und darunter so lange liegen bleibt, bis der Sturm vorüber ist.

Da die Natur diesen Völkern die Annehmlichkeit unseres Clima versaget hat, ersetzet sie solches durch andere Vortheile, vornehmlich durch einen großen Ueberfluß an Wildprete. Man findet hier diejenige Art von Rebhünern, die rauche Beine haben, wie die Hasen, und die man in Deutschland Schneehüner nennet. Dieser Vogel ist mehr gewohnet zu laufen, als zu fliegen; daher man ihn leicht fangen kann. Er ist weiß, und auf den Flügeln schwarz gesprenkelt. Den Winter bleibt er im Lande, und nähret sich mit eben solchem Grase, wie die Rennthiere. Im Sommer sammelt er seine Vorräthe ein, für die künftige Zeit, da die Erde mit Schnee bedecket ist. Die übrigen Vögel, die man in Lappland findet, sind, Fasane, Haselhüner, Auerhähne, Adler, Raben, Schwane, wilde Enten, Looms, Wiedehopfe, und Knipers. Der Loom ist ohngefähr so groß, wie eine Gans, hat violette, mit weiß vermengte, und artig geperlte Federn. Er hält sich mehrentheils auf dem Wasser auf, und lebt von Fischen. Der

VIII. B.   F   Kniper

Der 90. Brief.

Kniper hat die Größe einer Aelster; der Kopf, die Flügel, und der Rücken sind schwarz, die Brust und der Leib weiß, der Schnabel und die Beine roth.

Von zahmen Thieren, die in unserm Clima bekannt sind, sieht man hier keines, ausgenommen den Hund, den einzigen Gefährten des Rennthieres, in Ansehung des zahmen Wesens. Er verrichtet die Stelle unserer Schäfer- und auch Jagdhunde. Es giebt ihrer eine sehr kleine Art, welche Mäuse fangen, ihnen nachstellen, und sich davon erhalten, wie die Katzen. Man hält viel auf sie, ungeachtet sie sehr häßlich sind. Der ganze Kopf gleicht dem von einer Ratte, ausgenommen die Ohren, die sie gerade halten, wie die Wölfe. Den Schwanz tragen sie wohl gedrehet, das Haar sieht glänzend gelb, ist sehr hart, und borstig. Die übrigen vierfüßigen Thiere sind Bäre, Elendthiere, Wölfe, Vielfraße, Füchse, Hasen, Marde, Fehen.

Letzterer giebt es eine unglaubliche Menge. Es sind wirkliche Eichhörner, die bey Herannahung des Winters die rothen Haare verlieren, und grau werden. Sie ändern ihre Wohnungen, entweder aus Furcht, es möchte ihnen die Nahrung mangeln, oder

wegen

Fortsetzung von Lappland.

wegen der außerordentlichen Kälte, die in gewissen Jahren einfällt. Einige Zeit vorher, ehe sie wegziehen, versammeln sie sich haufenweise an den Seen, steigen auf Stücken Baumrinde, die sie daselbst finden, oder dahin tragen, und die ihnen an statt eines kleinen Schiffes dienen, und fahren darauf über das Wasser. Ihr Schwanz, den sie in die Höhe halten, stellt das Segel vor, da sie denn auf diese Art von dem Winde getrieben, an dem andern Ende des Ufers anlangen. Allein, sie haben Stürme auszuhalten, und Schiffbruch zu befürchten, wie wir; ein Windstoß wirft zuweilen das Schiff um, und bringt den Steuermann um das Leben: öfters geht auch die ganze Flotte unter. Allein, der Körper des Thieres sinkt nicht; er schwimmt an den Rand, und man findet ihrer zuweilen bis zweytausend. Wenn sie nicht zu lange im Wasser bleiben, geschieht dem Felle kein Schade. Die Fehenjagd ist bey den Lappländern so allgemein, daß diese Felle, unter allem Rauchwerke, am gewöhnlichsten, und wohlfeilsten sind. Ein Packet von funfzig Fellen kostet nicht mehr, als drey Livres, (19 gl. 2 pf.)

Der 90. Brief.

Es ist nicht lange, Madame, daß ich eine Jagd mit angesehen habe, die Sie würde belustiget haben. Ich war am Ufer des Meeres, nicht weit von einem Walde. Ein Mard, auf einem Baume, lauerte auf einen Adler, der eingeschlafen war. Das Mard sprang dem Vogel auf den Hals, der davon erwachte, und auf flog. Das Mard ließ von seiner Beute nicht ab, sondern hielt sich mit seinen Fängen so fest an, daß es der Adler mit fort trug: es plagete ihn so lange, und biß ihn so sehr, daß er endlich entkräftet herunter fiel. Der Fall war für beyde unglücklich: denn eines wie das andere zerstießen sich an einem Felsen.

Man behauptet, der Hermelin, obgleich kleiner als das Mard, sey den großen Thieren nicht weniger gefährlich. Wenn er ein Elendthier, oder einen schlafenden Bär gewahr wird, kriecht er ihm in das Ohr, und hält sich mit den Zähnen so fest an, daß er nicht heraus zu bringen ist. Der Bär brüllet alsdenn, und fängt an zu laufen, bis er alle Kräfte verlieret. Wenn er endlich abgemattet ist, fällt er, lechzet, und stirbt, ohne sich von seinem Feinde befreyen zu können. Der Hermelin fängt Mäuse, wie die Katzen,

und

Fortsetzung von Lappland.

und unter dem Flügelwerke richtet er eben so viel Verwüstung an, als der Fuchs. Auch den Vogeleyern geht er sehr nach, und sucht sie in den Nestern an den Seeküsten. Man sagt, daß, wenn ein Hermelin seine Jungen auf einer Insel gehecket hat, und sie auf das feste Land bringen will, er sie auf ein Stück Holz setzet, das ihm zu einem Floße dienet. Die Mutter schwimmt hinten nach, und stößt die kleine Barke mit der Schnauze gegen das Ufer. Im Sommer ist der Balg dieses Thieres zimmetbraun, und im Winter wird er weiß. Gleiche Bewandniß hat es in fast allen mitternächtlichen Ländern mit den Hasen, Füchsen, u. d. gl. sie bekommen ihre natürliche Farbe nicht eher wieder, als bis der Schnee schmelzt.

Man erzählet noch andere merkwürdige Umstände von einem Thiere, das kleiner ist, als der Hermelin, und nicht leicht bekannt ist, als in Lappland. Es ist von der Größe einer gemeinen Ratte, und röthlich von Farbe, mit kleinen schwarzen Flecken untermenget. Man nennet es, den Lemmer. Wenn starke Gewitter, oder große Regengüsse gefallen sind, ist der Erdboden davon ganz bedecket. Diese Thiere fürchten sich weder vor den Hunden, noch vor den Menschen: sie laufen den Reisenden nach; und wenn man mit einem Stocke auf sie los geht, beißen sie hinein, und halten sich fest an. Sie springen auf die Hunde, und beißen sie empfindlich: diese können sie auch nicht anders los werden, als daß sie sich auf den Rücken legen, und wälzen. Die Lemmers kommen niemals in ein Haus, oder in eine Hütte: sie halten sich in den Büschen auf, oder in Löchern, wie die Kaninchen. Man sagt, sie gehen wider einander auf eine grausame Art zu Felde, und stellen sich in Schlachtordnung. Beyde Partheyen lagern sich auf einer Wiese, greifen einander an, und kämpfen mit der größten Wuth, bis die meisten auf dem Platze bleiben. Die Füchse, Rennthiere, Hunde, und Hermeline nähren sich von dem Fleische dieser Thiere, welches denn ihre ungemeine Vermehrung verhindert. Die meisten kommen auch bey Anfange des Winters um; es sey nun natürlicher Weise, oder so, wie einige sagen, durch eine Art von freywilligem Selbstmorde. Man behauptet auch, aber ich stehe nicht für die Wahrheit, daß, wenn die Lemmers Lebens müde sind, sie sich oben auf dem Gipfel der Bäume, zwischen zweyen gabelförmiförmigen Zweigen aufhenken, oder sich in den Seen Truppweise ersäufen.

Im Sommer ist die Luft von Millionen Fliegen, aller Arten, angefüllet. Sie verfolgen die Leute, und spüren sie vom weiten; daher sie um diejenigen, die still stehen, eine so dicke und schwarze Wolke machen, daß sie sich kaum selbst erkennen können. Das einzige Mittel, sie los zu werden, ist, daß man beständig seinen Platz ändern, oder grünes Holz anbrennen muß, um einen großen Rauch zu machen; welches aber bey Verjagung der Fliegen den Leuten selbst beschwerlich wird. Vielmal ist man genöthiget, sich die Haut mit einem gewissen Harze, das von den Tannen läuft, zu bestreichen. Diese entsetzlichen Thiere stechen so sehr, oder machen vielmehr wirkliche Wunden, daß das Blut tropfenweise herunter läuft. In der Jahreszeit, wo sie am stärksten wüten, welches ohngefähr zwey Monate dauert, entfernen sich die Lappen, mit ihren Reunthieren, nach den Küsten des Ocean.

Es ist kein Land, wo es so viel Fische giebt, als in Lappland. Sie sind diejenige Waare, womit der meiste Handel getrieben wird. Der Lachs ist so gemein, daß man zuweilen jährlich bis dreyzehn hundert Barken voll, in dem einzigen Flusse Torneå, fängt. Die Hechte, und Pörsche sind von außerordentlicher Größe, und in größtem Ueberflusse. Nirgends findet man so viele Ströme, Flüsse, Bäche, Seen, Teiche, und Moräste, als in diesem Lande. Die Flüsse Lussa, Loigna, und Gloma, die alle drey aus einer Quelle entspringen, sind wegen der Fabel, die man von ihnen erzählet, im Lande berühmt. Es sollen, saget man, drey junge Nymphen gewesen seyn, die, wegen eines unter ihnen entstandenen Streites, in Flüsse verwandelt worden wären. Die älteste hätte ihren Lauf nach Schweden genommen; die zweyte, aus gegenseitiger Neigung, und Haß wider ihre Schwester, hätte den ihrigen nach Norwegen gerichtet. Die dritte, um sich von den beyden andern zu entfernen, hätte einen ganz entgegen gesetzten Weg gewählet.

Weil das hiesige Erdreich sehr ungleich ist, veranlasset es gewaltige Wasserfälle, welche der Schiffahrt ungemein hinderlich sind. Man kann der Geschwindigkeit, mit welcher eine Barke durch diese entsetzlichen Ströme herunterschießt, nicht mit den Augen folgen. Bald wird ein solches Schiff

durch

durch die Wellen verschlungen, und scheint darunter vergraben zu seyn; bald erhebt es sich wieder zu einer erstaunenden Höhe. Der Flug eines Vogels schildert diese reißende Geschwindigkeit nur unvollkommen ab. Bey dieser so großen Bewegung muß der Steuermann, welcher aufgerichtet steht, alle Kunst anwenden, zwischen den Felsen, die ihm nur die Breite seiner Barke frey lassen, durchzukommen, und tausendmal sieht er sich in Lebensgefahr.

Diese Menge Seen und Flüsse macht den Boden des Landes sehr wäßerig, und unterquellig; verhindert auch, daß man keine Felder ackern kann. Hingegen giebt es viele Wiesen; und der Boden trägt im Ueberflusse Rüben, Kraut, Rettige u. s. w. Doch ist das Erdreich nicht überall gut, und die große Feuchtigkeit, nebst den vielen Steinen und Sande, verursachen eine unvermeidliche Unfruchtbarkeit.

Hohe, und mit beständigem Schnee bedeckte Berge scheiden Lappland von Norwegen, und veranlassen angenehme Thäler, voller Bäche und Quellen, worinnen unvergleichliches Wasser ist.

Der 90. Brief.

Man sieht hier weder Obstbäume, noch Eichen, weder Haselstauden, Buchen, Ahorn, noch Lindenbäume; aber viele Tannen, Birken, Pappelbäume, Wacholdern, Ellern, und Weiden. Die meisten Berge haben kein Holz; man findet solches nur unten an ihrem Fuße, und es ist sehr dünne. Sträucher giebt es genug, auch wilde Maulbeeren, Johannisbeeren, nebst anderen Früchten, die aber wegen Mangel der Wärme nicht reifen können, sondern sehr sauer sind. Die Maulbeeren werden als ein unvergleichliches Mittel wider den Scorbut angesehen. Die Einwohner machen sie ein, und heben sie für den Winter auf.

Zu den übrigen Landeserzeugungen rechnet man die verschiedenen Arten von Moosen, und Erdschwämmen. Es giebt Moos zum Futter für die Rennthiere; anderes, die Füchse zu tödten; anderes, die Löcher in den Schiffen und Hütten zu verstopfen, Stiefeln und Schuhe zu füttern; die Kinder zu reinigen u. s. w. Von Schwämmen giebt es eine Gattung, die einen sehr lieblichen Geruch von sich giebt. Die jungen Lappländer, wenn sie die Schönen des Landes besuchen, und ihnen die Aufwartung machen

Fortsetzung von Lappland.

chen wollen, führen ihrer etliche allezeit bey sich. Sie dienen ihnen statt unserer wohlriechenden Wasser, oder angemachten Pomaden, und unseres parfumirten Puders. Unser abgenutzter Geruch nimmt seine Zuflucht zu Ambra und Biesam; die Einfalt der Lappen begnüget sich mit dem Geruche der Erdschwämme.

Während unseres Aufenthaltes zu Kola fiel mir ein, etliche Reisen in die Nachbarschaft anzustellen: daher ich einen Schiffer, der seine Frau nur wenige Stunden davon hatte, bezahlte, mich zu begleiten. Dieser führte mich zu erst in seine Hütte: sie bestund aus langen Stangen, in der Runde in die Erde gestecket, und oben zusammen gebunden darinnen eine Oefnung für den Rauch gelassen war. Diese Stangen waren mit Zweigen durchflochten, und von oben bis unten mit einem groben Tuche behangen. Ganz oben auf der Hütte war eine Art von Schirme, von geflochtenen Zweigen, der ein Viereck, vier Fuß lang, und zwey Fuß breit, vorstellete, mit eben einem solchen Tuche wie die Hütte bedecket, und an einer langen Stange aufgestecket, wo man ihn dem Winde oder Schnee nach Gefallen entgegen setzen konnte.

kennte. Der Eingang zur Hütte war der Raum zwischen zwey Stangen, die Thüre aber, eine Art von Flechte, wie der Schirm. Die Wirthinn, eine junge Frau, klein von Gestalt, aber wohl gemacht, saß auf einer Rennthiereshaut mit kreuzweis gelegten Beinen, wie die Türken, und hatte ein kleines Mägdgen von zwey Jahren neben ihr. Sie stund auf, gab mir die Hand, und legte noch eine Haut hin, worauf ich mich auf eben die Art setzte. Der Anzug dieser Frau bestund in einem weißen Kleide von sehr groben Tuche, wie ein Mannshembde gemachet, nur daß es vorne nicht so weit offen, aber länger war, und mehr anschloß. Ein vier Finger breiter lederner Gürtel um die Hüften, hielt das Kleid zusammen; und ein paar Beinkleider, von eben solchem Tuche, aber sehr enge, giengen herunter bis auf die Knöchel, wo sie mit wollenen Bändern von vielerleyen Farben zusammen gebunden waren. An ihren Schuhen, von Rennthiershaut, und ohne Absätze, war das Rauche herausgekehret. Auf dem Kopfe hatte sie nichts als eine kleine Haube von rothem Tuche, woran der Rand, nach der Landesart, ein wenig gesticket war.

Diese

Diese Frau setzte uns einige kalte Gerichte vor, von getrockneten Fischen, Rennthierfleisch, ohne Salz zubereitet, und Käse aus der Milch dieses Thieres verfertiget. Eben diese sauere und geronnene Milch gab sie mir in einer hölzernen Tasse zu trinken: sie war ziemlich gut, aber nicht so süß als unsere Kuhmilch, und fast eben so herbe, als Stuttenmilch, dergleichen ich in der Tatarey getrunken hatte: dieser herbe Geschmack wurde durch den Geruch der Angelickenwurzel gemildert, welche die Rennthiere gern fressen, und hier zu Lande sehr gemein ist. Die jungen Weiber kauen diese Wurzel, wenn sie keinen Taback haben, und machen ihren Athem dadurch wohlriechend. Die Milch der Rennthiere wird in Fässern, oder in Schläuchen verwahret, so wie die Tatarn die Milch ihrer Stutten aufheben. Nach dem Essen bat mich die Wirthinn, einen kleinen Korb von ihrer Arbeit, der aus Sträucherwurzeln sehr sauber gemachet war, anzunehmen: er war so enge geflochten, daß man Wasser hinein gießen konnte, ohne daß ein Tropfen durchlaufen würde. Ich machte ihr ein Gegengeschenk von etlichen kleinen Galanterien, die ich von einem Herumträger gekau-

gekaufet hatte, und zu dergleichen Erfordernissen beständig bey mir trug.

Mein Wegweiser führte mich zu einem andern Lappen in der Nachbarschaft, welcher eine große Heerde Rennthiere hatte. Wir mußten über sehr hohe Berge, und dicke Wälder gehen, wo ich nichts merkwürdiges antraf, als weiße Bäre von einer erstaunenden Größe, welche auf uns zu zukommen schienen. Ich glaubte, sie würden uns Schaden thun, mein Führer aber lachte, und versicherte mich, daß ich nichts zu befürchten hätte, und sie uns gewiß nicht anfallen würden, so bald wir unser Gewehr fertig hielten. In der That, hatte ich auch kaum meine Flinte zu rechte gemachet, so ergriffen sie die Flucht, vermuthlich, weil sie den Geruch des Pulvers spüreten.

Wenige Zeit hernach kamen wir in ein Dorf, von ohngefähr zwölf Hütten, die sehr einzeln von einander stunden, und wir giengen in eine davon, um daselbst zu herbergen. Unserm Wirthe schenkten wir ein Stück Taback, das ihm sehr lieb zu seyn schien; und aus Erkenntlichkeit bot er uns alles an, was in seinem Vermögen stund. Wir baten ihn um etliche Rennthiere, die
uns

Fortsetzung von Lappland.

uns weiter bringen sollten: so gleich blies er in ein Horn, und zehn oder zwölfe dieser Thiere kamen herzu gelaufen. Er nahm dreye davon, spannte jedes an einen Schlitten, lud auf selbige allerhand Lebensmittel, und gab uns jemanden mit, der uns begleiten, und die Schlitten zurück bringen sollte. Als wir fortfahren wollten, murmelte er etliche Worte in das Ohr eines jeden Rennthieres, und von unserm Wegweiser erfuhr ich, daß dieses Anweisungen wären, die er ihnen gäbe, daß sie uns, wohin wir wollten bringen sollten. Die Leichtgläubigkeit und Unwissenheit sind in diesem Lande so groß, daß sich die Leute einbilden, diese Thiere verstünden, was man ihnen saget. Uebrigens sind sie so daran gewöhnet, daß so bald unser Mann zu reden aufgehöret hatte, sie mit einer unglaublichen Geschwindigkeit fortliefen, und nicht eher als auf den Abend in einem Dorfe, vor einem Hause inne hielten, wo sie glaubeten, daß sie uns hinbringen sollten. Daselbst fiengen sie an mit dem Fuße stark auf die Erde zu stampfen, als wenn sie unsere Ankunft melden wollten: der Besitzer des Hauses kam auch heraus, und nahm uns auf. Ich erlangete seine Freundschaft

Der 90. Brief.

schaft gar bald durch ein Stücke Taback, und etwas Brandwein; wir aber hielten unsere Abendmahlzeit von unsern Vorräthen, und brachten die Nacht auf Bärenhäuten zu. Des andern Morgens fragten uns etliche Leute aus dem Dorfe, ob wir noch mehr Taback bey uns hätten, und baten uns, ihn gegen Pelzwerk zu vertauschen. Wir behielten nicht mehr als etliche Rollen, um solche bey Gelegenheit zu verschenken, weil die Lappen den Taback höher schätzen, als Geld. Wer also in diesem Lande reisen will, muß sich mit dergleichen Vorräthen versehen, damit er Rennthiere, Schlitten, und andere benöthigte Sachen bekommen könne. Die Könige von Schweden, und Dänemark, haben große Abgaben auf diese Waare geleget, und an alle Gränzörter Einnehmer gesetzt, die sie einfordern.

Ich brachte den ganzen Tag in dem Dorfe zu, weil mein Wirth mich bat, ihn zu einem Begräbnisse einer seiner Nachbarn zu begleiten. Der Leichnam, ausgenommen Kopf und Hände, war in ein Tuch gewickelt, und lag auf einer Bärenhaut: sechse seiner Freunde hoben ihn weg, und legten ihn in einen Sarg, wo sie Brandwein, getrocknete Fische,

Fische, und Wildpret mit hinein thaten, daß er auf der Reise etwas zu essen hätte. In die eine Hand legten sie etliche Stücken Geld, dem Thürhüter des Paradieses bey seiner Ankunft etwas zu geben; in die andere aber ein Zeugniß seines guten Lebenswandels, das an den heil. Petrum gerichtet, und von dem Pfarrer des Kirchspiels unterschrieben war.

Ohne das Ende des Begräbnisses abzuwarten, kehrte ich in die Hütte zurück, wo ich beym Eintritte eine Frau gewahr wurde, die geschwind davon gieng; der aber mein Führer folgte, und sie wieder zurück brachte. Es war die Frau unseres Wirthes, die aus der Stube gelaufen war, wo ihr der Mann zu bleiben befohlen hatte: sie kam auch gern zurück, da sie sah, daß er abwesend war. Sie sah uns genau an, und schien über unsere Gesellschaft vergnügt zu seyn. Nachdem sie ihre Neugierde gestillet hatte, setzte sie sich mitten unter uns, und zeigte uns etliche Stücken von ihrer Stickerey, die mit ziemlichen Geschmacke gearbeitet waren. Weil sie überaus lebhaft und lustig war, that ich ihr vielerley Fragen, die sie mir ganz offenherzig beantwortete. Ich mochte ihr vorreden, was ich wollte, um ihr einigen Begriff von einer beſſern Lebensart, als der ihrigen beyzubringen, ſo fand ſolches alles doch keinen Eindruck bey ihr, ſondern ſie ſagte, ſie wäre mit ihrem Schickſale zufrieden, und wünſchte nichts, als ihre Rennthiere vermehret zu ſehen. Nachdem ſie etwas von unſern Vorräthen, beſonders aber ein Stück Pfefferkuchen, gekoſtet hatte, der ihr gut zu ſchmecken ſchien, trank ſie zwey oder drey Taſſen Brandewein, und gieng fort, weil ſie die Rückkunft ihres Mannes fürchtete. Er kam auch, und hatte zwey ſeiner Nachbarn bey ſich, mit denen ich mich hinſetzte, und redete. Unſer Geſpräch fiel endlich auf die **Religion**, die bey ihnen hauptſächlich darinnen beſteht, daß ſie ihren Pfarrern Geſchenke geben: wenigſtens binden letztere ihnen ſolches fleißig ein. „Ich allein, ſagte unſer Wirth, gebe dem Pfarrer unſers Kirchſpieles, zum Oſtergeſchenke, achtzig Pfunde Fleiſch von Rennthieren, acht Käſe, zwey paar Handſchuhe, und ein paar Stiefeln. Meine Frau giebt ihm zehn Hermelinfelle; und ein jedes, bis auf meinen Knecht, macht ihm ein Geſchenk von ſechs Eichhörnern; die außerordentlichen Abgaben für die Communion, Taufe, Trauungen, Begräbniſſe, u. d. gl. ungerechnet.

Wir

Fortsetzung von Lappland.

Wir redeten noch von andern Materien, und ich schloß aus ihren Antworten, daß diese entlegenen Wüsteneyen, die Felsen, Wälder, und der Schnee, worinnen diese Völker leben, Kummer, Furcht, und Krankheiten nicht kennen; daß alle Ungerechtigkeit, folglich auch die Processe daselbst verbannet sind; daß man weder Richter, noch Advocaten, weder Aerzte, ja an einigen Oertern nicht einmal Priester, hat. Man führet keinen Krieg, als in den Hölzern und Bergen mit den wilden Thieren, derer Haut zur Bekleidung, und ihr Fleisch zum Essen dienet. Man folgt dem Gesetze der Natur in der größten Einfalt; und ohne jemals das erste göttliche Gebot in Ansehung der Vermehrung gehöret zu haben, befolget man es in seinem ganzen Umfange: es sind nicht so wohl die Priester, als die Liebe, und das Verlangen sich zu vereinigen, welche die Heurathen schließen, und befestigen.

Da ich mir die Freundschaft meines Wirthes erworben hatte, fiel mir nicht schwer, ihn zu bereden, daß er mir den Zauberer seines Districtes kennen lernete. Er führte mich in ein elendes Zelt, mit alten zusammen genäheten Lappen bedecket, welches, wie er

mir sagte, die Wohnung des Hexenmeisters
wäre. Was? antwortete ich ihm, sie sehen
den Teufel als den Herrn des Reichthums,
und den Geber der Schätze an, und er beloh-
net seine Diener und Lieblinge auf diese Art?
Aber, ohne mich zu hören, gieng er in die
Hütte, und beredete den vorgegebenen
Schwarzkünstler, meinen Besuch anzunehmen. Dieser kam mir entgegen, gab mir die
Hand, und nachdem er von mir verlanget
hatte, verschwiegen zu seyn, welches ich ihm
versprach, bat er mich, ihm zu folgen. Er
führte uns auf eine Anhöhe, und bat uns,
zu warten, unterdessen daß er hingieng, und
seine Trommel unter Sträuchern suchte, wo
er sie ordentlich zu verbergen pflegte. Dieses Instrument gleicht mehr einer Pauke,
weil es nur auf einer Seite bezogen ist, oder
einer Laute, wegen seiner ovalen Figur, und
hölzern Rückens. Die erste Unruhe, die der
Zauberer spüren ließ, da er wieder zu uns
kam, war, zu wissen, ob wir Brandewein
bey uns hätten. Ich wußte aber schon,
auch ehe ich nach Lappland kam, daß dieses
Getränke allemal bey den magischen Künsten
vorher geht; ich hatte daher eine Flasche
voll in meiner Tasche, die ich ihm anbot, und
davon

Fortsetzung von Lappland.

davon er zwey Drittel ausleerete. Er machte hernach alle die Possen, welche bey dergleichen Fällen gewöhnlich sind, sah uns hierauf, mich und meinen Gefährten, starr an, verkündigte jenem eine reiche Fischerey, mir aber eine glückliche Reise. Ich fragte ihn über verschiedene Punkte, die mich betrafen; er sollte mir sagen, aus welchem Lande ich wäre; ob ich ledig, oder verheurathet wäre; ob ich viele Reisen gethan hätte, und noch thun würde? Allein, es war eben so viel, als wenn ich einen Felsen fragete. Seine Trommel war für mich erschöpfet; sein vertrauter Geist hatte ihm nicht mehr, als was er gesaget hatte, eingegeben. Er stund auf, und ich gab ihm, auf Gutheißen meines Wirthes, einen Thaler, damit er mehr zufrieden zu seyn schien, als ich von seinem Wahrsagen.

Nach unserer Rückkunft in die Hütte, setzten wir uns zu Tische, ich, mein Führer, seine Frau, und seine Knechte: denn hier herrschet eine so vollkommene Gleichheit, daß der Herr nicht besser gekleidet ist, einige wenige Stickerey ausgenommen, nicht besser wohnet, nicht besser ißt, und schläft, als seine Bedienten. Wir wurden ziemlich gut bewirthet: denn die größte Höflichkeit dieses

ses Volkes gegen Fremde bestehet in gutem Essen und Trinken. Man setzte uns zwey wilde Gänse vor, welche der eine Knecht den Tag vorher geschossen hatte. Die Lappen schießen sie mit ihren Pfeilen eben so geschickt aus der Luft, als unsere besten Jäger mit der Flinte.

Nach dem Essen führte uns unser Wirth zu einem seiner Nachbarn, wo wir niemanden fanden, als die Frau, und ihre Tochter, von ohngefähr funfzehn Jahren, die für eine Lappländerinn ziemlich hübsch war, und sich beschäfftigte, Butter zu machen. Sie schlug den Rohm in einem großen hölzernen Gefäße mit zwey Stäben, die den Trommelstöcken ähnlich sahen. Als wir hinein kamen, stunden sie von einer Rennthierhaut auf, worauf sie mit kreuzweis gelegten Beinen saßen, und machten einen Reverenz, dazu sie sich bückten, und den Fuß hinter sich hinaus zogen: sie legten uns Häute hin, worauf wir uns setzten, und wir baten sie, mit ihrer Arbeit fortzufahren: dieß thaten sie, besonders das Mägdgen, die ihren Rohm gar bald in ein Stück Butter verwandelte. Während der Unterredung hörete ich, daß sie mit einem jungen Lappländer, der viele Rennthiere hatte, te, versprochen war, und die Hochzeit auf die künftige Messe vor sich gehen sollte. Der Vater, der auf der Fischerey gewesen war, kam endlich, und brachte Fische mit, die er uns vorsetzen wollte; ich bedankte mich aber, und sagte ihm, ich würde bloß die gute Butter kosten, die ich mit so vieler Geschicklichkeit hätte machen sehen. Das Compliment mißfiel der schönen Verfertigerinn nicht, und ich muß gestehen, es war solches meine Absicht. In dem Augenblicke wurde ich durch die Tochter selbst bedienet. Die Butter sah, wie weicher Käse, der erst gemachet ist, schmeckte aber besser, als sie aussah, obschon weniger süße und angenehm, als die von unsern Kühen. Ich ließ mir solches nicht merken, vielmehr versicherte ich, ich hätte keine bessere Butter in meinem Leben gegessen. Ich habe vergessen, zu sagen, daß der Vater, als er herein kam, uns einen Reverenz nach Art der europäischen Weiber machte, das heißt, er verneigete sich. Ich erfuhr nachher, daß diese Art zu grüßen, unter beyden Geschlechtern der Lappen, in dieser Provinz gebräuchlich sey. Sind es gute Freunde, so küssen sie sich auf den Mund; sind sie es aber nicht, so berühren sie einander nur mit der Nase.

Der 90. Brief.

Wir nahmen von dem Besitzer der Hütte Abschied, und ich bemerkete, daß die junge Lappländerinn mich nicht gern fortreisen sah. Wir kehrten auf eben demselben Wege nach dem Hause meines Wirthes zurück, und er verschaffete mir frische Rennthiere, um wieder nach Kola zu kommen. Ich weiß nicht, ob ich Ihnen gesaget habe, daß diese Stadt klein, und sehr häßlich ist, und ohngefähr zehn Stunden von dem Nordmeere liegt. Sie ist an das Ufer eines Flusses gebauet, wo sie gegen Mittag sehr hohe Berge, gegen Morgen aber große Wüsten, und Wälder hat. Sie besteht aus einer einzigen Gasse, und die Häuser sind von Holze, mit Fischknochen gedecket, auf dem Dache aber haben sie eine Oeffnung, wodurch das Licht hinein fällt, so wie in allen andern Städten des Landes. Ich nahm eine Barke, um wieder auf das Schiff zu kommen, welches sich zu seiner Reise nach Waranger, der Hauptstadt des dänischen Lapplandes, fertig machte. Die Gegenden um selbige Stadt schienen mir außerordentlich wild, die Stadt aber eben so schlecht gebauet, nur größer, und volkreicher, als das nicht weit davon gelegene Kola. Der König von Dänemark unterhält

daselbst

daselbst einen Statthalter, und so wohl zur Sicherheit der Einwohner, als zur Bedeckung der Fischerey, eine Besatzung; denn längst der Küste giebt es viele Fischerhütten; und der Haven wird von den Lappen, die dahin handeln, häufig besuchet.

Wir machten einigen dieser Leute Geschenke mit Tabak, der ihnen angenehmer war, als wenn wir ihnen Gold gegeben hätten. Aus Erkenntlichkeit boten sie uns getrocknete Fische, welche sie an statt Brodes essen, und Bären und Rennthierfleisch an. Sie bewirtheten uns auch mit frischem Fische, ohne Salz gesotten; er war mit einem sauern Safte zugerichtet, der die Stelle aller anderen Brühen bey ihnen vertreten muß, und woraus sie ihr ordentliches Getränke machen. Er wird aus Wachholderbeeren, und aus Körnern, die wie Linsen aussehen, und hier sehr gemein sind, verfertiget. Von eben diesen Körnern zieht man auch einen Brandwein ab, der eben so geschwind berauschet, als der unserige.

Von allen dreyen Lapplanden, dem Schwedischen, Rußischen, und Dänischen scheinet mir letzteres das wildeste, und am wenigsten bevölkert zu seyn: doch sind aller

Sitten, so viel ich urtheilen kann aus dem, was ich gesehen, oder gehöret habe, nicht verschieden, als in mehr oder weniger Grobheit: denn der Stoff zur Gemüthsneigung, die Gestalt, und die ganze Figur, ist bey allen einerley. Sie sind sehr häßlich, klein, und kurz vom Leibe, obschon mager. Die meisten sind nicht über vier Fuß hoch; derjenige der vier und einen halben Fuß hätte, wäre bey ihnen ein Riese. Das Frauenvolk ist eben so häßlich als die Mannsleute; und man sagt für gewiß, daß sie, wie die Samojedinnen nirgends keine Haare haben, als auf dem Kopfe.

Ich bin, u. s. w.

In Lappland, den 25 April, 1748.

Der 91. Brief.
Norwegen.

Nach einer Schifffahrt von etlichen Tagen auf dem Eismeere, bekamen wir unter dem Polarzirkel eine Windstille, die unsere Schiffsleute sehr beunruhigte. Einige unter ihnen glaubten, die Einwohner der benachbarten

barten Küsten hätten, so wie die Samojeden, davon ich Ihnen gesaget habe, die Macht, dem Winde zu befehlen, und gewönnen Geld damit. Der Schiffscapitain, aus Gefälligkeit, oder Neugierde, schickte eine Schaluppe an das Land, und befohl, Wind zu kaufen, den wir sehr nöthig hatten. Bey dem ersten Dorfe stieg man an das Land, und fragete nach dem berühmtesten Schwarzkünstler. Dieser Mensch gab zur Antwort, daß seine Kunst nicht bis nach Island reichete, wo er hörete, daß wir hin wollten, sondern sie erstreckte sich nur bis an das nächst gelegene Cap von Norwegen. Unsere Abgeschickten glaubten, daß, wenn wir an dieses Cap geschwind kommen könnten, es ein großer Vortheil wäre, und baten den Zauberer, sich mit ihnen auf unser Schiff zu begeben. Er machte seinen Handel mit dem Schiffscapitain, und versprach, wir sollten sogleich den benöthigten Wind bekommen. An einen der Maste band er einen Streif von wollenem Zeuge, machte drey Knoten hinein, und befohl uns, den zweyten, und endlich den dritten aufzuknüpfen, wenn es sich fügte, daß der erste seine Wirkung nicht thäte. Zur Belohnung gab man

ihm

Der 91. Brief.

ihm ein Pfund Tabak, und etwas Geld, und er kehrte in der Schaluppe, darinnen er gekommen war, sehr vergnügt zurück.

Wenige Zeit nach seiner Abreise machte der Capitain, laut der Anweisung, den ersten Knoten auf, und einige glaubten zu spüren, der Wind würde günstig; allein wir mußten gar bald einen andern Weg nehmen. Der Capitain öffnete den zweyten Knoten: und der Wind schien sich wieder zu drehen, wie er anfänglich war, und dauerte bis an den von dem Zauberer angezeigten Ort. Als wir aber das Vorgebirge vorbey gesegelt hatten, behauptete man, der Wind fieng wieder an zu fehlen, und der Capitain band den dritten Knoten auf: alsbald blies der Wind mit solcher Heftigkeit, daß ein entsetzlicher Sturm daraus entstund; und etliche sahen es als eine gerechte Strafe unseres unerlaubten Handels an. Wir waren nicht weit von den Norwegischen Küsten, als wir einen Stoß wider einen Felsen fühlten. Hier glaubten wir, wäre alles verloren, und jedwedes nahm seine Zuflucht zum Gebete. Doch, durch ein besonderes Glück, führte das tobende Meer eine Welle herbey, die unser Schiff, das in dem Augenblicke scheitern wollte,

wollte, in die Höhe hub. Endlich legte sich der Sturm; und weil er uns auf die Höhe von Drontheim, der ehemaligen Hauptstadt des Königreiches Norwegen, gebracht hatte, entschlossen wir uns, daselbst an das Land zu steigen.

Sie werden mich fragen, Madame, was ich von der vorgegebenen übernatürlichen Macht halte, welche die mitternächtlichen Völker sich über die Elemente zuschreiben? Sie dürfen aber nicht zweifeln, daß diese Macht, gleich allen andern magischen Kräften, und Zaubereyen, seinen Grund in der Betrügerey habe, und in der Geschicklichkeit die Leute zu verblenden. Die, welche sich auf dergleichen Dinge legen, beobachten die Veränderungen des Wetters; und vermöge einer Reihe Bemerkungen setzen sie sich in den Stand, die Witterung etliche Tage vorher zu sagen. Daher sie auch, wenn sie einen Handel machen wollen, sich in Acht nehmen, ihn nicht eher zu schließen, als bis sie untrügliche Merkmale haben, daß der Wind, den man verlanget, bald entstehen werde. Unser vorgegebener Zauberer sagte öffentlich, daß seine Macht sich nicht weiter, als an einen gewissen Ort erstreckte,

weil

Der 91. Brief.

weil seine Beobachtungen nur bis dahin giengen: hätte er mehr versprechen wollen, würde er seinen Credit verloren haben, da er nicht weiter, als bis an das Vorgebirge, von den Winden etwas zuverläßiges zu sagen wußte. Diese Kenntniß schränket sich auf etliche wenige Leute ein, welche vorgeben, daß sie ihrer Sache so gewiß sind, daß sie damit handeln können. Durch ihr Kunststück machen sie sich ihre Nachbarn unterthänig, und die Fremden bezahlen ihnen eine Art von Tribut. Ihre vorgegebene Zauberey hat also nichts, das Verwunderung machen kann, als in einem Lande, das durch Unwissenheit verfinstert ist; dergleichen Thorheiten verlieren sich erst, in so fern Vernunft und Philosophie die Oberhand gewinnen.

Wir waren genöthiget, etliche Tage in Drontheim zu bleiben, um unser Schiff, das durch den Sturm sehr gelitten hatte, auszubessern. Diese Gelegenheit nahm ich mit, ein Land kennen zu lernen, dessen Einwohner den so nahe gelegenen Lappländern, als von welchen sie nur durch eine Reihe Gebirge abgesondert werden, in der Gestalt, Sitten, Gebräuchen, und Sprache so wenig gleichen. Die Norwegen haben weiße Haare,

Haare, lichtere Augen, und weißere Haut, als die andern nördlichen Völker. Mehrentheils sind sie groß, wohlgemacht, und gut von Ansehen. Sie haben Stärke, Lebhaftigkeit, Muth, und werden für gute Kriegsleute gehalten. Ihre einfache Nahrung, ihre beständige Arbeit, ihr lustiger Geist, nebst einer gesunden Luft, verschaffet ihnen dauerhafte Gesundheit, und ein langes Leben. Man trifft bey ihnen mehr, als bey allen andern Nationen, Leute von hundert Jahren an. Von Kindheit auf gewöhnen sie sich, Kälte und Mangel zu dulden. Man sieht sie, mit bloßen Füßen auf dem Eise gehen, den Bart mit Eiszacken behangen, und die Brust, die so rauch ist, als das Kinn, voller Schnee. Auf den höchsten Bergen, wo kein Pferd hinkommen kann, verrichten die Norwegen die Arbeit dieser Thiere, und gleichen ihnen an Stärke: wenn sie im größten Schweiße sind, legen sie sich in den Schnee, und kühlen sich ab, essen ihn wohl auch, um sich zu erfrischen; und alle diese Strapazen halten sie mit ungemeiner Munterkeit und Zufriedenheit aus.

Die Bauern an den Küsten versammeln sich mitten im Winter, Truppweise,

Der 91. Brief.

an dem Raube des Meeres, und machen ihre Vorräthe von Fischen. Jede Familie bringt auf fünf oder sechs Wochen Lebensmittel mit, und bleiben den ganzen Tag, auch wohl einen Theil der Nacht, bey Mondenscheine, in offenen Barken auf dem Meere. Nachher kehren sie haufenweise zurück, und gehen in kleine Hütten, worinnen sie kaum so viel Platz haben, daß sie sich mit ihren nassen Kleidern schlafen legen können. Den übrigen Theil der Nacht ruhen sie daselbst, und den andern Morgen gehen sie eben so freudig wieder an ihre Arbeit, als ob sie zu einer Lustbarkeit eingeladen wären. Selbst die Weiber schließen sich von dieser Arbeit nicht aus, und verrichten sie singend mit eben dem Eifer, wie die Männer.

Die Norwegen unterscheiden sich von den Lappen durch ihren Verstand und Gemüthsneigung eben so wohl, als durch ihre Gestalt und Ansehen. Sie sind geschickt, scharfsinnig, sinnreich, und würden in den Wissenschaften und Künsten weit kommen, wenn sie Gelegenheit hätten, sich darinnen zu üben. Die Kinder lernen leicht, was man ihnen weiset; und um sich in den Wissensenschaften hervorzuthun, fehlet ihnen nichts als Aufmunterung, und Nacheifer.

Die Geschicklichkeit dieses Volkes in mechanischer Arbeit giebt ihrer Fähigkeit zur Gelehrsamkeit nichts nach. Die Bauern machen ihre Kleider, Hausrath, Jagd- Fisch- und Ackerwerkzeug selbst: nie kaufen sie etwas von diesen Waaren in den Städten. Viele bringen ihre Arbeit zu einer solchen Vollkommenheit, daß man glauben sollte, sie wäre durch die geschicktesten Meister verfertiget. Die jungen Leute machen sich ihre Violinen selbst, und sie sind so gut, daß man in Concerten darauf spielen könnte. Besonders zeiget sich ihre Fähigkeit, allerhand Sinnbilder mit der Spitze eines Messers in Holz zu schneiden. In des Königes von Dänemark Kunstkammer hebt man geschnittene Becher, und andere halb erhabene Arbeit, als merkwürdige Kunststücken auf, die ein Bauer verfertiget hat, der nicht die geringste Kenntniß vom Zeichnen gehabt hatte. Eben daselbst zeiget man ein Brustbild von Sr. Dänischen Majestät, das ein Schäfer geschnitten hat, der den Monarchen nur ein einzigesmal im Vorbeygehen gesehen, sich aber seine Gesichtsbildung so lebhaft eingepräget hatte, daß er alle Züge auf das natürlichste vorgestellet hat.

Die Höflichkeit ist eine der unterscheidenden Eigenschaften der Norwegen, selbst derer, die auf dem Lande wohnen. Man behauptet, der Norwegische Bauer überträfe in der Höflichkeit den Bürger in Kopenhagen; und der Norwegische Bürger käme dem Dänischen Adel darinnen wenigstens gleich. Ihre größte Neigung äußert sich, in der Begierde geehret zu werden: die viele Aufmerksamkeit, die sie gegen andere haben, geschieht in keiner andern Absicht, als daß sie solche wieder erwarten. Die meisten geben vor, sie stammeten aus einem edelen, und alten Geschlechte, ja selbst aus der königlichen Familie her. Diese Eitelkeit hält sie vielmals ab, ihre Kinder zu verheurathen, aus Furcht, die Verbindung möchte nicht Geschlechtsmäßig seyn; und sollten sie wohl glauben Madame, daß auch die Bauern von dieser lächerlichen Einbildung nicht frey sind. Der Norwegische Adel, vor diesem zahlreich und mächtig, ist gegenwärtig sehr vermindert; denn die Güter der Adelichen genießen die diesem Stande zugehörigen Vorrechte nicht anders, als in so fern der Edelmann

mann persönlich daselbst wohnet. In Ansehung der übrigen Güter, so genießen sie eben der Gerechtsame, wie die Rittergüther; daher ein jeder Eigenthümer sich so gut hält, als einen Edelmann.

Die Tapferkeit, und Treue für den Landesherrn, sind zwey Tugenden, woraus sich die Norwegen eine besondere Ehre machen. Keine Schwierigkeit ist so groß, keine Gefahr so unvermeidlich, die sie nicht übersteigen, oder gering achten, wenn es den Dienst des Landesherrn betrifft. Die große Menge wilder Thiere, die sich in ihren Wäldern findt, veranlasset, daß sie zeitlich Gewehr führen, und von Jugend auf lernen sie damit umgehen. Wahr ist es, sie machen zuweilen einen übeln Gebrauch davon: denn da kein Bauer ist, der nicht Ehrbegierde hat, schlagen sie sich öfters mit ihren Messern so lange herum, bis einer oder der andere auf dem Platze bleibt. Ehedem, wenn jemand mit seiner Familie zu einem Gastgebote eingeladen wurde, nahm die Frau ein Tuch mit, um ihren Mann hinein zu wickeln: denn mehrentheils geschah es, daß einer oder der andere bey dieser Gelegenheit umkam.

Der 91. Brief.

In den Gegenden, wo die Bauern diese barbarische Gewohnheit abgeleget haben, sind die Waffen, welche sie nunmehr brauchen, weniger tödtlich, aber desto kostbarer: sie bedienen sich nicht mehr so oft ihrer Messer, wohl aber der Federn der Advocaten. Wenn jemand nicht wohlhabend genug ist, einen Proceß zu führen, so legen die Nachbarn zusammen, und geben die Kosten her. Dieser Geist der Chicane ist von ihrer Nation unzertrennlich, so daß sie ihn auch in ihre Colonien mit genommen haben. Sie wissen, Madame, daß die Einwohner der Normandie ihren Namen und Ursprung aus Norwegen haben. Man rühmet auch ihre Aufrichtigkeit, und Rechtschaffenheit; ich rede von den Einwohnern von Norwegen; und man saget, daß kein Volk freygebiger und dienstfertiger gegen Fremde sey: sie verstatten nicht leicht, daß ein Reisender seine Herberge bezahlet; vermuthlich, weil man selten in dieses Reich kommt; allein, bey aller ihrer Liebe zur Gastfreyheit, und der damit verknüpften Höflichkeit, geben sie niemanden über Tische den obersten Platz, auch nicht dem angesehensten Gaste. Ja der Bauer glaubt, der erste Platz in seinem Hause gebühre

gebühre niemanden, als ihm. Alle Jahre, gegen Weihnachten, halten die Norwegen drey Wochen lang offene Tafel, und geben das Beste, das sie haben. Jedermann ist erlaubt, sich bey diesen Gastgeboten einzufinden: so gar die Vögel haben ihren Antheil. Den Tag vor dem Feste werden Getraidegarben an die Scheunthore auf Stangen ausgesetzet, um die Sperlinge aus der Nachbarschaft zu bewirthen.

Die Norwegen, überhaupt genommen, sind nicht reich. Der Ackerbau, die Viehzucht, der Holzschlag, der Bergwerksbau, die Schifffahrt, die Fischerey, und Jagd sind ohngefähr ihre einzigen Beschäfftigungen. Etliche legen sich auf die Handlung. Alle haben die Freyheit zu jagen, und können alle Arten von Thieren fangen. Die besten Schützen wohnen in den Gebirgen: die Thiere, derer Haut kostbar ist, schießen sie mit Bogen, und stumpfen Pfeilen, damit der Balg nicht durchlöchert werde. Der nämliche Gebrauch ist in allen nördlichen Ländern eingeführet, wo das Pelzwerk der größte Reichthum ist.

Als wir nach Drontheim kamen, that man mir den Vorschlag, ob ich wollte die

Silber= und Kupfer=Bergwerke, als vorzügliche Merkwürdigkeiten im Lande, besehen. Ich begab mich des andern Tages dahin, und trat bey dem Oberaufseher ab. Er führte mich in einen Kupferschacht, oben auf einem sehr hohen Berge, wo eine Maschine angebracht war, die einem Krahne nicht unähnlich sieht. Sie dienet, in die Gruben zu fahren, und das Aerz heraus zu ziehen. Der Director, und ich, setzten uns jeder in einen großen Korb, und fuhren funfzig Lachtern in die Tiefe. Ich weiß nicht, ob man etwas grausenders denken kann, etwas, das den höllischen Gegenden näher kommt, als diese unterirdischen Wohnungen. Höhlen, wo die Gänge so höckericht sind, daß man nicht einen Schritt thun kann, ohne zu wanken; Wirbel von blauem Feuer, die überall herum schwärmen; Creaturen, die den Einwohnern der Hölle ähnlicher sehen, als Menschen; alle diese Gegenstände scheinen sich zu vereinigen, um das Gemüthe in das tiefste Schrecken zu versetzen. Diese Menschen haben Kleider von schwarzem Leder an, und einen Panzer, nebst dergleichen Kopfstücken, die unter den Augen zusammen gebunden sind, und auf die Brust herunter hängen.

Norwegen.

hangen. Einige dieser Leute lesen Aerzstuffen aus; andere suchen neue Gänge; andere müssen die Wasser zu gewältigen veranstalten, die oftmals wie Ströme aus den Felsen herausschießen, und jedermann in Lebensgefahr setzen.

Unsere Führer zündeten Fackeln an, hatten aber alle Mühe, durch die Finsterniß dieser schrecklichen Höhlen durchzudringen. Auf allen Seiten, so weit man nur sehen konnte, entdeckte man nichts als Dinge, die unter der Begünstigung des Scheines gewisser düsterner Feuer Grausen erweckten. Durch den Rauch wurde man benebelt, durch den Schwefel ersticket. Setzen Sie noch den Lärmen der Hammer hinzu, und den Anblick dieser schwarzen, unglückseligen Schmiede, so werden Sie mir eingestehen, daß mit dem, was man von der Hölle erzählet, nichts besser übereinkommt, als diese abscheulichen Wohnungen.

In den Schacht führen wir durch entsetzliche Wege; bald auf einer wackelnden Leiter, bald auf einem dünnen Brete; allezeit aber mit Furcht und Zittern. Mit unglaublicher Mühe kamen wir bis in die unterste Tiefe; allein, da wir wieder heraufsteigen sollten,

sollten, hatte uns der Schwefel die Brust so beklemmet, daß es nicht geringe Schwierigkeiten verursachete, ehe wir wieder zu Tage kamen.

Der Schichtmeister befürchtete, ich möchte einen Anfall vom Froste bekommen, der in diesen unterirdischen Oertern sehr gemein ist, und zog eine Glocke, zum Zeichen, daß man uns heraus holen sollte: wir wurden daher mit eben der Geschwindigkeit herauf gezogen, als wir hinunter gekommen waren. Ich habe niemals eine angenehmere Empfindung gehabt, als da ich wieder gesunde Luft athmete, nachdem ich durch den Schwefeldampf so sehr gelitten hatte. Ich aß zu Mittage bey dem Oberaufseher, der mich noch selbigen Tag in eine Silbergrube führte. Daselbst wurden wir hinunter gelassen, wie bey dem Kupferwerke; und alles, was ich sah, war dem ersten vollkommen gleich.

Diese Bergwerke tragen dem Könige von Dänemark ein Ansehnliches ein; an dem Orte selbst aber münzet man eine große Menge Silbers, so bald es geschieden ist. Im Winter arbeiten die Bergleute nicht; im Frühjahre hingegen, und im Herbste, fahren sie früh drey Stunden, und Nachmittags

drey

drey Stunden, ein; und im Sommer arbeiten sie täglich neun Stunden. Die übrige Zeit machen sie sich lustig: sie lieben das Tanzen; sie essen und trinken gut; und machen Musik mit Violinen, Hauboen, und andern Instrumenten. Ich habe Gelegenheit gehabt, sie in ihrer Lust zu sehen, und ihr unschuldiges Vergnügen hat mich ungemein gefreuet. Sie sind auch im Stande, die dazu erforderlichen Kosten eher zu bestreiten, da sie täglich einen Thaler verdienen, in einem Lande, wo die Lebensmittel sehr wohlfeil sind.

Ich bedankete mich bey dem Director, und nahm meinen Weg wieder nach Drontheim, in Gesellschaft eines der obersten Bergleute, der in der Stadt Verrichtungen hatte. Die Nacht überfiel uns unter Weges; und wir mußten in dem Hause eines Bauers bleiben, der sich unsern Besuch zur großen Ehre rechnete, und alles mögliche that, uns wohl aufzunehmen. Er setzte uns Bier, Tabak, und Brandewein vor; und zum Abendessen gab er uns zwey Fasane, und einen Hasen, die er selbigen Tag geschossen hatte. Nach dem Essen fuhren wir mit Trinken fort, mitten in einer dicken Wolke vom Tabaksrauche.

rauche. Der Bergmann fiel endlich betrunken zu Boden; worüber der Bauer eine große Freude hatte, und alles mögliche that, es auch dahin zu bringen. Die Gewohnheit des Landes erfordert dieses lange Trinken, und es ist nicht leicht möglich, sich davon auszuschließen, man sey auch wer man wolle: man hat hier keinen andern Begriff von dem gesellschaftlichen Vergnügen, als sich zusammen zu setzen, zu trinken, und sich zu berauschen. Den übrigen Theil der Nacht brachten wir auf frischem Strohe zu, womit man die Stube beleget hatte, und wir schliefen bis an den Morgen. Ich erwachte zu erst, und bat den Sohn des Bauers, unsere Pferde zu rechte zu machen, die uns nach Drontheim bringen sollten.

In dieser Stadt haben die alten Norwegischen Könige, ihre Residenz gehabt. Sie ist groß, ziemlich wohl gebauet, und ihr Hafen sehr geräumig, aber unter dem Wasser voller Klippen. Sie ist befestiget, und wird von einem guten Schlosse gedecket. Man treibt daselbst starken Handel, besonders mit Kupfer, denn die Bergwerke liegen nur sechs oder sieben Stunden von der Stadt. Auf der einen Seite wird sie von dem Meere fast

fast ganz eingeschlossen; auf der andern aber decken sie hohe Gebirge. Die dasige Statthalterschaft, oder das **Stift**, das größte im ganzen Reiche, hält von Mittage gegen Mitternacht hundert und funfzig gemeine Französische Stunden, in der Breite aber ohngefähr sechs und dreyßig.

Ganz **Norwegen** beträgt nicht über dreyhundert Stunden, und der mitternächtliche Theil wird gegen Lappland immer schmäler. Von unsern alten Geschichtschreibern wird dieses Königreich **Nortmannia**, und seine Einwohner **Nortmänner**, das ist, Männer aus Norden, genennet. Sie machten sich, im neunten Jahrhunderte durch ihre Einfälle auf den Französischen Küsten, und durch die Eroberung einer der schönsten Provinzen berühmt der sie auch ihren Namen gaben. Ihr **Land** war anfänglich in verschiedene kleine **Reiche** getheilet, bis ein einziger Monarch sie insgesammt unter seine Botmäßigkeit brachte. Seit dieser Zeit ist Norwegen mehrentheils von seinen eigenen **Königen** beherrschet worden; bis es gegen das Ende des vierzehnten Jahrhundertes mit **Dänemark** vereiniget wurde, und beyde Reiche unter der Gewalt eines einzigen

zigen Herren geblieben sind. Durch verschiedene Verträge sind etliche Stücken des Landes an Schweden abgetreten worden.

Ehedem schickten die Könige von Dänemark Vicekönige nach Norwegen; seit einigen Jahren aber ist diese Würde eingegangen. Gegenwärtig sind vier oberste **Gerichtshöfe** zu Christiania, Bergen, Aggerhuus, und Drontheim, errichtet, wo alle Angelegenheiten des Reiches abgethan werden: der Gerichtshof zu Christiania entscheidet die Appellationen der drey andern. Norwegen hat zu eben der Zeit, als Dänemark, die **protestantische Religion** angenommen. Vier Lutherische **Bischöfe**, oder Superintendente haben den Vorsitz in dem geistlichen Gerichte, und man zählet mehr als neun hundert Kirchen, mit einer behörigen Anzahl Priester, die das Amt verrichten.

Dieses **Reich** ist durch hohe Gebirge in zwey **Haupttheile**, in den mitternächtlichen, und mittäglichen abgesondert. Jener, der sich noch über den Polarzirkel erstrecket, ist kälter, weniger angebauet, und bevölkert als dieser: alles was der kalte Erdstrich in sich begreift, ist unfruchtbar, mehrentheils wüste, und voller wilden Thiere. Die Stadt

Stadt Christiania, die in dem mittäglichen Theile liegt, ist heut zu Tage die Hauptstadt des ganzen Reiches. Sie hieß sonst Opslo; als sie aber im sechzehnten Jahrhunderte abbrennete, ließ sie König Christian IV. von Dänemark, wieder aufbauen, und gab ihr seinen Namen. Sie ist ziemlich schön, und wird durch ein Schloß vertheidiget. Außer dem ersten Gerichtshofe, oder Oberhofgerichte, befindet sich noch ein bischöflicher Sitz daselbst, und eine Schule. In eben dieser Statthalterschaft ist auch die Festung Aggerhuus, wo sonst die Norwegischen Vicekönige residiret haben; ingleichen die Stadt Friedrichshald, eine wichtige Festung, welche der König von Schweden, Carl XII. mitten im Winter, in eigener Person belagerte. Viele seiner Soldaten fielen dazumahl auf ihren Posten vor Kälte tod nieder, andere, ganz erstarret, da sie sahen, daß ihr König eben so viel ausstund, wie sie, getraueten sich nicht, zu klagen. Dieser Fürst, als er zu weit über die Brustwehr heraus sah, wurde er von einer Kugel an den Kopf getroffen, und blieb auf der Stelle tod. Der König von Dänemark hat eine Pyramide von Marmor, mit etlichen

Auf-

Aufschriften zur Ehre der Nation, an diesem Orte aufrichten lassen.

Die übrigen Städte des mittäglichen Norwegens, Bergen ausgenommen, sind wenig beträchtlich. Diese Letztere wird in die hohe und niedere Stadt abgetheilet, und hat einen der besten Häven in Europa. Die Stadt ist groß, und ihre Handlung kann unter die stärksten in Norden gerechnet werden. Ehedem ist sie eine von den Hanseestädten gewesen. Die Berge, welche sie umgeben, haben ihr den Namen gegeben.

Als sie zu Anfange dieses Jahrhundertes durch eine Feuersbrunst fast gänzlich in die Asche gelegt wurde, war sie bloß von Holze erbauet; bey ihrer neuen Anlage aber sind die Häuser steinern gebauet worden. Sie ist in vorigen Zeiten der Sitz eines Erzbischofes gewesen, allein nach der Religionsveränderung wurde sein Palast einer Gesellschaft von Kaufleuten eingeräumet. Diese konnten, so lange sie unverheurathet waren, darinnen wohnen; wenn sie aber heuratheten, mußten sie ausziehen. Diese sonderbare Verfassung gab Gelegenheit, daß man sie *Mönche* nennete, ungeachtet sie an keine Regel gebunden waren; und ihre *Magazine* ne hießen lange Zeit Klöſter. Die vornehmſten Artikel der Handlung dieſer Stadt ſind Heringe, Stock= und Rundfiſche, und Bauhölzer.

Bey einem meiner Spaziergänge in die Nachbarſchaft von Drontheim, traf ich einen Edelmann, mit zwey Bedienten an, und mit vielen Hunden, der auf die Elendsjagd gieng. Er kennete den Menſchen, der mich begleitete, und da er hörete, daß ich ein Fremder war, bat er mich, an dem Vergnügen ſeiner Jagd Theil zu nehmen. Ich war ſeinen Vorſchlag ſehr wohl zu frieden, und konnte meine Zeit nicht beſſer anwenden. Als wir ohngefähr eine halbe Stunde gegangen waren, trafen wir Bauern an, die uns in ein Holz brachten. Die Anſtalten zu der Jagd waren den Tag vorher durch des Edelmannes Unterthanen gemachet worden. Kaum hatten wir funfzig Schritte gethan, als wir ein Elendsthier gewahr wurden; allein, wenige Zeit darauf fiel es tod nieder, und wie man mir ſagte, von der fallenden Sucht: dieſe Beſchwerlichkeit giebt ihm in dem Lande den Namen Elk, welches eine elende Creatur bedeutet. Dieſe Thiere fallen oft, gleich beym Anfange der Jagd, auf dieſe Art

um,

um, und verhindern das Vergnügen der Jagd: Ohne diesen Zufall, glaube ich, hätten wir Mühe gehabt, es zu fangen; denn wir wendeten in Verfolgung eines andern mehr als zwey Stunden an, das wir vermutlich nicht bekommen hätten, wenn ihm nicht eben dergleichen Zufall begegnet wäre. Man glaubt hier zu Lande für gewiß, daß der linke Lauft dieses Thieres ein ohnfehlbares Mittel wider die fallende Sucht sey: ich brachte aber den Edelmann von dieser pöbelhaften Meynung ab; und es fehlte nicht viel, daß ich ihn nicht überzeugete, daß man sich vielmehr wenn man von diesem Fleische äße, der Gefahr aussetzete, die Krankheit zu bekommen.

Er schlug uns eine andere Jagd, nach der dasigen Landesart, vor, die wir zwar, wegen der dabey vorfallenden Gefahr, nicht selbst mit machen, sondern bloße Zuschauer abgeben wollten. Es giebt in dieser Gegend von Norwegen eine erstaunende Menge Vögel, die sich in die höchsten, am Rande des Meeres gelegenen Felsen verbergen. Alle Bauern haben das Recht zu jagen, und damit einerley Gleichheit beobachtet werde, darf einer nicht mehr Hunde haben, als der andere. Außer dem Wildprete dieser Vögel,

das

das ihnen zur Nahrung dienet, machen sie einen ansehnlichen Verkehr mit den Federn. Es sind Gegenden, die alle Jahre für mehr als hundert tausend Franken, (26666 rthlr. 16 gl.) Federn nach Kopenhagen liefern. Diese Jagd geschieht auf zweyerley Art. Es begeben sich Leute zu Schiffe an den Fuß eines Felsen; und einer von ihnen sucht den ersten Antritt, den er auf den Felsen finden kann, vermittelst einer Stange zu erreichen, womit ihn seine Cammaraden in die Höhe heben: wenn er nun fühlet, daß er fest steht, so läßt er einen Strick herab, woran sich ein anderer bindet, den er an sich zieht; und auf diese Art helfen sie einander von einem Ruheplatze zu dem andern, biß sie an die Oerter kommen, wo die Vögel ihre Nester haben. Gleitet der Fuß demjenigen aus, dem man mit dem Stricke hilft, oder ist er zu schwer, so zieht er den, der ihn in der Luft hält, herunter, und sie kommen beyde um. Dergleichen Unglück, ob es sich schon öfters ereignet, schrecket sie nicht ab: die Liebe zu ihrer Familie stellt ihnen keine Gefahr groß genug vor, die sie abhielte, daß sie selbige für Hunger verderben ließen. Wenn sie auf die Höhe des Felsen gekommen sind, so nehmen

VIII. B.   J   sie

sie die jungen Vögel aus, und die alten fangen sie mit Netzen. Ist die Witterung günstig, und das Wildpret häufig, so bleiben viele dieser Jäger ganze Wochen auf den Felsen, unterdessen daß andere ihnen Essen bringen, und die Beute nach Hause tragen.

Einige dieser Felsen, auf der Seeseite, sind schlechterdings unersteiglich, gleichwohl sind sie die vortheilhaftesten zur Jagd, weil sich die Vögel daselbst am meisten aufhalten. Da geschieht es denn, daß ein verwegener Norwege sich waget, den Gipfel von der Landseite zu ersteigen, und vermittelst eines Seiles, das er zwischen den Beinen hält, und sich wie einen Gürtel um den Leib machet, sich herunterläßt. Seine Camaraden halten dieses Seil, und er hat eine Leine in der Hand, mit welcher er ein Zeichen giebt, wenn er will hinauf oder herunter gelassen seyn, oder wenn sie still halten sollen. Das Seil macht zuweilen große Steine los, denen er auszuweichen sucht, wenn er sich zu rechter Zeit zu schwingen weiß. Eine sehr dicke Mütze, die er auf hat, verwahret ihn vor den Stößen, die er von den kleinern erhalten könnte. Es giebt Felsen, die mehr als hundert Ellen über das Meer heraus ragen, und

von

von allen Seiten nichts als steile Abgründe zeigen. In vorigen Zeiten wurde, vermöge eines Landesgesetzes, denjenigen, die auf dieser Jagd verunglückten, das Begräbniß versaget: ein solcher Zufall wurde als ein Schandfleck in der Familie angesehen, und er konnte nicht getilget werden, als daß des Verstorbenen nächster Anverwandte sich dieser Gefahr ebenfalls aussetzete, und an den Ort stieg, wo der andere herunter gefallen war. Dieser barbarische Gebrauch ist nunmehr abgeschaffet: wer heut zu Tage verunglücket, der hat es auf seine Rechnung, und wird ehrlich begraben.

Was das Hauptwerk dieser Jagd ausmachet, sind die Pingoins, und Eiders, Wasservögel, die wegen ihrer Federn sehr gesuchet werden. Sie bauen ihre Nester zwischen die höchsten und steilesten Felsen: daselbst suchen sie diese verwegene Jäger auf, und finden ihrer zuweilen bis hundert, die auf den Eyern ohne Unterschied eines von dem andern sitzen. Die Eyer der Pingoins gleichen unsern Hünereyern, und werden in weniger Zeit ausgebrütet; nach vierzehn Tagen fliegen die Jungen mit den Alten auf das Meer. Hunde, die an dem Ufer zu revieren

Der 91. Brief.

besonders abgerichtet sind, sprengen sie aus ihren Löchern. Die Menge dieser Vögel ist so groß, daß wenn sie von den Felsen aufstiegen, sie den Himmel wie eine Wolke verdunkeln, und das Lärmen ihrer Flügel kommt einem Gewitter bey.

Der Eider hält das Mittel zwischen der Gans, und der Ente, und hat etwas von beyder Eigenschaften. Die Federn seiner Brust, die man Eiderdun nennet, tragen den Einwohnern ein ansehnliches ein: sie sind klein, leicht, warm, weich, und geschickt sich aus einander zu breiten, so daß man nicht mehr als zwey oder drey derbe Hande voll brauchet, um ein Deckbette über die Füße damit anzufüllen. Dieses ist auch der einzige Gebrauch, den man von dieser Art Federbetten in Frankreich machet: hier zu Lande aber bedienet man sich ihrer an statt wollener Decken, und nimmt sie zu ganzen Deckbetten. Winterszeit sind diese Vögel fast beständig auf dem Meere; im Frühjahre aber kommen sie heerdenweise auf die Küsten, und machen ihre Nester in die Spalten der Felsen. Hier brüten sie fünf oder sechs Eyer aus, grün von Farbe, und so groß wie Gänseeyer, womit die Mutter dreyßig Tage zubringt,

zubringt, unterdessen daß das Männlein unten auf dem Wasser bleibt, und Schildwache hält. Kommet diesem nun ein Jäger, oder ein Raubthier zu nahe, giebt es einen Laut von sich, wodurch das Weiblein gewarnet wird, diese aber bedecket sogleich ihre Eyer mit Moose, oder Federn, die sie bereit hält, und fliegt zu dem Männlein, der sie erwartet. Wenige Tage, nachdem die Jungen ausgekrochen sind, führet sie solche auf das Meer und bleibt auch in der grösten Gefahr bey ihnen. Sie nimmt sie auf ihren Rücken, und trägt sie schwimmend fort, wenn sie nicht im Stande sind, ihr zu folgen. Läßt aber die Mutter ihre Eyer, oder Jungen, durch ihre Schuld verderben, so züchtiget sie das Männlein mit seinen Flügeln, und verläßt sie.

Der Edelmann, der mich auf diese Jagd mitnahm, behielt mich zwey Tage bey sich auf seinem Schlosse. Die dasigen Gebäude waren schlecht, ohne die geringste Zierlichkeit und Geschmack; wir wurden aber im Ueberflusse bewirthet. In den Augenblicken, da wir nicht mit Essen beschäfftiget waren, that ich meinem Wirthe tausenderley Fragen, hauptsächlich was die Naturgeschichte seines Landes anbelangete. Zu erst fragte ich ihn, was er von dem so sehr großen Meerwunder hielt, daß man, der Sage nach, vor einigen Jahren nicht weit von den Norwegischen Küsten entdecket hatte. „Sie wollen, antwortete er, von dem Kraken reden, von demjenigen Meerthiere, das am wenigsten bekannt ist, und dem man die meisten Namen gegeben hat; denn man nennet es auch Krabben, Horven, Anketroll, Seetenfell, u. s. w. Ich muß Ihnen aber erstlich sagen, daß ich es niemals gesehen habe; ja, sein wirkliches Daseyn kommt mir ziemlich ungewiß vor. Doch, weil diese Materie ihre Neubegierde zu erregen scheint, will ich Ihnen sagen, was unsere Fischer von diesem außerordentlichen Fische erzählen.

Sie geben vor, daß wenn sie auf dem Meere achtzig oder hundert Toisen Tiefe erreichet zu haben glauben, sie zuweilen ganz verwundert sind, sich auf einmal auf einer Höhe von nur zwanzig oder dreyßig Toisen zu sehen; und alsdann ist die Fischerey am besten. Aus dieser außerordentlichen Abnahme von Wasser, und aus der ungemeinen Menge Fische, die sich in ihre Netze werfen, urtheilen sie, daß der Kraken unter ihrem Schiffe auf dem Grunde des Meeres ist. Sie werfen

Norwegen.

sen alsdenn das Loth verschiedenemale, und sehen, ob das Wasser immer einerley Tiefe, oder ob es abgenommen hat. Im letztern Falle vermuthen sie, daß das Thier in die Höhe kommt; da es denn gefährlich seyn würde, länger auf dieser Stelle zu bleiben. Sie hören daher auf, zu fischen, rudern so geschwind als möglich davon, und entfernen sich so weit als sie können. Wenn sie außer Gefahr zu seyn glauben, fahren sie sachter, und in Zeit von etlichen Minuten sehen sie das Meerwunder auf der obersten Fläche des Wassers, wo es einen Raum einnimt, den das Auge nicht übersehen kann. So ungeheuer es aber scheint, so zeiget es sich doch nicht in seiner völligen Größe. Es läßt nichts als seinen Rücken sehen, welcher, wie man sagt, bey nahe eine halbe Stunde im Umfange hat. Anfänglich meynet man kleine schwimmende Inseln zu erblicken, die wegen ihrer Ungleichheit Hügeln gleichen, worauf sich eine unzählige Menge Fische aufhält, die sich sehr geschwind hin und her bewegen, und wieder in das Meer gehen. Nach und nach entdecket man auf der Haut dieses Thieres schupige Spitzen, die, wenn sie nicht glänzeten, man für Mastbäume hielte; sie werden auch dicker, ie mehr sie in die Höhe kommen, und sich außer dem Wasser zeigen. Höchst unglücklich wäre das Schiff, das ihnen zu nahe käme; gar bald würde es in Grund gebohret werden. Das Thier, wenn es zurück, in die Tiefe des Meeres geht, verursachet einen so gählingen Wirbel, und einen so tiefen Schlund, daß es alles, was sich in diesem Bezirke befindet, mit hinunter zieht.

Einige Naturkündiger, die alles, was ich hier gesagt habe, aufs Wort geglaubet haben, sind der Meynung gewesen, daß die auf dem Rücken des Kraken hervorragenden Spitzen seine Segelstangen, Arme, oder wenn man will, seine Fühlhörner wären, womit er sich bewegete, und seine Nahrung suchete. Wenn man unsern Fischern trauen darf, so hat die Natur diesem Thiere noch ein näheres Mittel gegeben, sein Leben zu erhalten. Sie haben, ihrer Aussage nach, bemerket, daß der Geruch seiner Ausdünstung so stark ist, daß er eine erstaunende Menge Fische an sich zieht, welche ihm zur Nahrung dienen. Zum Glücke hat das Ungeheuer nicht zu aller Zeit gleichen Hunger: es frißt nur wenige Monate im Jahre, und die übrige Zeit

Zeit bleibt es ohne die geringste Nahrung. Während dieses langen Fastens thut es nichts, als daß es die eingenommene Speise wieder von sich giebt. Dieser Auswurf geschieht so häufig, daß er das Meer auf eine große Weite färbet, und trübe machet. Die Fische, die sich durch diese Lockspeise haufenweise herbey machen, und von allen Seiten herzu eilen, die verbauete Nahrung des Kraken zu verzehren, werden hinwiederum von ihm gefressen, und in neue Lockspeise verwandelt, wodurch andere Fische in der Folge betrogen werden.

So fabelhaft auch die Wirklichkeit eines Fisches scheint, der größer ist, als die Stadt Drontheim, sagte mein Norwegischer Edelmann, so hat er doch nicht weniger zu dem Sprichworte in unserm Lande Anlaß gegeben: er hat auf dem Kraken gefischet; um einen glücklichen Menschen anzuzeigen, dem alles wohl von statten gehet. Ich kann Ihnen aber, fügte er hinzu, weiter nichts gewisses von diesem unförmlichen Thiere sagen: unsere norwegische Naturgeschichte wird Ihnen mehrere eben so merkwürdige Seltenheiten darbieten. Außer den Vögeln, davon ich Ihnen die Weise, sie zu jagen, gezeiget habe,

habe, ist noch einer, der große nordische Taucher genennet, der folgender Ursache wegen Aufmerksamkeit verdienet. Man behauptet, er habe unter seinen Flügeln zwey so große und tiefe Säcke, daß man die Hand hinein stecken könnte. In jede dieser Hohlungen verbirgt er ein Ey, und brütet darinnen seine Jungen eben so vollkommen aus, und mit weniger Umständen, als die andern Vögel auf der Erde.

Was wir hier den Fischeradler nennen, ist ein Vogel, der größer ist, als der ordentliche Adler. Wenn er auf das Meer fliegt, und Fische mit seinen Fängen fasset, kann er sie nicht leicht wieder los kriegen, so lang und krumm sind selbige; und ist der Fisch größer und stärker, als er, so zieht er ihn bis auf den Grund hinunter. In dem Augenblicke, da sich der Adler gefangen fühlet, fängt er ein jämmerliches Geschrey an, suchet sich in der Luft zu erhalten, und bemühet sich, durch seine ausgebreiteten Flügel der Gewalt seines Feindes zu widerstehen, aber vergeblich; er muß nachgeben, und gar bald wird er ein Raub desjenigen, den er zu fangen glaubete.

Man hat mir letzthin einen sonderbaren Vorfall eines dieser Vögel erzählet, dessen Glaubwürdigkeit ich Ihnen überlasse. Ein Fischerabler sah einen großen Fisch am Rande des Meeres, auf den er mit größter Gewalt herab schoß. Um sich besser anzuhalten, griff er mit einem seiner Fänge in die Wurzel eines an dem Ufer stehenden Baumes, und mit dem andern faßte er den Fisch so fest, daß er ihn nicht wieder fahren lassen konnte. Der Fisch, stärker als sein Feind, suchte sich mit Gewalt los zu machen, entfernte sich vom Ufer, riß den Abler bis an den Hals entzwey, und machte aus ihm in der That das, was man bisher nur in den Wappen gesehen hatte, einen gespalteten Abler.

Die norwegische Küste ist die einzige Gegend in Europa, die von dem schrecklichen Thiere heimgesuchet wird, welches man die Meerschlange nennet. Man saget für gewiß, daß sie mehr als fünf hundert Fuß in der Länge habe; daß ihr Leib zum wenigsten so stark sey, als zwey der größten Fässer; daß sie sich beständig auf dem Grunde des Meeres aufhalte, ausgenommen im July und August, als den Monaten ihrer Laichzeit,

wo

wo sie dennoch nicht auf die Oberfläche des Wassers kommt, als bis das Wetter ganz still ist. Alsdenn sieht man, in eben der Richtung als der Kopf, etliche wenige Merkmale ihres Rückens, welche vom weiten scheinen, wenn sie sich krümmet, wie Fässer, die auf einer Linie, und sehr weit von einander schwimmen. Dieses Ungeheuer hat eine hohe und breite Stirne, das Maul eingebogen wie ein Pferd, und große Nasenlöcher, woraus lange Haare gehen, wie Knebelbärte. Ihre Augen sind groß, blau von Farbe, und leuchten wie zwey silberne Kugeln. Das ganze Thier sieht dunkelbraun, mit hellen Flecken überstreuet, welche durchsichtig scheinen, wie die Schalen einer Schildkröte.

Die Meerschlange verursachet, daß vielmals Menschen und Schaluppen zu Grunde gehen: ja man behauptet, daß ein Schiff von hundert Tonnen durch ihre Schwere, wenn sie es von der Seite überfiel, untergehen müßte. Zuweilen krümmet sie sich in einen Kreis um die Schaluppe herum, so daß die darinnen befindlichen Leute von ihr eingeschlossen sind. Das einzige Mittel, ihr zu entgehen, wenn man sich in der Nähe befindet, ist, daß man die Barke gegen den erha-

bensten

benſten und ſichtbarſten Theil ihres Leibes richtet; weil alsdenn die Schlange ſogleich untertauchet, und das Schiff vorbey läßt: wenn man hingegen nach dem Orte zu, wo man nichts von dem Leibe ſieht, rudern wollte, würde das Thier ſich in die Höhe krümmen, und die Schaluppe umwerfen. Vergeblich wäre es, wer verſuchen wollte, durch Rudern zu entkommen; dieſes Thier durchfährt das Waſſer wie ein Pfeil, und wenn es ſeinen fürchterlichen Kopf in die Höhe hebt, nimmt es einen Menſchen aus der Barke, ohne die übrigen zu berühren. Um es deſto ſicherer los zu werden, wirft man ihm zu, was man finden kann, wäre es auch ein Stück Holz, ein Stein, oder die leichteſte Sache von der Welt; nur, daß man es damit trifft, weil es alsdenn gleich untertauchet, und einen andern Weg nimmt.

Aus der Erfahrung weiß man, daß Biberfleiſch, Teufelsdreck, oder alles andere, was einen ſtarken Geruch hat, dieſem Meerwunder ſo ſehr zuwider iſt, daß ein kleines Stück davon, aus der Schaluppe geworfen, es gänzlich wegtreibt. Seitdem die Fiſcher dieſes Mittel haben kennen gelernet, führen ſie allemal, wenn ſie in die hohe See gehen, etwas

Der 91. Brief.

etwas davon bey sich. Die Zeit, wenn die Meerschlange am meisten gefürchtet wird, ist, wenn sie das Weiblein aufsuchet, um zu streichen: denn sie verfolget alsdenn Schiffe und Barken, welche sie vermuthlich für Thiere ihres gleichen hält. Man saget auch, daß Leute von ihrem Unflate, den man, wie Leimen, etliche Monate im Sommer, auf dem Wasser schwimmen sieht, wären vergiftet worden. Wenn ein Fischer etwas davon in seinen Netzen findet, und er aus Unachtsamkeit daran rühret, bekommt er sogleich eine geschwollene Hand, und eine Entzündung, die zuweilen das Abschneiden der Hand nach sich zieht.

Allein, es sey genug von Meerwundern. Die vierfüßigen Thiere in Norwegen werden Ihnen angenehmere Bilder vorstellen. Man findet hier eben die Gattungen, wie in dem übrigen Europa. Die Pferde sind gemeiniglich klein, aber stark, und von geschickter, feiner Gestalt. Wenn sie einen steilen Felsen hinauf, oder herab steigen, treten sie ganz gelinde mit dem Fuße auf; und versuchen, ob der Stein, den sie berühren, fest ist; im Heruntersteigen ziehen sie den Hinterfuß unter sich, und lassen sich ganz sachte herab.

herab. Man muß sich ihrer eigenen Behutsamkeit lediglich überlassen, sonst würde auch der beste Reiter öfters Gefahr laufen, den Hals zu brechen. Wenn sie mit den Wölfen oder Bären zu kämpfen haben, welches häufig vorfällt, sind sie ungemein beherzt. So bald das Pferd seinen Feind auf sich los kommen sieht, die Stutte aber und das Füllen bey sich hat, stellet es das schwächste hinter sich, tritt beherzt hervor, und schlägt seinen Gegner mit den Vorderfüssen, die es wie ein paar Trommelstöcke zu gebrauchen weiß; trägt auch gemeiniglich den Sieg davon. Fügt es sich aber, daß es sich umdreht, und den Bär mit den Hinterfüssen schlagen will, ist es verloren; denn der Bär springt auf das Pferd, hält sich auf seinem Rücken fest, und dieses läuft mit seinem Ueberwinder so lange, bis es alles Blut verloren hat, niederfällt, und auf dem Platze bleibt.

Die **Ochsen** und **Kühe** sind in Norwegen kleiner, als in Dänemark. Wenn die Bauern nicht Futter genug für sie haben, schneiden sie im Sommer die jungen Sprößlinge von Bäumen ab, lassen sie trocken werden, und binden sie, zur Winterfütterung, wie Heubunde zusammen. Sie sammeln auch

auch die Köpfe von Stockfischen, und die Knochen anderer Fische; welche die Kühe zwar gern fressen, aber keine gute Milch geben. Sie nähren sich auch von den Knochen anderer Kühe; ja sie sind begierig darauf, und zernagen sie mit den Zähnen, wie die Hunde.

Durch ganz Norwegen findet man Bäre, und man unterscheidet sie, in die große, und kleine Gattung. Alle sind sehr wild, fleischbegierig, stark, und geschickt. So lange sie ihre Jungen bey sich haben, ist es gefährlich, ihnen in Weg zu kommen; denn sie fallen die Menschen an: zu anderer Zeit hingegen thun sie nichts, als sich wehren; sie müßten denn einer schwangern Frau begegnen. Dieser ihren Zustand wissen sie entweder aus dem Geruche, oder aus natürlichem Triebe, zu unterscheiden, und thun alles mögliche, die Leibesfrucht habhaft zu werden, welche einen sehr guten Bissen für sie abgiebt. Doch hat man bemerket, daß ein Bär niemals ein Kind anfällt: auch sagt man, er rühre keinen toden Menschen an: er will vermuthlich lieber selber schlachten, was er frißt. Man hat Leute gesehen, die ihr Leben gerettet haben, indem sie durch das Zurückhalten des Athems sich gestellet haben, als wären sie tod.

tod.' In unfruchtbaren Jahren nähret sich dieses Thier von Wurzeln, Rasen, Kräutern, und insonderheit von der Angelikenwurzel, welche hier sehr gemein ist. Allein das Fleisch schmeckt ihm besser, vornehmlich Schafe, Ziegen, Kühe, und Pferde. Es fällt mit den Vorderklauen an, und gebrauchet sich seines Gebisses nicht eher, als wenn es seine Beute überwältiget hat. Alsdenn sauget es das Blut aus, und schleppet den Körper in seine Höhle. Man sieht sie zuweilen aufgerichtet, auf den beyden Hintertatzen gehen, und in den Vordern den Körper eines großen Thieres tragen.

Kleine, dazu abgerichtete Hunde jagen den Bär auf, und matten ihn gleich ab, wenn sie sich an seine Geilen hängen. Alsdenn fallen die großen Hunde auf ihn los, und zerreißen ihn. In dergleichen Fällen klettert er auf den Felsen, lehnt sich mit dem Rücken an, und reißt Steine los, die er nach seinen Feinden wirft. Der Jäger nimt diesen Augenblick in Acht, um ihn mit einer oder zwey Kugeln in die Brust, Schultern, oder Ohren zu schießen. Ist er an einem dieser Orte getroffen, fällt er gleich tod darnieder; außerdem wird er nur wütender,

VIII. B.   K   und

und geht auf den Schützen los, der allezeit ein Bajonnet auf der Flinte zur Gegenwehre haben muß. Unsere Norwegischen Pachter gehen niemals ohne ein großes Messer aus, das sie an einer meßingenen Kette an der Seite hängen haben: sie nehmen es, und stoßen es dem Bäre der Queere in den offenen Rachen, biß in den Schlund. Wenn sie sich seiner bemächtiget haben, ziehen sie ihm die Haut ab; den Kopf aber nehmen sie mit, und machen ihn als ein Siegeszeichen, und als eine Probe ihrer Herzhaftigkeit, in ihren Häusern auf. Es giebt Pachter, die alle ihre Thüren mit dergleichen Köpfen gezieret haben.

Man führt vielerley Beyspiele an, von der Klugheit, und Vorsichtigkeit des Bäres. Man saget, daß er unter einer Heerde Kühe diejenige wähle, die eine Glocke an dem Halse trägt; daß er diese Glocke, die ihm misfällt, abreiße, und mit seinen Tatzen breit drücke, aus Furcht, ihr Klang möchte Lärmen machen, und die Gefahr anzeigen. Wenn er von zweyen oder dreyen Jägern auf einmal verfolgt wird, und der erste ihn verfehlet, oder nur leicht verwundet, so geht er auf ihn zu, entwaffnet ihn, nimt ihn in

seine

seine Vordertatzen, und trägt ihn fort, weil er überzeuget ist, daß die andern Jäger nicht auf ihn schießen werden, aus Furcht, sie möchten ihren Camaraden treffen. Wenn er fühlet, daß er tödtlich verwundet ist, weil er weis, daß man ihn nur seiner Haut wegen verfolget, so suchet er, seinen Ueberwinder zu entwischen; und in dieser Absicht nimt er einen großen Stein, und stürzet sich in den ersten Teich, oder Wasserbehältniß, das er findt.

Der Bär kann gut schwimmen: er geht oft in die Flüsse, und fängt Fische. Wenn er eine Barke vorbey fahren sieht, schwimmet er nach, und suchet hinein zu kommen; wäre es auch nur, um auszuruhen. Kommt er hinein, so hält er sich in einem Winkel ganz still; der Schiffer aber, der nicht sehr begierig ist, dergleichen Gast aufzunehmen, thut alles mögliche, sich zu entfernen, und wenn er ein Beil hat, läuft das Thier Gefahr, wenn es sich an das Schiff anhalten will, die Tatzen zu verlieren.

Seit dem Anfange des October sucht der Bär seine Höhle, und machet seine Winterwohnung zu rechte. Diese ist gemeiniglich ein Loch in einem Felsen, oder eine natürliche Grotte, worinnen er sich sein Bette von

K 2 Blät-

Der 91. Brief.

Blättern, und Moose zubereitet. Die Oeffnung der Höhle verbirgt er mit Zweigen, diese aber bedecket vollends der Schnee in kurzer Zeit. Er liegt zuweilen eine ganze Woche in einem so tiefen Schlafe, daß ihn nichts aufwecket, so gar wenn man auf ihn schießt, oder ihn verwundet. Man behauptet, daß er einen Theil des Winters ohne Nahrung zubringe. Da er natürlich feist ist, kann er das Fasten allerdings lange aushalten, und er geht nicht eher aus seiner Höhle, als bis ihn der Hunger außerordentlich drücket.

Die Wölfe sind in Norwegen das Schrecken der Einwohner, so zahlreich, grimmig, und reißend sind sie. Sie fressen alle Thiere, die sie habhaft werden können, so gar die Hunde, die sie in harten Wintern an den Thüren der Landleute wegnehmen: sie würgen, bis auf die Pferde, wenn sie in die Schlitten gespannet sind. Das Mittel, das man vorkehret, um sie zu fangen, sind tiefe in die Erde gemachte Gruben, wo man zuweilen bey dem Wolfe, auch andere Thiere findt, die er aber nicht anrühret. Ja es hat sich zugetragen, daß Bauern in diese Fallen gestürzet sind, und bey ihm gesessen haben, ohne daß ihnen ein Leid geschehen wäre.

wäre. Wenn ein Wolf in eine dergleichen Falle fällt, wird er so sehr, und auf so lange Zeit erschrecket, daß man ihm eine Kette, und einen Nasenriem anlegen, und hinführen kann, wo man will, ohne daß er sich im geringsten wehret. Es ist nicht lange, daß eine Frau, ein Fuchs, und ein Wolf, in eine dergleichen Grube fielen, und jedes auf seiner Stelle blieb, ohne sich zu regen, bis man den andern Tag alle drey Gefangene fand. Man machte zu erst den Wolf, und hernach den Fuchs tod, und zog alsdenn die Frau heraus, die mehr todt als lebend war, unerachtet sie nichts erlitten hatte, als Schrecken. Es sind die gemeßensten Befehle vorhanden, vermöge welcher man in der ganzen Nachbarschaft ansagen muß, wenn, und wo, man dergleichen Löcher machen will.

Die Wölfe, wenn sie recht heißhungerig sind, fressen so gar die leimichte Erde; und weil diese Speise nicht leicht zu verdauen ist, bleibt sie so lange bey ihnen, bis daß sie wieder Fleisch bekommen; da sie denn mit großer Mühe von ihnen geht. Man höret sie wegen der Schmerzen, die sie dabey empfinden, auf eine jämmerliche Art heulen. Auf den Tan=
nen

nenbäumen findet sich ein gewisses gelbes Moos, das giftig, und für die Wölfe allezeit tödlich ist. Man thut davon etwas in die toben Körper, die man ihnen vorwirft, und suchet diese grimmigen und gefräßigen Thiere auf solche Art zu vertilgen. Sie haben einen so starke Witterung, daß sie durch das Fleisch der toben Körper auf eine Stunde weit herbey gelocket werden. Wenn sie aus dem Holze kommen, gehen sie allezeit dem Winde entgegen. Sie bleiben haußen vor dem Holzo stehen, suchen die Witterung von allen Seiten, und spüren auf diese Art die Ausdünstung der toben oder lebendigen Körper, welche ihnen der Wind zuführet. Vorzüglich lieben sie Menschenfleisch; und wenn sie stark genug wären, vielleicht fräßen sie kein anders. Man hat die Wölfe den Armeen folgen, und haufenweise auf das Schlachtfeld kommen gesehen, wo sie die toben Körper, die nur leicht verscharret waren, ausgegraben, und mit größter Begierde gefressen haben."

Und dieses war, Madame, die Unterredung, die ich mit dem Norwegischen Edelmanne gehabt habe: denn hier, wie in Frankreich, von was soll ein Adelicher, der auf

seinen

seinen Gütern wohnet, reden, als vom
Jagen, Fischen, von Pferden, und von Hunden?
Dieser hier unterhielt mich noch von seinen
Wiesen, Feldern, und Ernden. Ich erfuhr
dadurch, daß der Ackerbau wenig einträglich ist, und daß die Einwohner, ohne den
großen Ueberfluß an Fischen und Wildpret,
kaum leben könnten. Vergebens hat man
wüste Gegenden urbar zu machen gesuchet,
und ganze Wälder verbrennet, und ausge-
rottet, um Feld daraus zu machen. Der
Mangel wird sich allezeit in einem Lande
spüren lassen, wo die steinigte Erde, und die
Felsen, zu dergleichen Anbaue nicht gemacht
sind. Eine andere Beschwerlichkeit ist, daß
das Getreide, auch in den fruchtbarsten
Provinzen, wegen der häufigen und geschwinden Fröste nicht gerathen kann, mithin die
Ernden schlecht ausfallen. Vom Obste
ißt man auch nur die Sommerfrüchte, die
andern im Herbste, werden selten reif.
Wenn aber Norwegen den andern Europäischen Ländern in diesem Punkte weichen muß,
so ersetzen solches die unerschöpflichen Schätze
ihrer weitläuftigen Wälder. Das Land
erzeuget auch eine große Menge Marmor,

und in den Bergen findet man sehr schönen Berg-Crystall.

Ein anderer Nutzen, den diese Norwegischen Gebirge veranlassen, ist, daß sie als Mauern wider fremde Einfälle dienen. Die Bauern, als sehr geschickte Schützen, stellen sich zu Kriegszeiten auf die steilesten Felsen, und durch patriotischen Eifer aufgemuntert, werden sie den Feinden sehr beschwerlich. Einige Provinzen sind auch durch die Natur denjenigen Armeen unübersteiglich geworden, die vieles Geschütz bey sich führen. Aus dieser Ursache, sagt man, hat die Stadt Bergen, die nur von der Seeseite mit zwey festen Schlössern versehen ist, nichts zu befürchten, so lange sie bloß von Landtruppen sollte angefallen werden. Diese natürlichen Festungen scheinen auch zu der Verschönerung des Landes das ihrige beyzutragen. Der mannichfaltige Anblick von Höhen und Tiefen verursachet die vortrefflichsten Contraste, und die daher entstehenden vielerleyen Aussichten flößen die angenehmsten und feinsten Gedanken ein. Doch kommen auch diese Vortheile den Norwegen theuer zu stehen, wegen der Beschwerlichkeit,

welche

welche die Nähe und Menge dieser Gebirge mit sich führet. Nicht allein erlauben sie einen wenigern Ackerbau; sondern die Dörfer sind auch nicht so groß, nicht so nahe beysammen, und nicht so bequem, wie in flachen Ländern. Die Häuser liegen zwischen den Thälern zerstreuet, und mehrentheils eine Viertelstunde von einander. Etliche stehen so hoch, und an dem Rande eines steilen Abgrundes, daß man eine Leiter haben muß, um hinauf zu steigen. Ein Priester, oder ein Arzt, der einen Kranken besuchen will, setzet sein Leben zwanzigmal in Gefahr, um ihm Hülfe zu verschaffen. An diesen Oertern muß man die Leichname an Stricken herunter lassen. Des nämlichen Mittels bedienet man sich nicht weit von Bergen, um das Felleisen der reitenden Postilione in Empfang zu nehmen. Man kann zu diesen Beschwerlichkeiten noch die ungemeine Schwierigkeit für die Fuhrleute und Reisenden hinzu setzen, die auch auf den königlichen Landstraßen nicht ohne Grausen fortkommen können, auf Wegen die mit eisernen Haken befestiget, ohne Geländere, und nicht breiter sind, als für einen einzigen Menschen. Es giebt Oerter, oben auf den Bergen, und am Ufer der Seen, wo der Weg so schmal, und so enge ist, daß wenn zwey zu Pferde einander des Abends begegnen, und es nicht zeitig genug gewahr worden sind, damit der eine still halten, und dem andern einen freyen Platz, vorbey zu kommen, lassen kann, kein anderes Mittel übrig bleibt, als daß der eine sich an den Felsen anhält, und sein Pferd in das Wasser stürzet, um dem andern Platz zu machen. Zuweilen, in der Hitze des Streites, ziehen beyde Pferde die Reiter mit sich in den Abgrund, und kommen alle viere um. In einem dieser engen Wege sieht man ein Stück aus dem Alterthume, das ziemlich merkwürdig ist: es ist ein Weg, der in eisernen Stangen hänget, welchen ein König von Norwegen in den Felsen hat anlegen lassen, damit er seine Reiterey darüber wegbringen könnte. Bloß Norwegische Pferde, die wie die Ziegen zu klettern gewohnet sind, haben auf dergleichen Wege fortkommen können.

Ein anderer beschwerlicher Umstand ist, daß die Riße in diesen Bergen ein Aufenthalt für die wilden, und reißenden Thiere werden. Man kann sich die Verheerung die diese unter dem zahmen Viehe machen, nicht

genug

genug vorstellen. Des Verlustes an Kühen, Schafen, und andern nützlichen Thieren, will ich nicht gedenken, welche öfters in die Klüfte fallen, und sich töden. Sie thun zuweilen einen Fehltritt, und kommen auf einen spitzigen Felsen, von welchem sie weder vor noch hinter sich gehen können: in solchen Fällen waget ein Bauer sein Leben, um sein Schaf oder Ziege zu retten. Er läßt sich vermittelst eines Strickes hinab, bindt das Thier daran, und wird mit ihm zugleich wieder heraufgezogen. Das Besondere dabey ist, daß er dazu nur einen einzigen Menschen brauchet; man hat aber auch Beyspiele gesehen, wo der Gehülfe selbst in den Abgrund mit hinuntergezogen worden ist, und hat mit seinem Freunde sterben müssen. Man hat bey dergleichen Hinabstürzen bemerket, daß die Luft gegen den Körper des fallenden Menschen mit solcher Gewalt drücket, daß er nicht nur ersticket, ehe er auf die Erde kommt, sondern auch der Leib aufspringt, und die Eingeweide sogleich heraus treten. Dieses bestätiget sich deutlich, wenn einer das Unglück hat, in einen See oder in ein anderes Wasser zu stürzen: alle seine Glieder bleiben ganz, bis auf den Leib, welcher aufspringt.

Zu

Zu allen diesen Beschwerlichkeiten kommt auch noch das unversehene Herabfallen der Felsen, welche sich losgeben, und im Fallen Bäume mit der Wurzel ausreißen, Häuser einschmeißen, Felder verwüsten, Menschen und Vieh erschlagen, und in der Luft eine so heftige Bewegung verursachen, daß man denken sollte, die Welt gienge unter. Wenn diese ungeheuern Stücken in einen Teich oder See fallen, giebt ihr Fall dem Wasser einen solchen Stoß, daß die ganze umliegende Gegend überschwemmet wird; wie man denn durch dergleichen schreckliches, und jählinges Austreten des Wassers so gar Kirchen über den Haufen werfen gesehen hat.

Eines der größten Unglücksfälle in Norwegen ereignet sich, wenn ein außerordentlich großer Haufen Schnee sich losmachet, und in einen Abgrund rollet: er nimmt alsdenn Menschen, und Heerden Vieh mit; schlägt die Schiffe auf den Seen in Grund; wirft Häuser und Hütten um; und verwüstet zuweilen ganze Dörfer. Es sind wenige Jahre, daß ein dergleichen Schneefall ein großes Kirchspiel völlig bedecket hat, welches auch in diesem Zustande geblieben ist. Der Schnee, weil er das Jahr darauf nicht schmolz,

häufete

häufete sich mehr und mehr, und da er liegen blieb, wurde er immer härter. Nunmehr ist er durch den Frost so fest geworden, daß man die Tritte von Pferden nicht darauf gewahr wird. Dergleichen zusammen gehäufter Schnee verursachet im Sommer beständige Quellen, welche die Ebenen anfeuchten, und den Vortheil bringen, daß sie eine Menge kleiner Mühlen treiben: wie denn jeder Meierhof seine eigene hat.

Unter den Norwegischen Bergen sind einige, die wegen ihrer sonderbaren Gestalt und Ansehen merkwürdig sind. Der eine sieht vom weiten wie eine große Stadt aus, die mit Thürmen und alten Gothischen Gebäuden gezieret ist: ein anderer gleicht einem Menschenkopfe, mit einem Hute bedecket. Man sieht darinnen ein Auge, welches vermöge einer großen Oeffnung, die durch den Berg geht, und wo das Licht hinein fällt, sehr deutlich wird.

Dieses Land empfindet eben die Abwechselungen der Luft und Sonne, wie die andern Nordischen Reiche: dergleichen sind die langen Nächte, und die harte Kälte, im Winter; die langen Tage, und die große Hitze, im Sommer. In den am meisten

Der 91. Brief.

nach Mitternacht gelegenen Gegenden sieht man im Monate Junius die Sonne beständig um den Pol laufen, und ihre Bahn wird nach und nach enger, hernach aber wieder weiter, biß sie endlich dem Horizont verläßt, und im Mittel des Winters auf etliche Wochen unsichtbar ist. Das Licht, das man alsdenn zur höchsten Mittagszeit sieht, ist nur ein schwacher Schein, der ohngefähr anderthalbe Stunde dauert, und größtentheils von dem Zurückprallen der Sonnenstrahlen von den allerhöchsten Bergen herkommt, wo die Gipfel heller scheinen, als das übrige. Sie haben schon, Madame, anderwärts gesehen, daß noch, außer dieser Helligkeit, der Mond, und die Nordlichter, diesen Nördlichen Völkern so viel Licht geben, als sie zu ihrer täglichen Arbeit nöthig haben.

Die Erscheinung dieser Nordlichter schreiben einige der Bewegung der salzigen Theilgen zu, womit die unterste Luft, ihrer Meynung nach, angefüllet ist, ingleichen denen Salpeterdünsten, welche darinnen herumwirbeln. Es sind, sagen sie, Blitze ohne Donner, welche wie die ordentlichen Blitze aus entzündeten Schwefeltheilgen bestehen, aber nicht mit solcher Heftigkeit brennen.

Andere

Andere sehen die Nordlichter, als einen blosen Wiederschein von der Sonne an, welche sehr weit unter dem Horizonte genug erhabene Wolken findet, die sie mit ihren Strahlen berühren kann. Man hat angemerket, daß insonderheit vom Sonnen Untergange an, biß um Mitternacht, die Nordlichter am stärksten sind: man versichert auch, daß sie zuweilen eine Art von Geräusche oder Klange von sich geben, und man ein Gerassel höret, als wenn Eis bräche.

Ich erinnere mich, ehedem in einer Abhandlung eines Gelehrten von der Akademie gelesen zu haben, daß die Materie der Nordlichter mehr als siebenzig Stunden hoch über der Erde befindlich seyn muß: daher er schließt, daß sie nicht von den Ausdünstungen der Erde, sondern aus dem Sonnenkreise oder dem Zodiacallichte herkommen. Dieses Licht ist, seiner Meynung nach, nichts als eine flüßige, dünne, und feine Materie, welche die Sonne umgiebt, auch um den Aequator sich häufiger befindet.

Sie wissen, Madame, unter wie vielen Gestalten die Unwissenheit und der Aberglaube der vorigen Jahrhunderte uns die Nordlichter vorgestellet haben. Nach Beschaffenheit,

Der 91. Brief.

heit, daß sie häufiger oder seltener gesehen wurden, das ist, nach dem die Länder mehr oder weniger vom Pole entfernet waren, bildeten sich die Leute allerhand Vorbedeutungen darunter ein. Den nördlichen Völkern machten sie anfänglich viele Unruhe: sie glaubten, ihr Land stünde im Feuer, und der Feind wäre vor den Thoren; bis endlich das Himmelszeichen alltäglich wurde, und sie es als etwas gewöhnliches, und natürliches ansehen lernten; vielmal auch haben sie es mit der Abenddämmerung verwechselt. Die Einwohner der in dem Mittel zwischen Norden, und dem äußersten Ende des südlichen Europa, befindlichen Länder sahen nichts, als traurige, drohende, abscheuliche, und schreckensvolle Erscheinungen darunter. Es waren feurige Armeen, die einander blutige Schlachten lieferten; entsetzliche Köpfe, die von ihren Leibern getrennet waren; glüende Schilde, brennende Wagen, Leute zu Pferde, und zu Fuße, die heftig wider einander liefen, und sich mit Lanzen stachen. Nichts als dergleichen Dinge haben unsere Väter in den Nordlichtern gesehen. Darf man sich also über die große Furcht verwundern, die diese Anzeigen bey ihnen verursacheten. Eben

besag-

besagter Gelehrte von der Akademie, der Herr von Mairan, erzählet, daß man unter der Regirung, Ludwig XI, ein Nordlicht zu Paris gesehen habe, wodurch die Stadt geschienen hat, als ob sie im Feuer stünde. Die Nachtwache ist dadurch in solches Schrecken gerathen, daß einer davon närrisch geworden ist. Der König selber hat sich zu Pferde gesetzet, und alle Quartiere von Paris versammeln lassen, um auf den Stadtwällen zu wachen.

Die Kälte in Norwegen ist, nach Beschaffenheit der Lage jeder Provinz, verschieden. Nach den Gebirgen zu, ist sie unerträglich; und an den Seeküsten sehr leidlich. Die arbeitsamen Einwohner wissen von beyden Vortheil zu ziehen. Und in der That, ohne den Schnee, und die langen und heftigen Fröste, könnten die Bauern in den Gebirgen ihr Holz, Butter, Getraide, Theer, und die übrigen Lebensmittel, nicht auf Schlitten in die Städte zu Markte fahren, noch für das gelösete Geld die ihnen benöthigten Dinge zurückbringen. Im Gegentheile, da der Winter an den Küsten gelinde ist, ist das Meer für die Fischer beständig offen, die ihren hauptsächlichsten Unterhalt daher ziehen.

VIII. B.   L   Seit

Der 91. Brief.

Seit der Mitte vom Januarius werden die Heringe, die Schell= und Stockfische u. d. gl. von den Wallfischen an das Ufer getrieben, und von den Einwohnern gefangen. Dieser gelinde Winter ist ferner nöthig, die Fische auszunehmen, und einzusalzen. Wenn sie beym Fangen gefrören, könnte das Salz vor Eiße nicht in das Fleisch eindringen; wollte man sie aber mit nach Hause nehmen, und bis zum Thauwetter aufheben, würden sie weich werden, und verderben.

Die Kälte ist in den norwegischen Gebirgen so durchdringend, daß der Staat auf den hohen Landstraßen warme Stuben unterhält, wo die Reisenden ausruhen, und sich wärmen können. Ohne diese Vorsicht wären die öffentlichen Wege schlechterdings unbrauchbar. Die schwedischen Truppen, an der Zahl acht oder neun tausend Mann, haben im Jahre 1715, eine traurige Erfahrung davon gemachet. Einige fand man sitzend, andere liegend, noch andere unter der Gestalt, wie Leute, welche beteten, alle aber tod, und vor Kälte erstarret.

Die Norwegen, und überhaupt die Einwohner der nordischen Eisländer, haben mehrere Verwahrungsmittel wider die Käl=
te,

te, als andere. Sie haben einen Ueberfluß an großen Wäldern, welche Holz genug liefern, es sey zum Heitzen, oder zum Bauen. Die Wolle ihrer Schafe, die Pelze und Häute der wilden Thiere, geben ihnen warme Unterfutter, und vortrefliche Bettdecken. Eine unzählige Menge Vögel verschaffen ihnen Federn und Eiderdun.

Nach der heftigsten Kälte spüret man hier die bangeste Hitze. Da die Sonne, in dem Mittel des Sommers, beständig über dem Horizonte bleibt, haben die Luft und die Berge nicht Zeit genug, kalt zu werden, und behalten bey dem Aufgange der Sonne noch einen Theil der Wärme vom vorigen Tage. Wäre der Sommer nur von längerer Dauer, würde das Erdreich Weintrauben, und andere Früchte, in eben der Vollkommenheit hervorbringen, wie in andern Ländern. Verschiedene Pflanzen, besonders aber die Gerste, wachsen, nnd werden in sechs Wochen reif. Die Natur beschleuniget ihre Wirkung an den Oertern, wo sie wenige Zeit zu treiben hat.

Ich sage Ihnen nichts, Madame, von der Religion, und von den Gesetzen in Norwegen: sie sind eben dieselben, wie in

Dänemark, unter dessen Herrschaft dieses Reich stehet. Bey den einzigen peinlichen Gesetzen findet sich etwas besonders, das in diesem Briefe Platz verdienet. In den ältern Zeiten bedienten sich die Norwegen eines berühmten **Wasserfalles**, wenn sie Rebellen, Verräther, und Aufwiegler hinrichten wollten. Man folget diesem Gebrauche noch heutiges Tages, und stürzet dergleichen Leute lebendig hinunter, damit sie an den Spitzen der Felsen zerschmettert werden, zugleich aber in einer Art von Lärmen umkommen, dergleichen sie zu machen sind Willens gewesen.

Ich bin, u. s. w.

Drontheim, in Norwegen, den 20 May, 1748.

Der 92. Brief.

Island.

Ein Wind aus Osten führte uns glücklich aus dem Haven von Drontheim, und brachte uns in wenigen Tagen an die Küsten von Island. Ich erfuhr von einem dänischen Prediger, der mit uns auf diese Insel

sel reisete, und daselbst eine Pfarre zu besorgen hatte, auf was Art die Norwegen dieses Land entdecket haben, und wie es hernach unter die Botmäßigkeit der Könige von Dänemark gekommen ist. Meine wenige Kenntniß in der Geschichte von Norden hat mir nicht verstattet, ihm zu widersprechen, unerachtet ich überhaupt weis, daß man von der Zeit, wenn dieses Land bevölkert worden ist, wenige Gewißheit hat, und die Isländische Chronike keine genauen und sicheren Nachrichten dießfalls aufweisen kann. Dem sey aber wie ihm wolle, ich überliefere Ihnen hier, Madame, die Erzählung dieses protestantischen Geistlichen, vollkommen so, wie ich sie erhalten habe.

„Ein Fürst, Namens Harald, der alle kleine Tyrannen, welche Norwegen verheereten, unter das Joch gebracht hatte, unternahm, das Land allein zu beherrschen, und forderte von dem Abel Abgaben, welche viele zu geben verweigerten, und lieber wollten ihr Vaterland freywillig verlassen, als dergleichen neue Oberherrschaft erkennen. Zwey unter ihnen, Ingolf und Hyrolf, waren die ersten, die diesen Wanderungsplan ausführten. Ein so wichtiger Umstand, als der

Haß wider Harald, nöthigte Ingolf, sich zu entfernen. Er hatte eine Mordthat begangen, und befürchtete, die Anverwandten des Todten möchten sich rächen. Seine Flucht zog eine große Anzahl Misvergnügter nach sich, die mit ihm zu Schiffe giengen, und gegen das Ende des neunten Jahrhundertes in Island ankamen. In dem Augenblicke, als sie diese Insel ansichtig wurden, ließ Ingolf ein Bret in das Meer werfen, weil er, zu Folge eines alten Aberglaubens, meynete, daß da, wo das Brett anschwimmen würde, es der Wille der Götter sey, daß sie anlanden sollten. Allein die Wellen brachten das Bret aus dem Gesichte der Schiffleute, und nach etlicher Tage vergebenen Forschen wurden sie gezwungen, auf einer Landenge auszusteigen, die noch heutiges Tages den Namen Ingolf führet. Hyrolf schlug seine Wohnung etliche Meilen davon auf; beyde Anführer aber fanden überall nichts, als ein unfruchtbares, wüstes, und mit Waldungen bedecktes Land. Unterdessen kann man nicht in Zweifel ziehen, daß schon ehedem Europäer, ja vielleicht Christen, auf dieser Insel gewesen sind: denn man hat längst den Küsten, auf gewisse Weiten, Kreuze und andere höl-

hölzerne Denkmale, im Engländischen Geschmacke geschnitzet, angetroffen.

Einige Jahre nach der Abreise von Ingolf, haben andere Norwegische Familien, die von seinem Aufenthalte benachrichtiget wurden, seinem Beyspiele gefolget. Vergebens suchte Harald sich diesen Wanderungen zu widersetzen, und sich des neuen Pflanzortes zu bemächtigen; er wurde mit Verluste zurück geschlagen, und seine Nachfolger waren nicht glücklicher. Erst nach vierhundert Jahren geschah es, daß die Norwegen dieses Land eroberten, und es ist nachher, so wie Norwegen selbst, unter die Botmäßigkeit der Könige von Dänemark gekommen. Das Eis, womit die Berge und Küsten beständig bedecket sind, hat ihm den Namen Island, oder Eisland, gegeben, ein deutsches Wort, welches ein Land voll Eis bedeutet. Seine Länge, von Morgen gegen Abend, erstrecket sich ohngefähr auf zwey hundert Stunden, und seine Breite, von Mitternacht nach Mittage, auf hundert. Nach England, ist es die größte Insel in Europa. Einige meynen, sie sey der Alten ihr Thule, wovon Virgilius in seinen Georgischen Büchern redet.

Dieses Land ist von einem Ende bis zum andern mit entsetzlichen Felsen und Bergen besetzet, zwischen welchen weitläuftige und fruchtbare Thäler befindlich sind. Zuweilen trifft man mit Verwunderung ganz oben auf den Bergen eine Fläche von drey oder vier Stunden an, wo die herrlichste Weyde, ja Seen, und Fischreiche Teiche sind. Die ganze Insel ist in achtzehn Districte, oder Aemter eingetheilet, die längst den Küsten als eben so viel kleine Provinzen anzusehen sind; denn die Mitten der Insel ist fast gar nicht bewohnet. Die Isländer wählen zu ihren Wohnungen den Strand, vorzüglich vor dem Innersten des Landes; denn in der Nähe der Häven haben sie ihre Handelsplätze aufgerichtet; hiernächst liefert das Meer um diese Gegenden viele Fische, wozu eine Menge Leute erforderlich sind, und es wird ihnen leichter, von dieser Handthierung zu leben, als sich auf den Ackerbau zu legen. Heut zu Tage aber, fuhr der Dänische Prediger fort, kann man sich alles von der väterlichen Vorsorge unseres glorwürdigsten Monarchen versprechen: seine wohlthätigen Blicke, die sich schon über die ganze Insel verbreitet haben, suchen einen ehr-

ehrwürdigen Stand wieder zu beleben, der zu gleicher Zeit die Mutter aller andern, und der Grund der Bevölkerung ist.

In dem Nördlichen Theile sieht man die Sonne von der Hälfte des Junius bis zum Ende des Julius fast beständig; hingegen in den Monaten December, und Januarius, sieht man sie nur sehr kurze Zeit. Die Nordlichter, und der Mondschein, ersetzen den Mangel dieses Lichtes. „

Unsere Landung auf der Insel Island geschah auf der Mittagsseite in dem Haven von Orebake, ziemlich nahe bey Skaalholt, eine der vornehmsten Städte des Landes. Ich muß Ihnen überhaupt sagen, Madame, daß man hier gewisse Oerter, welche der Dänischen Handlungsgesellschaft zugehören, und wo sie mit den Einwohnern handeln, Städte nennet. Das meistemal bestehen sie nur aus fünf oder sechs Häusern; die Magazine, Kramladen, und Küchen, nicht darunter begriffen. Das, was man eigentlich ein Dorf nennet, ist den Isländern unbekannt. Jeder Meierhof ist einzeln gebauet, und mit Wiesen umgeben. Darinnen wohnen so viel Miethleute, als der Besitzer zusammen bringen kann, und er vermiethet ihnen die Wiesen.

Weil ich von unserm Schiffscapitain hörete, daß er Willens wäre, sich drey Wochen in Stackholt aufzuhalten, nahm ich zwey Wegweiser, mit denen ich einig wurde, mich in das Innerste der Insel zu begleiten. Meine Neubegierde trieb mich, zu erst den Berg Hecla kennen zu lernen, den man als einen der berühmtesten Volcane, oder Feuerspeyenden Berge in der Welt angesehen hat, ungeachtet er heutiges Tages unter die am wenigsten schrecklichen in Island gerechnet wird. Seit etlichen Jahren sind andere entstanden, die mehreren Schaden angerichtet haben. Es ist wahr, die Ausbrüche des Hecla sind ehedem sehr heftig gewesen, seit mehr als sechzig Jahren aber ist er ruhig, und man spüret weder Feuer, noch Dünste, noch Rauch: man sieht nichts, als siedende Wasserquellen, so wie man sie an vielen andern Oertern auf der Insel findet. Man weis aus der Erfahrung, daß wenn diese Wasser einen dicken Rauch von sich geben, es in kurzer Zeit regnet; ist es aber nur ein leichter Dampf, so bedeutet es trocken Wetter. Einige von diesen Quellen sind nur mittelmäßig warm; andere kochen mit solcher Heftigkeit,

tigkeit, daß sie in die Höhe springen, und einen ziemlich hohen Strahl machen. Aber wieder auf den Volcan zu kommen, so muß man sagen, daß wenn er bey seinem letzten Ausbruche einigen Schaden verursachet hat, noch mehreres Gute daher entstanden ist: denn durch die Asche, welche der Wind in die Sümpfe geführet hat, sind sie ausgetrocknet, und zur Viehzucht geschickt gemachet worden; noch anderes Erdreich aber ist, so zu sagen, gedünget, und fruchtbarer geworden. Man hat um diesen Berg Meierhöfe angeleget, die von diesem ehedem so gefährlichen Nachbar nun nicht mehr beschweret werden. Nachdem ich ihn hatte fast bis auf den Gipfel durchgewandert, habe ich nichts als Steine, Asche, Sand, und zuweilen Löcher voller warmen Wassers gefunden. Die Spitze ist mit Schnee und Eiß bedecket, und niemand hat noch hinauf kommen können.

Noch ein anderer Volcan, der vor ohngefähr zwanzig Jahren Feuer zu speyen angefangen hat, hat erschreckliche Verwüstungen angerichtet. Ein Mann, der Augenzeuge davon gewesen ist, erzählte mir, „daß man zu erst heftige Erdbeben gespüret habe, worauf der Berg Krafle sich unter entsetz-

lichen

Der 92. Brief.

lichen Krachen geöffnet, und Rauch, Feuer, Asche, und Steine ausgeworfen habe. Da das Wetter still war, fuhr er fort, so fiel alles, was der Schlund auswurf, auf den Berg, und die herumliegenden Gegenden wurden nicht beschädiget. Zwey Jahre aber hernach verbreitete sich das Feuer über die zunächst befindlichen Schwefelfelsen, welche einige Zeit brenneten, bis die geschmolzene Materie zu feurigen Strömen wurde, und die da herumwohnenden Leute sich wegbegeben mußten. Diese brennenden Ströme, nachdem sie die ganze Gegend verwüstet hatten, stürzten sich unter einem fürchterlichen Geräusche, Kochen, und Drehen, in einen See. Dergleichen Ausbrüche veranlasseten zuweilen große Ueberschwemmungen, wegen des jählingen Schmelzens von Schnee und Eiße, welches auf der brennenden Mündung dieser Vylcane liegt. Der ganze Boden, worüber dieses Wasser läuft, wird von seinem obersten Erdreiche entblößet, und es bleibt nichts, als Schichten von Sande, übrig. Die unsägliche Menge Eis, Steine, und Erde, welche diese Fluthen mit fortreißen, verschütten das Meer auf eine Viertelstunde weit, und machen einen kleinen Berg, der erst mit der Zeit weggeschwemmet wird. Unter

Island.

Unter den verschiedenen Merkwürdigkeiten in Island darf ich dreyer warmen Quellen nicht vergessen, ohngefähr dreyßig Toisen von einander entfernet, in derer jeder das Wasser wechselsweise kocht, und in die Höhe springt. Wenn die erste ihr Wasser ausgeworfen hat, fängt die mittelste an, und endlich die äußerste. Die erste fängt wieder an; die andere, und dritte, folgen; und so fahren sie in eben derselben Ordnung ununterbrochen fort. Diese drey Springbrunnen sind auf geradem und flachem Boden. Bey zweyen dringt das Wasser zwischen den Felsen hervor, und stößt den Strudel zwey Fuß hoch über das Erdreich: der dritte hingegen, der ein Werk der Kunst zu seyn scheint, ist in einen sehr harten Felsen angebracht, hat die Gestalt einer Braupfanne, und treibt das Wasser höher als acht Fuß. Die Veränderungen dieser drey Brunnen geschehen in einer Viertelstunde wenigstens dreymal.

Jedoch, folgendes ist noch sonderbarer. Man fülle eine Flasche von diesem Wasser, ohne sie zu zustopfen, so wird man das Wasser zwey oder dreymal heraus schießen sehen, wie Champagner Wein, und dieses zwar in eben dem Augenblicke, als das Aufwallen

des

des Wassers in der Quelle geschieht. Dieses Spiel dauert so lange, bis das Wasser in der Bouteille nicht mehr warm ist: nach dem zweyten und dritten Auffstoßen fängt es an, kalt, und alsdenn ruhig zu werden. Stopfet man aber die Flasche, wenn sie gefüllet ist, zu, springt sie in Stücken, so bald die Quelle anfängt zu wallen. Wenn man auch etwas in diese Quelle wirft, als Holz, oder noch etwas leichteres, so wird es hinunter auf den Grund gezogen, als wenn es Bley, oder ein Stein wäre; so bald aber das Wasser anfängt in die Höhe zu stoßen, wirft es zugleich Steine etliche Schritte weit von der Oeffnung, die ein Mensch kaum bewältigen kann. Diese Steine machen zu erst einen großen Lärmen in der Quelle; aber endlich weichen sie der Gewalt des Auffstoßens, und werden, unerachtet ihrer Schwere, ziemlich weit vom Rande geworfen. Wenn dieses Wasser kalt wird, ist es gut zu trinken; ja man hat angemerket, daß, wenn man die Kühe davon tränket, sie bessere Milch geben, als andere; und wenn die Wiesen damit gewässert werden, bringen sie auch besseres Gras hervor.

Island.

Die Leute, welche um diese siedenden Quellen wohnen, kochen ihr Essen darinnen. Sie thun ihr Fleisch in einen Topf, und hängen ihn in die Quelle, und das Fleisch wird in weniger Zeit gahr. Die Reisenden kochen The darinnen: andere baden sich in diesem Wasser, wenn sie kaltes in der Nähe haben können, um die Hitze zu mäßigen. Ich habe ein dergleichen, von der Natur verfertigtes Bad gesehen, das einer großen Wanne ähnlich sah, und aus einem einzigen Steine bestund. Verschiedene Canäle gehen in dieses Bad, derer einige warmes, andere kaltes Wasser herbey bringen; und man sollte meynen, sie wären zur Bequemlichkeit der Badenden besonders angeleget; so leicht kann man die Wasser nach seinem Gefallen leiten. Unten, auf dem Grunde dieser Wanne ist eine Oeffnung, wodurch man das Wasser ablaufen läßt, und wieder frisches hineinbringen kann.

Nicht weit von dieser Quelle begegneten wir einer Gesellschaft von zehn oder zwölf Personen, die nach der benachbarten Stadt zu einer Hochzeit giengen. Wir begleiteten sie bis in die Kirche; und als der Gottesdienst angegangen war, noch ehe der Priester

auf

auf die Kanzel gieng, verrichtete er vor dem Altare die Trauung. Die ganze Ceremonie bestund bloß in dem, was in der Kirche vorgieng. Die Braut hatte eine vergoldete Krone auf dem Kopfe, die bis auf die Stirne herunter gieng; und zwey vergoldete Ketten, kreutzweis, hinten und vorne, über das Camisol gebunden, stellten Fruchtschnuren vor. Um den Hals hatte sie eine eben dergleichen Kette, woran ein kleines Riechfläschgen befestiget war, das auf die Brust herunter hieng. Diese Art von Putze, sagte man mir, trügen nur die Bräute.

Nach geendigtem Gottesdienste führte man das Brautpaar nach Hause, und man bat mich, auch dahin zu kommen. Zu erst setzte man uns etliche Gläser Brandewein vor, und der übrige Tag wurde mit Essen, Trinken, und in Frölichkeit zugebracht, so wie es anderwärts auch zu geschehen pfleget. Bey Tische trug man uns Fisch auf, der mit vieler Butter zugerichtet war, aber ohne Salz und Gewürze, die man hier fast gar nicht brauchet. Man brachte uns hernach etliche Schüsseln, mit gebratenem und gekochtem Fleische: das Fleisch läßt man allezeit erst kochen, hernach wird es in einer Pfanne gebraten.

braten. Faſt an alle Speiſen thut man Habergrütze, welcher die ordentliche Nahrung dieſes Volkes zu ſeyn ſcheint Sie wiſſen auch Mus, von Milch und Mehl, zu machen, wie wir; alle dieſe Gerichte aber werden in kupfernen oder eiſernen Gefäßen zubereitet, welche ſie von den Dänen kaufen.

Dieſe Eiländer verthun eine große Menge Kuhmilch, und machen ein Getränke daraus, das ſie Syre nennen, welches auf folgende Art zubereitet wird. Zu erſt machen ſie ihre Butter von dem ſüſſen Rohme; hierauf mengen ſie die übrige Milch mit der abgenommenen, laſſen ſie warm werden, und thun Laab dazu, damit ſie gerinne. Sie wird alsdenn durch ein Tuch geſeiget, und das Geronnene auf die Seite gethan, die Molken aber ſind der Syre, davon ich rede. Es iſt ein ſaueres Getränke, das ſich das ganze Jahr erhält, und davon man ſehr viel in Vorrath machet. Je älter es wird, je ſaurer, und klärer wird es. Man thut nach und nach neue Milch dazu, und wenn man befürchtet, zum Verkaufe für die Reiſenden, nicht genug zu haben, verfälſchet man es mit Sauerampf, und gießt Waſſer dazu, damit man deſto mehr bekomme. Das Fleiſch wird

wird hier auch in Syre eingelegt, wie bey uns in Eßig.

Da der Ackerbau in Island sehr vernachläßiget wird, kann man sich leicht vorstellen, daß das Brod rar seyn muß. Wahr ist es, man bringt vieles Mehl aus den benachbarten Königreichen dahin; allein, nur die Reichen können solches kaufen, und es ist schon viel, wenn die andern bey großen Feyerlichkeiten, und bey Hochzeiten, Brod haben. Der gemeinen Leute ordentliche Nahrung besteht in Butter, Milch, Hülsenfrüchten, und getrockneten Fischen.

Die Isländer, weil sie an eine mäßige Lebensart gewohnet sind, haben einen abgehärteten Körper, und ihre Gesundheit ist dauerhaft. Ihre Kinder erziehen sie mit Sorgfalt und Behutsamkeit. Die Mütter selbst säugen ihre Kinder; ihre Wiegen aber sind von zweyerley Gattung: einige haben Füsse, die andern werden aufgehangen, und niemals liegen die Kinder auf der Erde. Man giebt ihnen auch Kuhmilch, die man ihnen einflößet. Der Gewohnheit nach bekommen sie schon im zweyten oder dritten Monate Hosen und Weste: doch verstattet man ihnen nicht, sich auf der Erde zu wälzen oder herum um zu kriechen. Man trägt sie mit vieler Behutsamkeit auf den Armen, und man muß sagen, daß ihre Erziehung nicht weniger sorgfältig eingerichtet ist, als in den übrigen Ländern von Europa. Wenn sie heranwachsen, sind sie mehrentheils wohlgestaltet, ob wohl ihre Größe nur mittelmäßig ist. Die Weiber haben eine ziemlich leidliche Figur, und sind sie gleich von nicht so harter Natur, wie die Männer, so sind sie doch fast niemals krank, sie müßten denn bey ihrer Niederkunft, weil sie keine Hebammen haben, verwahrloset werden. Da es schwer fällt, die Kinder von den so weit aus einander gelegenen Bauerhöfen zusammen zu bringen, kann man sie nicht in öffentliche Schulen schicken; allein die Aeltern unterrichten sie zu Hause, entweder selbst, oder sie wählen einen geschickten Bedienten, der ihnen Lesen und Schreiben lehret. Ihre Geistlichen gehen zu ihnen, oder lassen sie zu sich kommen, und prüfen sie, was sie gelernet haben. Man unterweiset sie im Christenthume theils in der Aeltern Hause, theils in der Kirche; auch läßt man sie nicht eher zu dem heiligen Abendmahle gehen, als bis sie hinlänglich unterrichtet sind.

Der 92. Brief.

Nach zurückgelegtem achtzehntem Jahre fangen sie an, ein sehr hartes Leben zu führen; und bis in das funfzigste muthen sie ihren Kräften ungemein viel zu. Wenn diese Jahre vorüber sind, werden sie schwach, und verfallen gemeiniglich in Krankheiten, die sie wegen zunehmender Entkräftung in kurzer Zeit unter die Erde bringen. Es ist kein Zweifel, daß dieser sieche Zustand von der beschwerlichen Arbeit herrühret, die sie auf der See ausstehen, und wobey sie so wenige Behutsamkeit anwenden. Sie bleiben ganze Nächte in ihren nassen Kleidern, solches verursachet ihnen Brustbeschwerungen, und verhindert, daß sie am Leibe zunehmen.

Dieses Volk bekleidet sich mit Zeugen, die sie selbst machen: aber die reichsten lassen sie aus Dänemark kommen. Ihr Anzug ist dem von einem Matrosen ziemlich ähnlich; im Sommer besteht er aus einer Weste, und in Beinkleidern von Leinwand, im Winter ist beydes von Tuche. Ueberdieß hat jede Mannsperson einen langen Rock, wie ein Ueberrock gemachet, den sie auf der Reise oder wenn sie in die Kirche gehen, anziehen. Die Weiber tragen Kleider, Camisöler, und Schürzen, von eben solchem Zeuge wie die

Manns=

Mannspersonen. Auch haben sie Oberkleider, die den weiten Röcken der Jesuiten, die sie im Winter über ihr Ordenskleid ziehen, gleichen, oder wie man dergleichen auf alten Gemälden, und über den Eingängen alter Kirchen sieht. Die Ermel, ob sie schon enge sind, hängen nicht herunter, wie bey den Jesuiten, sondern die Arme werden durchgestecket, und sie gehen bis auf die Hände. Dieser Rock ist nicht so lang, als der untere: es fehlen mehr als vier Zolle. Er ist schwarz, und mit einer Besetzung eingefasset, welche die Weiber selbst verfertigen, und die man vom weiten für eine Spitze hielte: reiche Leute nehmen noch andere Zierrathen von Gold oder Silber dazu. Der Rand der Schürze ist mit Bändern von allerhand Farben gezieret; die Schürze aber selbst ist an einen Gürtel befestiget, der vorne zugehaket wird. Das Camisol ist schwarz, und nach der Gestalt gemachet, hat enge Ermel bis vorne auf die Hände, und ist auch mit Bande besetzet; vorne an jedem Ermel sind vier oder fünf silberne, oder metallene Knöpfe. Der Oberrock hat einen drey Finger breiten Kragen, nach Art der Jesuiten, der etwas in die Höhe steht, von schwarzem Atlasse oder Sammt gemachet, und mit einer goldenen oder silbernen Schnure eingefasset. Auf dem Kopfe haben sie ein großes weißes Tuch von starker Leinwand, worüber ein anderes feineres gemachet wird, das drey Fuß hoch, und spitzig wie ein Zuckerhut ist. Um diese Tücher binden sie ein seidenes, das über die ganze Stirne geht. Ihre, so wohl als der Männer, Schuhe verfertigen sie selbst aus Rindsleder, oder Schaffellen, wovon die Haare und Wolle abgenommen sind. Sie sind so genähet, daß sie genau um den Fuß schließen, und haben keine Absätze. Man befestiget sie mit schmalen Riemen, davon zwey hinten an den Schuhen fest gemachet sind, und vorne auf dem Fuße zusammen gebunden werden.

Die Häuser der Isländer bestehen gemeiniglich aus fünf oder sechs Behältnissen. Zu erst kommt man auf einen langen und schmalen Gang, über welchem runde Oefnungen auf gewisse Weiten angebracht sind, daß das Licht hinein fallen kann. Diese sind mit kleinen Fensterscheiben, oder mit einer Art aufgespannten, und durchsichtigen Pergamente verwahret, welches von der äußeren Haut eines Rindsmagens gemachet wird.

wird. Ueber diesen Gang geht man in verschiedene Stuben: die eine ist zur Arbeit bestimmet: die Weiber verfertigen darinnen die Zeuge zu den Kleidern, und das Leder zum Schuhen, als welche Arbeit sie hauptsächlich betrifft. In einer andern Kammer schlafen der Mann und die Frau; und in einer dritten, die Kinder, und das Gesinde. Die übrigen dienen zur Küche, zur Milch, zur Speisekammer, u. b. gl. Alle diese verschiedenen Behältnisse haben kein anderes Licht, als wie der Gang, das ist, Oefnungen in das Dach gemachet, und mit dergleichen Pergamente bezogen; die einzige Arbeitsstube hat Fenster. Leute, die etwas Vermögen haben, als Pachter, und dergleichen, haben noch ein Zimmer, wo sie Fremde aufnehmen, und beherbergen können; es machet dieses die vornehmste Stube im Hause, und die einzige, die einen eigenen Eingang von außen hat. Nicht weit von der Wohnung, in einer Art von Viehhofe, sind jedes Einwohners Ställe. Ihr Heu verschließen sie nicht auf Böden; sie haben einen Platz, mit einem Graben umgeben, wo sie es in abgesonderten Haufen aufsetzen, und mit einer Haube von Rasen bedecken, damit das Wasser ablaufen,

Der 92. Brief.

laufen, und nichts verderben könne. Alle diese Gebäude, so wie der darinnen befindliche Hausrath, sehen sehr unförmlich aus. Island bringt wenig Zimmerholz hervor; und um ein Gebäude aufzuführen, nimmt man schmale Balken, die auf etliche steinerne Pfeiler geleget, mit Reisholze geflochten, mit Leimen verklebet, und mit Rasen bedecket werden. Der Hausrath dieser Häuser ist von schlechtem Werthe. Die Betten sind von grobem Landzeuge gemachet, und mit Federn gestopfet, derer es wegen der vielen Wasservögel eine große Menge giebt. Tische, Stühle, Bänke, Schränke, von der größten Einförmigkeit, machen den ganzen Aufputz eines Hauses aus.

Die Kirchen sind auf eben die Art gebauet, wie die Häuser; nur, daß sie größer, breiter, und höher sind; unerachtet ein etwas langer Mensch mit der Hand an die Decke reichen kann. Der Mangel an Holze, Steinen, und Kalche, ist Ursache, daß man sie nicht höher bauet. Die Dächer, mit Sparren und Latten versehen, werden von außen mit Rasen beleget, und inwendig mit Bretern vermachet: wenn nun dieser Rasen grün wird, nähme man sie für ein

erha-

erhabenes Stück Erde. oder für kleine Berge. Uebrigens sind nicht alle Kirchen in Island einerley gebauet. Die zu Hoolum, einem bischöflichen Sitze, ist von starken Mauern mit Zimmerholze gebauet, und hat mehr als vierzig Fuß in der Höhe. Man sieht darinnen, um das Chor, noch eine Mauer von Quatersteinen, die länger als vier hundert Jahre steht. Die Hauptkirche in Skaalholt, einem andern bischöflichen Sitze, ist eben so gebauet, das Chor ausgenommen, und steht auch sehr lange Zeit.

Die Priester, welche das Amt in diesen Kirchen verrichten, und das Volk, das hineingeht, sind von der lutherischen Religion, der einzigen, die in Island geduldet wird. Ein catholischer Bischof auf dieser Insel widersetzte sich ihrer Einführung lange Zeit, und mußte endlich seine Widerspenstigkeit mit dem Kopfe bezahlen. Man sagt, man fände noch Spuren von der catholischen Religion; ich glaube aber, sie bestehen in nichts, als in etlichen alten Zierrathen, und Gemälden einiger Kirchen. Zwey Bischöfe theilen unter sich die geistliche Oberaufsicht in Island. Die Diöces von Hoolum begreift den ganzen nördlichen Theil, und die von Staalholt das übrige vom Lande. Jedes Bisthum hat eine lateinische Schule, und zwey Professores. Die dasigen Schüler, nach gnugsam abgelegten Proben ihrer Wissenschaft und Fähigkeit, werden zu Pfarrern in der Diöces ernennet, ohne nöthig zu haben, sich bey der Universität in Kopenhagen examiniren zu lassen. Nichts desto weniger geschieht es, daß diejenigen Isländer, die ihre Wissenschaften in Dänemark erlernen, und die höhern Grade daselbst annehmen, bey Austheilung der geistlichen, oder anderer Aemter, vorgezogen werden. Jene bekommen bessere Pfarren, diese macht man zu Amtleuten, Vögten, und zu andern gerichtlichen Personen.

Als die lutherische Religion auf dieser Insel eingeführet wurde, machte die catholische Geistlichkeit, an weltlichen, und Ordensleuten, eine zahlreiche Versammlung aus. Ein großer Theil ihrer Güter blieb bey den Bisthümern, die übrigen ließ der König einziehen. Die Bischöfe haben ihre Güter selbst zu verwalten, und nutzen sie jährlich etwa auf zwey tausend Thaler. Von diesen Einkünften müssen sie zwey Professores besolden, einen Prediger, der ihren Vicarium

rium abgiebt, und noch zwey oder drey andere Priester: ferner müssen sie eine gewisse Anzahl Schüler unterhalten, und die nöthigen Ausbesserungen der Kirchen, und anderer geistlichen Gebäude ihres Bisthums besorgen. Wenn dieses alles bezahlet ist, bleibt ihnen aufs höchste drey tausend Livres (800 Rthlr.) übrig. Es ist wahr, der König erläßt ihnen gewisse Abgaben, und sie sind zollfrey: auch verwilliget ihnen Se. Majestät zuweilen eine gewisse Taxe, die am Werthe zehn Fische beträgt, welche ein jeder Einwohner jährlich dem Könige geben muß.

Die Einkünfte der übrigen Geistlichen bestehen in liegenden Gründen, in Anlagen auf die Meierhöfe, und in Lebensmitteln, die die Eingepfarrten geben müssen. Es giebt Pfarrer, wie bey uns, die ihr reichliches Auskommen haben; andere hingegen, die sehr arm sind. Letztere sehen sich genöthiget, um ihre Frau und Kinder zu ernähren, wie die Bauern zu arbeiten. Sie gehen mit ihnen auf den Fischfang, und ahmen den Aposteln, so wohl in ihrem Amte, als in ihrer Armuth, nach. Wie selbige verlassen sie ihre Netze, und gehen auf die Kanzel, und aus Menschenfischern werden sie wieder andere Fischer.

In

Der 92. Brief.

In Hoolum werden in Isländischer Sprache so wohl allerhand geistliche Bücher, als andere nützliche Schriften, die man ihnen zuschreibet, gedruckt. Verschiedene von diesen Eiländern haben sich auf die Wissenschaften mit gutem Erfolge geleget, und sind zu ihrer Zeit als berühmte Schriftsteller angesehen worden. Die ehemaligen Isländer rühmet man als witzige und nachforschende Leute, die alles, was Merkwürdiges vorgieng, in Verse brachten. Die Isländische Dichtkunst hat bey ihren Nachbarn in großem Werthe gestanden. Vor einigen Jahren hat ein Schriftsteller dieser Nation eine lateinische Abhandlung, von den Wanderungen der alten nordischen Völker, und insonderheit seiner Landsleute, herausgegeben. Noch gegenwärtig giebt es junge Leute dieser Nation, die in Kopenhagen studiren, und keinem Dänen etwas nachgeben. Diejenigen, die eine Profeßion erlernen, und ihr Handwerk in Dänemark treiben, werden ordentlich geschickte Leute. In Island selbst sind vortrefliche Arbeiter, die keinen andern Unterricht, als ihren eigenen Geschmack und Fähigkeit, gehabt haben. Etliche der Einwohner beschäfftigen sich mit der Goldschmiedekunst,

Island.

Kunst, und machen goldne, silberne, und metallene Zierrathen, die die Weiber an ihren Gürteln tragen. Ebenermaßen geräth ihnen das, was sie zum täglichen Gebrauche nöthig haben, sogar ohne erforderliches Werkzeug, und schickliche Materialien: können sie aber solche habhaft werden, arbeiten sie in desto größerer Vollkommenheit. Es wird ihnen leicht, rechnen und schreiben zu lernen, und sie haben viele natürliche Geschicklichkeit zur Handlung. Doch, überhaupt zu reden, muß man sagen, daß die Isländer noch sehr roh sind, unerachtet aller Mühe, die man anwendet, sie gesittet zu machen.

Auf der Insel ist ein Oberamtmann, drey besondere Amtleute, und vier und zwanzig andere gerichtliche Personen, derer jeder einen kleinen Bezirk verwaltet. Derjenige, der über die ganze Insel zu gebieten hat, und den Titel als Stiftsamtmann führet, ist ein Dänischer von Adel, vom ersten Range. Gegenwärtig ist es der königliche Cammerherr, Graf von Ranzau. Sein ordentlicher Aufenthalt ist in Kopenhagen, der Oberamtmann hingegen hat seinen Sitz auf dem königlichen Hofe zu Bessastader, woselbst auch das oberste Justizcollegium

von

Der 92. Brief.

von Island hingeleget ist. Diese Stelle wird sehr gesuchet, und der König giebt sie nur Personen, die er seiner Gnade würdiget. Dieser Oberamtmann ist nicht der einzige angesehene Hofbeamte auf der Insel; der Hof unterhält noch einen Landvogt, der die königlichen Einkünfte hebt, und sie in die Finanzkammer liefert. Die Abgaben werden in Fischen bezahlet: die Unterbeamten nehmen diese Einkünfte, so wie alle übrigen, jeder in seinem Bezirke ein, laut eines Pachtbriefes, der von dem Landvogte im Namen des Königes bestätiget wird. Dieser Pacht ist so gemachet, daß die Beamten ihre Besoldungen daher nehmen.

Noch andere Einkünfte werden in die königliche Finanzkammer von einer Gesellschaft in Kopenhagen bezahlet, die von Sr. Majestät die Freyheit, nach Island zu handeln, erhalten hat. Alle Häven auf der Insel sind an sie verpachtet; und sie schicket Schiffe, mit Kaufleuten, und Factoren, ab, die mit den Einwohnern auf ihre Rechnung handeln. Sie nehmen Waaren von den Isländern, und bezahlen sie entweder in andern Waaren, oder mit baarem Gelde, nach einer gedruckten Vorschrift, welcher sich

beyde

beyde Theile unterwerfen müssen. Auf diesem Preißzettel sind alle Waaren beniemt, die aus dem Lande gehen, als, getrocknete Fische, eingesalzenes Hammelfleisch, Butter, Fischthran, Talg, Wolle, Häute, und Federn: die Dänen geben dafür, Korn, Mehl, Brandewein, Bier, Eisen, Leinwand, Zimmerholz, Fischerangeln, Tabak u. d. gl.

Man rechnet hier nach Fischen, an statt nach Thalern, oder einzelnem Gelde. Dreyßig Fische gelten drey Livres; und es ist einerley, ob man einen kleinen Thaler, (drey Livres,) oder dreyßig Fische giebt; beydes hat einerley Werth im Handel. Was weniger als zwölf Fische gilt, kann nicht in Gelde bezahlet werden; und in solchem Falle giebt man die Fische in Natur, oder Tabak, davon ein kleines Stück einen Fisch werth ist. Auf diese Art kann man die einzelnen Fische, und den Tabak, als die Scheidemünze des Landes ansehen.

Um den Betrug im Handel zu vermeiden, bringen die Isländer alles, was sie zu verkaufen haben, in die Häven: die Dänen nehmen alsdenn, was sie für gut finden, und das übrige schießen sie aus. Die vornehmsten Häven auf der Insel, für den Fischhandel bel, liegen gegen Mittag, und Abend; die andern, wo das Fleisch verkaufet wird, sind auf der Nord- und Morgenseite. In letzteren bestimmen die Kaufleute selbst den Tag, wenn die Schöpse aus jedem Districte sollen dahin gebracht werden. Die Isländer schlachten alles dieses Vieh, und nehmen die Eingeweide, und den Kopf, mit zurück. Das Fleisch wird von der Handlungsgesellschaft eingesalzen, und in große und kleine Stücken getheilet. Die Felle bestreuet man auf der inwendigen Seite mit Salze, und legt sie eben so auf einander; man wickelt sie hernach fest in Bündel, damit sie nicht schadhaft werden. Der Talg wird geschmolzen, in Fässer gethan, und auf die Schiffe geladen.

In den südlichen und westlichen Häven nimmt die Dänische Compagnie alle gute getrocknete Fische, ohne Unterschied, nach der Taxe. Es scheint, die Vorsehung habe für die Isländer besondere Sorgfalt getragen indem sie eine unzählige Menge Fische, von aller Art, in der Nähe von dieser Insel zusammen bringt. Erstlich versammeln sie sich an der östlichen Küste, und gehen hernach nach der südlichen, von da sie sich in die großen Meerbusen begeben. Die Holländer
sind

sind die ersten gewesen, die diesen Handel mit Island getrieben haben. Anfänglich errichteten sie eine Gesellschaft; in der Folge aber handelten sie nur heimlich, und bekamen den Namen der Schleichhändler. Heutiges Tages untersaget die Dänische Handlungsgesellschaft allen fremden Kaufleuten den Eingang auf diese Insel. Sie hat den Holländern, welche verbotene Waaren dahin brachten, ihre Schiffe weggenommen, sie nach Kopenhagen geführet, und als gute Prisen erkläret.

Alle wichtige Sachen, wie diejenigen sind, welche den Handel des Landes überhaupt betreffen, werden in Dänemark entschieden; aber die einzeln Streitigkeiten, und die Processe der Unterthanen, werden in Island ausgemachet. Dieser giebt es von allen Gattungen, wegen des zänkischen Gemüthes, das den Einwohnern, so wie den Normännern, noch aus Norwegen, ihrem ehemaligen Vaterlande, eigen ist. Die Streitsache wird anfänglich bey der Unterobrigkeit angebracht; und von dieser wendet man sich an den Amtmann, der zu gewissen Zeiten Verhöre anstellet. Man sagt, außerordentliche Gerichtstage halten, um anzuzeigen, wenn er sich jährlich in eines der Kirchspiele seiner Gerichtsbarkeit begiebt. Daselbst werden alle Processe der Einwohner entschieden; dieses Gericht wird zu Anfange des Winters angestellet, und zwar weit von den Städten, als wohin die Bauern nicht anders als mit großen Kosten kommen könnten, und ihre Arbeit versäumen müßten. Man kann sich auch an ein noch höheres Gericht wenden, wo der Oberamtmann den Vorsitz hat, und zehn oder zwölf Rechtsgelehrte ihm als Beysitzer zugegeben sind. In seiner Abwesenheit vertritt der Landvogt seine Stelle. Jede Unterobrigkeit kann wegen verweigerter Justiz, oder wegen anderer dergleichen Verschulden, vor diesen Richterstuhl gefordert werden. Bey wichtigen Fällen, die auch in den Gesetzen benennet sind, geht man an das höchste Gericht nach Kopenhagen.

Die geistlichen Streitigkeiten werden in erster Instanz von den Capitels-Gerichten einer jeden Cathedralkirche entschieden. Selbige bestehen aus einem Probste, und zwey Beysitzern. Man appelliret von ihnen an das Consistorium, woselbst der Oberamtmann, im Namen des Stiftamtmannes, den Vorsitz hat: der Bischof, der Probst,

und

und die Capitularen, sind Beysitzer. Dieses Gericht wird an eben den Oertern, und ohngefähr auf gleiche Weise gehalten, wie die außerordentlichen Gerichtstage. Von dem Consistorio wendet man sich unmittelbar an das höchste Gericht in Kopenhagen. Von peinlichen Strafen kennet man in Island keine andern, als den Kopf mit dem Beile abzuschlagen, und zu hängen. Die Weiber, welche das Leben verwirket haben, werden in einen Sack gestecket, und ersäufet.

Es sey aber von Processen, und peinlichen Fällen, genug geredet: ich muß noch etwas von den **Lustbarkeiten** dieser Eiländer sagen. Sie bestehen in Absingen alter Kriegslieder, nach sehr schlechten Melodien, ohne Tact, Musik, und Instrumente. Die Isländer haben auch keinen Gefallen am Tanzen; und unterscheiden sich hierinnen besonders von den übrigen nordischen Bauern. Wenn die Kaufleute, zuweilen zum Zeitvertreibe, sie mit einer Violine, zusammen kommen lassen, thun die guten Leute, was sie können, um zu tanzen. Die Manns und die Weibsperson, treten einander gegen über, und thun nichts als hüpfen, bald auf dem einen, bald auf dem andern Beine. Von Spie-

Spielen wissen sie kein anderes, als das Schachspiel; und man findet Leute, auch unter dem gemeinen Volke, die es ziemlich gut spielen. Vor diesem war es ihre Haupt-Neigung; ihre Vorfahren sollen sich darinnen besonders hervor gethan haben. Es ist nicht der schlechteste Bauer, der nicht ein Schachspiel in seinem Hause hätte, welches er gemeiniglich mit eigener Hand verfertiget hat. Sie sind von Fischknochen gemachet, und unterscheiden sich von den unsrigen, daß statt der Läufer Bischöfe vorgestellet sind, als welche der Person des Königes am nächsten stehen.

Diesen Zeitvertreib ziehen sie öfters ihren ordentlichen Beschäfftigungen vor; dahin die Fischerey, nnd die Abwartung ihres Viehes, gehören, als der hauptsächlichste Reichthum des größten Theiles der Insel. Es giebt Einwohner, die bis fünf hundert Stück Schafe besitzen. Zu gewissen Zeiten werden sie auf die Felsen getrieben; zu anderer Zeit bleiben sie zu Hause. Jeder Pachter hat seine benöthigten Ställe, um sie trocken zu stellen. Das Heu wird ihnen in Raufen vorgestecket, die so gemachet sind, daß sie auf beyden Seiten daraus fressen können. Einige dieser

dieser Schafställe sind von der Natur selbst
angeleget worden: es sind große Höhlen, die
durch den Ausbruch eines Vulcans sind veranlasset worden. Bey garstigem Wetter
flüchten sich die Schafe dahin; sie sind aber
den Nachstellungen der Füchse ausgesetzet,
die sich daselbst verbergen, in Hoffnung, eine
reiche Beute davon zu tragen.

Wenn im Winter wenig Schnee fällt,
treibt man die Heerden auf die Felder, um
das Heu zu ersparen. Da geschieht es denn
zuweilen, bey großen Sturmwinden, daß
diese Thiere fortgeführet, und in das Meer
geworfen werden: der Schnee, der das ganze Land bedecket, und sie hindert, weit um
sich zu sehen, machet, daß sie die Gefahr nicht
gewahr werden. Anderemale, wenn sie der
Schnee überraschet, bleiben sie truppweise
stehen, halten die Köpfe zusammen, und kehren den Rücken dem Winde zu, ohne sich zu
regen, so daß ihre Pelze an einander frieren,
und sie sich nicht wieder los machen können:
der Schnee, der in großen Flocken immer
häufiger fällt, bedecket sie in kurzer Zeit ganz
und gar, die Kälte erstarret sie, und es ist
ihnen nicht mehr möglich, aus einander zu
gehen. Manchmal bringt man sie gesund

und

Der 92. Brief.

und wohl davon, selbst nach Verlauf etlicher Tage; öfters aber ersticken sie unter der Last der ungeheuern Menge von Schnee. Zu anderer Zeit drücket sie der Hunger dergestalt, daß sie einander die Wolle abfressen, bis man ihnen zu Hülfe kommt. Etliche gewöhnen sich dieses Abnagen der Wolle an; wenn es aber der Eigenthümer gewahr wird, machet er sie tod, um der Unordnung Einhalt zu thun. Denn, nicht allein daß diese Sucht sie selbst krank machet, sondern sie wird auch den andern schädlich, dadurch, daß bey Verringerung ihrer Decke sie vor der Kälte nicht mehr gesichert sind. Daher ist es bey den Einwohnern eine allgemeine Regel, daß wenn sie die üble Witterung merken, sie ihr Vieh in den Ställen behalten, um allen Unglücksfällen zuvor zu kommen. Es ist eine gewisse Zeit im Jahre, da man den Widdern ein Stück Leinwand unter den Bauch bindet, daß sie nicht bey den Schafen zukommen können. Zu Weihnachten läßt man sie wieder frey, und durch dieses Mittel lammen die Schafe nicht eher, als zu Anfange des Aprils, einer Jahreszeit, wo die jungen Lämmer keine Kälte mehr auszustehen haben.

Der

Der vorzüglichste Handel des nördlichen Theiles der Insel besteht in ihren Schafen; und die Bauern wenden besondern Fleiß auf die Erhaltung dieser Thiere. Der Schäfer verläßt sie nicht, und hat allezeit ein oder zwey Pferde zu seinem Dienste, nebst ein paar abgerichteten Hunden, mit welchen er die Heerde zusammen hält. Etliche dieser Leute können gleich bey dem ersten Anblicke sehen, ob unter zwey oder drey hundert Stück Schafen eines fehlet, welches es ist, und ob fremde darunter sind.

Wenn ein Kaufmann die Zeit gesetzet hat, da er das Vieh in einer Gemeine kaufen will, machen die Einwohner einen Tag aus, um ihre Schafe auszulesen, und zu sehen, welche sie verkaufen wollen. Da begeben sich denn alle Schäfer auf die Berge, und treiben ihr Vieh auf einen Platz zusammen, der mit Mauern eingeschlossen ist, und acht bis zehn tausend Stück dieser Thiere fassen kann. Ein jeder suchet die seinigen, die sein Zeichen haben, thut sie auf die Seite, nicht weit von dem großen Platze, und diejenigen, die er verkaufen will, führet er in den Haven.

Eine der größten Plagen für die Schäfereyen, sind die Füchse, mit welchen Island

mehr als irgend ein anderes Land überhäuf=
fet ist. Man sieht ihrer sehr viel weiße,
aber wenig schwarze. Die Einwohner stel=
len ihnen Fallen, oder schießen sie tod. Sie
legen auf dem Felde ein todes Thier hin, und
in der Nähe machen sie eine Hütte, worin=
nen ein Mann sich verborgen hält. Die
Füchse, die der Witterung nachgehen, ver=
sammeln sich um das tode Aas in solcher
Menge, daß der Jäger ihrer dreye oder viere
auf einen Schuß erleget, und in einer Nacht
rottet er ihrer eine große Anzahl aus. Sie
sind die einzigen wilden Thiere auf der Insel.
Zuweilen lassen sich Bäre sehen, die von
Grönland, über das Eis, kommen: allein,
man verwehret ihnen, auf der Insel einzu=
dringen, oder sich aufzuhalten. Die Ein=
wohner an den Küsten haben Acht, ob wel=
che auf dem Eise ankommen, oder ob man
ihre Fährte auf dem Schnee spüret. In
solchem Falle geben sie ihren Nachbarn Nach=
richt davon, und lassen nicht ab, sie aufzu=
suchen, und zu verfolgen, bis sie sie getödet
haben. Wenn ein Mann zufälliger Weise
einem Bäre begegnet, und nicht im Stande
ist, auf ihn los zu gehen, wirft er ihm sei=
nen Handschuh hin. Das Thier bleibt stehen,

nimt

nimt den Handschuh, dreht ihn herum, besieht alle Finger, und unterdessen sucht der Einwohner durch eine geschwinde Flucht ihm aus dem Gesichte zu kommen. Ist aber das Thier vom Hunger geplaget, hält es sich bey dem Vorgeworfenen nicht auf, sondern machet sich gar bald über seinen Gegner, und zerreißt ihn. Die Haut von einem Bäre muß in Island dem Amtmanne eingeliefert werden: sie wird als eine, der königlichen Finanzkammer zustehende, Gebührniß angesehen.

Ehe ich weiter, von den zahmen Thieren im Lande, rede, muß ich noch einiger Merkwürdigkeiten Erwähnung thun. Man findet auf dieser Insel eine besondere Gattung von Crystall, der die Eigenschaft hat, daß, wenn man durchsieht, er alle Dinge doppelt vorstellet. Diejenigen Berge, die man Jokuls nennet, haben das Besondere, weil ihr Gipfel beständig mit Schnee und Eise bedecket ist, daß sie unaufhörlich zu und abnehmen, höher und niedriger, stärker und schwächer werden. Jeden Tag wird ihrer Figur etwas zugesetzet, oder abgenommen. Heute sieht man unübersteigliche Eishaufen, wo man noch gestern Wege, und die

Fußtapfen der Reisenden sah. Was den Tag vorher ein Abgrund war, ist den folgenden Tag gerade und eben; und was sich als eine Erhöhung zeigte, stellt eine Kluft vor. Keine Schlangen und giftigen Thiere kennet man hier im Lande nicht. Waldungen sind höchst selten, und man sieht fast nichts, als Birken und Weiden, die nicht dicker sind, als ein Arm. An manchen Oertern stehen diese Bäume beysammen, und geben hier und da kleine Büsche ab. Man kann aber überhaupt sagen, daß die Einwohner Mangel am Holze leiden müßten, wenn das Meer nicht alle Jahre dessen eine große Menge an die Küsten brächte. Wenn man an verschiedenen Orten in der Erde nachgräbt, findt man verfaulte Stöcke, und alte Wurzeln, welche anzeigen, daß vor diesem Wälder in denen Gegenden gestanden haben, wo man gegenwärtig keine sieht. Da, wo das Holz am seltensten ist, als an den Küsten, nehmen die armen Leute Fischgräten, um Feuer zu machen. In andern Districten, wo es an Weyde fehlet, giebt man den Kühen Wasser, worinnen Fische gesotten worden sind. Man thut sogar die halb verfaulten Fische, und die zu Brey gekochten Gräten

ten hinein. Die Luftzeichen sind hier ziemlich gewöhnlich; und Irrlichter sieht man sehr häufig. Man bemerket auch oft zwey Nebensonnen, mit drey Regenbogen, welche zwischen selbigen, und der wahren Sonne, durchgehen. Die Fische erhält man, wenn man sie in den Schnee verbirgt, wie wir sie mit Salze bestreuen. Wenn das Meer bey Nachtzeit durch die Ruder beweget wird, scheint es, bey heiterem Wetter, wie ein Feuer, das aus einem Ofen heraus schlägt.

Die meisten zahmen Thiere, welche in dem übrigen Europa bekannt sind, als Hunde, Katzen, Schweine, Ziegen, Ochsen, Kühe, Pferde, findt man auch in Island. Die Pferde sind den norwegischen gleich, und kommen, wie man saget, ursprünglich daher: andere behaupten, sie wären zu erst aus Schottland gebracht worden, wohin die Isländer ehedem starken Handel getrieben haben. Sie arbeiten nur im Sommer, und bringen die übrige Jahreszeit auf dem Felde in freyer Luft zu, wobey sie gesund bleiben. Diejenigen, die man nicht eher, als zu einer gewissen Zeit, nöthig zu haben glaubt, werden mit einem Zeichen, woran man sie erken­net, in die Gebirge geschicket. Daselbst bleiben

Der 92. Brief.

ben sie viele Jahre; und wenn man sie wieder zurück nehmen will, treibt man sie haufenweise zusammen, und fängt sie mit Stricken, weil sie zu wild geworden sind: es giebt ihrer sogar etliche, welche die, welche sie fangen wollen, anfallen. Die Reitpferde bleiben Winters-Zeit im Stalle, und im Sommer auf dem Felde.

Weil ich von den Thieren zu reden angefangen habe, will ich diesen Artikel mit den Vögeln, und Fischen, beschließen. Man zieht hier wenig Federvieh auf; theils, weil die Kälte zu groß ist, theils, wegen Mangel an Körnern: doch habe ich Tauben, alte, und junge Hüner gesehen. Wenn aber dergleichen Gattungen selten sind, werden sie durch den Ueberfluß an wilden Enten und Rephünern, mit rauchen Beinen, die in Norwegen sehr gemein sind, ersetzet. Man findt, in der Jahreszeit, eine so große Menge Eyer von Wasservögeln, daß die Einwohner mehr haben, als sie brauchen, und die sie frisch nicht alle verzehren können. Es würde thöricht seyn, zahmes Federvieh aufzubehalten, das Unkosten verursachet, da sie wildes genug haben, das ihnen nichts kostet. Ueberdieß ist bekannt, wie nützlich ihre vortreflichen

chen Federn sind, insonderheit die kleinen weichen, leichten, sich ausdehnenden, welche unter dem Namen Eiderdun bekannt sind; und daher der verdorbene Name Aigledon gekommen ist.

Von Raubvögeln sind die bekanntesten in Island, der Adler, der Sperber, der Rabe, und der Falke. Letzterer wird in Netzen gefangen: diese Jagd ist von der Rußländischen, deren Sie Sich noch erinnern werden, wenig unterschieden. Die Falken auf hiesiger Insel hält man für beherzter, und geschickter, als alle andere in Europa. Man versichert, daß es keinen einzigen Horst dieser Vögel gebe, den man nicht genau kennete. In jedem Districte sind ein oder zwey Falkeniere, die nichts thun, als selbige aufsuchen. Sie haben ihre Bestallung von dem Amtmanne, und ihnen allein ist erlaubt, diese Horste zu untersuchen. Sie müssen aus dem Lande gebürtig seyn, und wenn sie geschickt und glücklich sind, ist ihre Stelle ziemlich einträglich. Alle Jahre, am Johannistage, müssen sie sich nach Bessastader begeben, und alle Falken, in Gegenwart des königlichen ersten Falkeniers, abgeben. Dieser sondert die untüchtigen aus, nimt die andern,

dern, und führet sie auf seinem Schiffe nach
Kopenhagen. Jeder dieser Vögel trägt den=
jenigen, der sie überbringt, wenigstens zwan=
zig Thaler ein: der königliche Amtmann zah=
let ihm diese Summe, auf Bescheinigung des
ersten Falkeniers, aus. Zu der Ueberfahrt
von Island nach Dänemark, die gemeinig=
lich vierzehn Tage oder drey Wochen dauert,
wird eine gewisse Anzahl Ochsen, zum Unter=
halte der Falken, mitgenommen: weil nun
diese nichts als frisches Fleisch genießen, wird
das meiste Vieh lebendig eingeschiffet, und
nach und nach, so wie man es brauchet, ge=
schlachtet. Es erfordern diese Vögel viele
Sorgfalt, um auf der Reise beym Leben er=
halten zu werden. Sie werden zwischen das
Verdeck, und den ersten Boden des Schiffes,
auf Stangen, die mit Küssen beleget sind, ne=
ben einander gesetzet, und angebunden. Der
König von Dänemark bekommt alle Jahre
hundert und funfzig, bis zwey hundert Stück,
allein von dieser Insel, und machet an die
meisten Europäischen Fürsten Geschenke
damit.

Die erstaunende Menge Fische, die sich
in dem Isländischen Meere aufhält, bringt
unendlich viele Wasservögel auf die Kü=
sten.

sten. Alle Gattungen finden hier ihre Nahrung. Die zahlreichsten sind die Schwäne, und Enten: sie sind auch die nützlichsten, wegen der häufigen, und guten weichen Federn. Ich werde mich bey diesem Artikel nicht aufhalten, so wenig als bey den vielen andern Arten von Vögeln, in so ferne sie diesem Lande nicht besonders eigen sind. Die Weise, sie zu fangen, kommt mit derjenigen überein, die ich bey der Beschreibung von Norwegen angeführet habe. In Ansehung der Fische, die sich in dem Isländischen Gewässere aufhalten, würde es schwer fallen, alle Sorten anzuführen. Ich will von den Heringen nichts sagen, die man oftmals in ganzen Jahren nicht zu sehen bekommt: wahr ist es, wenn sie sich zeigen, geschieht es in solchen starken Haufen, daß die Schaluppen kaum durchkommen können. Der Rückzug der Sardellen ist beständiger, und ordentlicher. Es sieht sich überaus lustig zu, wenn sie Millionenweise ankommen, das Meer durch ihre Lebhaftigkeit in Bewegung bringen, und der Raub einer unzählichen Menge Vögel werden, die den Himmel verdunkeln, und die Luft mit ihrem Geschreye erfüllen. Jeden Augenblick sieht man etliche dieser Vögel herunter

Der 92. Brief.

unter fahren, wie ein Pfeil in das Wasser schießen, tief untertauchen, und mit ihrer Beute in dem Schnabel wieder in die Höhe steigen.

Doch der größte Feind der Sardellen ist der Cabeljau, der sie unabläßig verfolget. Diese Fische lassen sich alle auf einmal längst den Küsten von Island sehen; und die Einwohner nehmen die Zeit ihres Vorüberzuges in Acht, um sich reichlich damit zu versehen. Sie fangen den Cabeljau mit der Angel: sein Fleisch ist von sehr gutem Geschmacke, und wird überall für ein vortrefliches Gerichte gehalten. Dieser Fisch, der in viele Gattungen eingetheilet wird, und unter verschiedener Benennung bekannt ist, wird von den hiesigen Leuten unter dem allgemeinen Namen, Stockfisch, zubereitet. Sie schneiden dem Cabeljau den Kopf weg, öffnen einigen darunter den ganzen Bauch, andern spalten sie den Rücken, nehmen die Rückgräte heraus, legen die Fische auf der offenen Seite zusammen, breiten sie auf dazu hingelegte Steine, oder hängen sie an Stangen auf, wenden sie öfters um, und lassen sie wechselsweise, von der Seite der Haut, oder des Fleisches, der Luft ausgesetzet. Bey

gutem

gutem Wetter brauchet man nicht über vierzehn Tage, den Fisch zu trocknen. Hernach wird er auf eine besonders dazu verfertigte Mauer geleget, mit der Vorsicht, daß die Haut allezeit heraus gekehret bleibt. Es mag alsdenn die Witterung seyn, wie sie will, so kann er nicht verderben: er erhält sich Jahre lang, ohne Salz, und ohne einige andere Zubereitung. Wenn die Einwohner ihre getrockneten Fische auf die Marktplätze bringen, machen sie Haufen davon, Häuser hoch, und auf die Art, wie wir unsere Getreidemandeln legen. Regnet es, bedecket man sie mit großen Tüchern, damit sie nicht naß werden. Der Fischfang geschieht in den Monaten, May und Juny, fängt sich vor Sonnenaufgang an, und dauert vielmals die ganze Nacht hindurch. So bald eine Barke an das Land kommt, vertheilet der oberste der Fischer die Ladung, und jedes hat gleichen Antheil daran; auch verläßt niemand seinen Theil, er habe denn die Fische zubereitet, wie ich gesaget habe.

Die Wallfische leben in beständigem Streite mit den Cabeljauen, so wie diese mit den Heringen, und Sardellen. Man sieht ihrer an diesen Küsten von allen Arten; und der Fang einer dieser Thiere verursachet bey den Einwohnern große Freude. Eine Barke nähert sich dem Wallfische; der Fischer wirft ihm eine große Harpune in den Leib, und fährt mit seiner Barke geschwind davon. Die Harpune hat das Zeichen dessen, der sie geworfen hat. Ist der Wurf gut angebracht, und stirbt das Thier am Strande, wo es sich hinflüchtet, so wird es zwischen dem, den die Harpune gehöret, und dem Eigenthümer des Grundes und Bodens, wo es gefangen wird, getheilet. Bey der Oeffnung eines dieser Wallfische, hat man in seinem Leibe mehr als sechs hundert Stück frische und lebende Cabeljaue, eine unzähliche Menge Sardellen, ja etliche Vögel gefunden, die dergleichen kleine Fische noch in ihrem Schnabel hatten.

Ich erinnere mich, irgendwo gelesen zu haben, daß die Fische zu Beförderung der Materie, die zur Zeugung nöthig ist, dienlicher sind, als Fleisch; und daß dieses eine von den Ursachen ist der erstaunenden Bevölkerung in Japan und China, wo man fast von nichts, als von Fischen lebet. Wenn dieses ist, müßte das ganze mittägliche Island, das sich hauptsächlich davon nähret, sehr volkreich seyn; gleichwohl ist bekannt,

daß

daß dieses Land kaum den zwanzigsten Theil an Einwohnern hat, die darinnen leben könnten. Man führet vielerley Ursachen wegen dieser **Entvölkerung** an. Die erste ist eine ansteckende Seuche, die **schwarze Pest** genennet, die ganz Norden in dem Mittel des vierzehnten Jahrhundertes beängstigte. Es sturben dazumal auf dieser Insel so viele Leute, daß niemand übrig blieb, der im Stande gewesen wäre, eine Beschreibung dieses entsetzlichen Unglücks zu machen. Die Jsländischen Chroniken, die die vorherigen Begebenheiten getreu erzählen, thun von dieser keine Meldung. Man weiß nur durch mündlichen Bericht, daß niemand, als sehr wenige Menschen, welche sich in die Felsen geflüchtet hatten, diesem traurigen Uebel entgangen, die übrigen alle aber elendiglich umgekommen sind. Der kleine Haufen derer, die unter dieser allgemeinen Verheerung nicht begriffen waren, hat das Land in den dreyen Jahrhunderten wieder bevölkert: allein, ihre unglücklichen Nachkommen haben hernachmals eben so grausame **Züchtigungen** auszustehen gehabt, wie die Pest. Entsetzliche Verwüstungen, die der Hunger, und die Blattern angerichtet haben; unerhörte Grausam-

O 2   keiten

Der 92. Brief.

keiten von Seiten der Türkischen und Algierischen Seeräuber, welche in Island eingefallen sind, haben eine so große Menge Einwohner weggeraffet, daß heutiges Tages kaum achtzig tausend auf der ganzen Insel übrig bleiben.

Ich habe Ihnen gesaget, Madame, daß die alten Chroniken dieses Volkes sich so ziemlich erhalten haben; und man behält die Geschichte einer jeden Regirung ihrer Könige, in Versen, noch auf. Diese Monarchen, so wie alle nordische Helden, führten überall Dichter mit sich, die ihre Thaten aufzeichneten. Der Soldat lernete sie auswendig, und sang sie, wenn er in die Schlacht gieng. Die nämlichen Gedichte enthielten den ganzen Innbegriff der Religion. Der erste Anfang der Dinge war ein Riese, mit Namen Inimer, der durch die Zwerge, welche das Chaos hervor brachte, in Stücken gehauen wurde. Aus seinem Kopfe machten sie den Himmel, die Sonne aus seinem rechten Auge, den Mond aus dem linken; seine Achseln wurden in Berge verwandelt, seine Knochen in Felsen; aus seiner Blase entstund das Meer, und sein Urin veranlassete die Flüsse. Diese ganze Göttergeschichte ist in

alter

alter Isländischer Sprache geschrieben, und scheint, sehr alt zu seyn. Thor, und Odin, gehörten unter die Zahl ihrer Götter; und sie haben diese zwey Namen beybehalten, um zwey Tage iu der Woche zu benennen, so wie wir es mit dem Jupiter, und Merkurius, gemachet haben. Man ersieht aus diesen Chroniken, daß die Priester ihren Göttern Menschen opferten. Sie stürzten sie von den Felsen herab, oder man wurf sie in einen Brunnen. Ihre zwey vornehmsten Tempel waren zu Hoolum, und zu Skaalholt, wo heutiges Tages die zwey Kathedralkirchen stehen. Wenn sich dieses alles in den alten Chroniken wirklich befindet, wie man mir es versichert hat, so muß man, Madame, das, was man von der Entstehung dieses Volkes von einem norwegischen vornehmen Herrn erzählet, als eine Fabel ansehen.

In alten Zeiten hielt man die Isländer für gute Fechter, und für verwegene Seeräuber. Der öffentliche Zweykampf war ihnen erlaubet; ja man wählete solchen öfters zu Entscheidung der Processe. Der Ueberwundene verlor sein Recht; und wer sich weigerte, sich zu schlagen, hatte gleiches Schicksal. Nicht selten geschah es, zwey Kämpfer

Kämpfer zu sehen, die ihr ganzes Vermögen auf die Spitze ihres Degens setzten. Der Ueberwinder bekam alsdenn beyder Vermögen; allein, die Erben des Ueberwundenen hatten das Recht, dem Ueberwinder einen Ochsen vorzuführen, und wenn er in dem Besitze des erlangten Vermögens bleiben wollte, mußte er selbigen auf einen Schlag tödten.

Ich bin, u. s. w.

Skaalholt, in Island, den 17 Juny, 1748.

Der 93. Brief.

Grönland.

Den 21 Juny empfiengen unsere Schiffsleute den letzten Befehl, sich auf den 23. zur Abreise fertig zu halten. Ein günstiger Wind brachte uns in weniger Zeit an die östlichen Küsten von Grönland: das Land schien ganz mit Schnee bedecket, die Anfuhrt aber beschwerlich zu seyn. Die in dem Meere, bis auf fünf oder sechs Stunden weit von dem Ufer herumschwimmenden Eisschollen machten uns viele Sorge. Unsere einzige ge Bemühung war daher, eine Oeffnung zu finden, wo wir durchsegeln konnten; aber es war unmöglich, denn die Eisschollen waren an einander gefroren, und verursachten einen fürchterlichen Anblick. Wir sahen uns also genöthiget, weiter zu fahren, uns nach Süden zu wenden, und bey der Insel Farewell vorbey zu segeln, um die westliche Seite von Grönland zu gewinnen, die einzige, wo es möglich ist, zu landen. Allein, wir erreichten unsern Zweck so bald nicht: ein Wind aus Westen führte uns zurück in die Gegend von Norwegen, zwischen Island und Schottland. Es war eben die Zeit des Zuges der Heringe, und der dazumal vor sich gehende Fang war eine unvermuthete Gelegenheit für uns, Zuschauer dabey abzugeben. Die Fischer hatten zwölf bis funfzehn hundert Barken versammelt, waren ausgelaufen, und zogen den 25 Juny, eine Stunde nach Mitternacht, ihre Netze zum ersten male.

Diese Fischerey geschieht nicht anders, als des Nachts: denn zu dieser Zeit wird der Fisch durch den Schein der Laternen herbey gelocket, und weil er ihn blendet, wird er die Netze nicht gewahr. Bey Tage kann man ihn an der dunkeln Farbe der See spüren,

ren, und an der Bewegung der Oberfläche des Wassers; denn er kommt bis oben herauf, und springt in die Höhe, um den andern Fischen, seinen Feinden, zu entgehen. Die Fischernetze waren zwey hundert Toisen lang, und braun gefärbet, um weniger sichtbar zu seyn. Vor dem Johannistage ist es nicht erlaubet, sie auszuwerfen: der Hering erreichet seine Vollkommenheit nicht eher, und er würde, ohne zu verderben, nicht können versendet werden. Vermöge einer ausdrücklichen Verordnung, welche alle Jahre kund gemachet und angeschlagen wird, müssen die holländischen, dänischen, und hamburgischen Fischer, mit ihren Steuermännern, Matrosen, und Eigenthümern der Barken, ehe sie abreisen, einen Eid ablegen, daß sie vor dieser Zeit nicht zu fischen anfangen wollen; und bey ihrer Rückkunft wird selbiger wiederholet, um zu bezeugen, daß weder sie, noch jemand von ihrer Bekanntschaft, die Verordnung überschritten habe. Zu Folge dieser Aussage werden den Transportschiffen der neuen Heringe Scheine ausgefertiget, welche die Güte der Waare versichern, und dadurch den Credit dieses Handels erhalten.

Binnen den ersten drey Wochen der Fischerey wird der ganze Fang unter einander in Tonnen gethan, und in Schiffen, die gut segeln, und Jaagers genennet werden, eiligst nach Holland geschicket: diesen Namen giebt man auch den ersten Heringen, welche ankommen. In Ansehung derer, die nach der Hälfte des July gefangen werden, schneidt man ihnen, so bald sie in die Barken kommen, die Backen weg, und sondert sie in drey Classen ab: diejenigen, die noch leychen sollen, werden Jungferheringe genennet; die Milchner, und Rogner aber, volle Heringe; und die, welche schon geleychet haben, heißen leere Heringe. Jede Sorte wird besonders eingesalzen, und in Tonnen gethan. Die erste Sorte hält man für die wohlschmeckendeste; die zweyte ist die vollkommenste; und die dritte erhält sich am wenigsten.

Mehr als hundert tausend Holländer leben bloß von dem Fange dieser Fische, und viele werden dabey reich. Sie versorgen fast ganz Europa, und kein Volk versteht die Kunst besser, diese Fische einzupökeln. Die Tonnen sind von eichenem Holze; und die Heringe werden schichtweise in schwarzes Salz, mit Sorgfalt und besondern Vortheilen

len hineingeleget. Das tännene Holz, dessen sich die Norwegen zu ihren Tonnen bedienen, giebt den Fischen einen übeln Geschmack; überdieß thun sie zu viel, oder zu wenig Salz dazu; schichten sie auch nicht gut in die Tonnen. Die Langsamkeit, mit welcher die Engländer einpökeln, benimt ihren Fischen den guten Geschmack, und sie erhalten sich auch nicht so lange. Die Niederländer sind die ersten gewesen, welche die Kunst, die Heringe einzupökeln, zu Ende des vierzehnten Jahrhundertes erfunden haben. Einer, Namens Wilhelm Beukelszoon, ist es, dem man diese Entdeckung zu danken hat. Der Kaiser, Carl der fünfte, und die Königinn von Ungarn, haben sein Grab in Person besuchet, aus Erkenntlichkeit wegen einer so nützlichen Erfindung für das menschliche Geschlecht, und besonders für ihre holländischen Unterthanen. Letztere, aus Neid über den Gewinn dieses Handels, haben die Niederländer verdrungen, und sind heut zu Tage fast die einzigen, denen diese Fischerey von statten geht. Alle Heringe, welche die Franzosen, und die Einwohner von Wallis, fangen, werden theils frisch gegessen, theils eingesalzen, und nach Spanien, oder nach der

mittel=

mittelländischen See verschicket. Auf unsern Küsten verliert dieser Fisch seine Güte; überdieß weiß man ihn weder einzusalzen, noch zum Wegschicken zu zubereiten, wie in Holland. Viele Leute räuchern die Heringe, um eine dauerhafte Waare daraus zu machen: die Holländer selber richten viele auf diese Art zu, und versehen ganz Deutschland damit: man nennet sie Picklinge.

Der Fischer, von dem ich alle diese Umstände weis, hat mir von diesem nützlichen, zugleich aber flüchtigen Fische, noch mehrere merkwürdige Umstände erzählet, die ich Ihnen mit seinen Worten vortragen will. „Der hauptsächlichste Aufenthalt der Heringe ist in den Tiefen des Meeres unter den beyden Polen: von daraus schicken sie, so zu sagen, eigene Colonien ab, welche die Reise um ganz Europa thun, und über Island, nach Norden wieder zurück kommen. Das unbeschreibliche Eis, womit diese Abgründe beständig bedecket sind, dienet ihnen zur Sicherheit wider die gefräßigen Fische, die sie verfolgen, die aber wegen der Schwierigkeit, Luft zu schöpfen, unter dem Eise nicht dauern können. In diesem ruhigen Aufenthalte vermehren sich die Heringe so erstaunend, daß
sie

sie endlich, aus Mangel der Nahrung, gezwungen werden, ihren Unterhalt anderwärts zu suchen. So bald sie ihre Wohnungen verlassen, werden sie von den Wallfischen, Meerschweinen, Seehunden, Cabeljauen, und von andern großen Fischen verfolget, welche sie in den Ocean, vor sich her treiben, und Ursache sind, daß sie sich in verschiedene Banden vertheilen. Zu Anfange des Jahres geschieht es, daß ihr großer Haufen seine Reise antritt. Der rechte Flügel wendet sich nach Abend, und kommt auf Island zu, von da ein Theil nach der Bank von Terreneuve abgeschicket wird. Der linke Flügel verbreitet sich gegen Morgen, und richtet seinen Weg nach Norwegen, dem Baltischen Meere, nach Schottland, und den mitternächtlichen Provinzen von Frankreich.

Wenn alle diese Länder hinlänglich versorget sind, so vereiniget sich der Ueberrest dieser zerstreueten Colonien in zwey außerordentlich große Haufen, die in ihr Vaterland zurück kehren: einer davon kommt von der Morgenseite an, der andere von Mitternacht. Die Zeit ihrer Reise ist abgemessen, und geschieht ordentlich im Monate August. Der Weg ist vorgeschrieben, und der

der Zug ordentlich eingerichtet: alle brechen auf einmal auf; niemanden ist erlaubt, sich zu entfernen; man sieht keine Marodirer, keine Ausreißer. Der Zug ist lang, denn die Armee ist zahlreich; wenn sie aber einmal vorüber ist, kriegt man sie nicht eher wieder zu sehen, als das folgende Jahr."

Wenn Sie mich fragen, was diese Thiere zu Unternehmung ihrer Reise wohl antreiben möge, so antworte ich mit einem unserer Fischer, „daß in dem mitternächtlichen Theile von Europa, zur Sommerszeit, eine unzählige Menge Würmer, und kleiner Fische, erzeuget werden, davon sie sich nähren: diese sind ihr Zucker, welchen zu holen sie niemals vergessen. Haben sie alles verzehret, so begeben sie sich in die mittäglichen Gegenden, wo eine neue Kost auf sie wartet. Sollte diese fehlen, gehen sie anders wohin, und suchen ihre Nahrung; alsdenn geschieht der Zug geschwinder, die Fischerey aber ist nicht so gut. Eben dieses Gesetz, eben dieser Trieb, locket ihre Jungen, daß sie ihnen folgen, so bald sie sich stark genug finden, die Reise anzutreten; alle nun, welche den Fischernetzen entgehen, verfolgen ihren Weg, und erfüllen die große Absicht der Natur,

das

das ist, sie bringen das kommende Jahr neue Erzeugungen hervor.

Wenn etwas bey dem Zuge dieser Thiere Bewunderung verdienet, fährt unser Fischer beständig fort, dessen Worte ich wiederhole, so ist es die Aufmerksamkeit, welche der vorderste Haufen, der den andern zum Zeichen dienet, auf die Bewegungen der Königsheringe, ihrer Anführer, wendet. Wenn diese Fische aus Norden abgehen, so ist der Zug um ein Ansehnliches länger, als breit; so bald sie aber in die offene See kommen, verbreiten sie sich, so daß ihr Umfang mehr, als die Größe von England beträgt. Ist es nöthig, den Weg durch eine Meerenge zu nehmen, so zieht sich der Haufen in die Länge, ohne daß der Zug an seiner Geschwindigkeit gehindert wird. Hier insonderheit ist es, wo obige Zeichen und Bewegungen Erstaunen erwecken. Keine Armee, sie sey auch noch so wohl eingerichtet, kann ihren Weg mit mehrerer Genauigkeit und Ordnung halten. Das, was wir Königsheringe nennen, ist eine besondere Gattung von Heringen, die bey nahe zwey Fuß lang, und nach Verhältniß breit sind. Man glaubt, sie seyn die Anführer der Haufen, und wenn wir einen

in

in unsern Netzen fangen, so werfen wir ihn sorgfältig wieder in das Meer, um diesen so nützlichen Fisch nicht zu vertilgen.

Die Fischer, welche die verschiedenen Züge der Heringe kennen, versammeln sich alle Jahre am Johannistage, und stellen ihre Netze dergestalt zwischen zweyen Barken auf, daß sie gerade vor den Haufen ausgespannet stehen; und auf solche Art fangen sie jedesmal eine erstaunende Menge. Die Seevögel, die in der Luft herum schwärmen, zeigen die Oerter an, wo die Heringe sich am häufigsten aufhalten: sie verfolgen sie, und geben auf alle ihre Bewegungen Achtung, um den Augenblick zu treffen, wo sie sie erhaschen können. Doch sind die Vögel nicht ihre ärgsten Feinde: die großen Seefische, als der Wallfisch, und andere seines gleichen, leben in beständigem Kriege mit ihnen. Wenn der Wallfisch recht hungerig wird, ist er so listig, daß er sie zu versammeln, und an die Küsten zu treiben weiß. Hat er sie nun in einen engen Winkel, so viel als möglich, zusammen gebracht, verursachet er, durch einen mit seinem Schwanze zur rechten Zeit gegebenen Schlag, einen solchen jählingen Wirbel, daß die betäubten und gepreßten Heringe

Der 93. Brief.

ringe tonnenweise in seinen Rachen fahren."

Sie sehen hieraus, Madame, daß der widrige Erfolg unserer Schiffahrt nicht ganz und gar unnütz für uns gewesen ist: er hat uns einen Anblick, und Erläuterungen verschaffet, die wir ohne ihn nicht würden gehabt haben. Wir verließen unsern Vorsatz, in Grönland auf der Morgenseite anzulanden, weil es unmöglich war: die Abendseite aber zeigte uns eine bequemere Gelegenheit, und glücklicher Weise blies ein Südostwind, der unsere Landung erleichterte. Ich kann Ihnen, Madame, nichts von Städten, Flecken, oder Dörfern sagen; keines dergleichen findet man in diesem Schnee- und Eislande. Etliche Hütten, von Mißionairen bewohnet, ein Catechet, ein Kaufmann mit seinem Gehülfen, Matrosen, und etliche Knechte, dieß ist es, was die vorzüglichsten Wohnungen der Dänischen Colonien, längst den Küsten, ausmacht. Was die Eingebohrnen des Landes anlanget, so bauen sich selbige blos Häuser, die sie vor der harten Witterung schützet, weiter aber nichts. Sie haben dergleichen für den Winter, und für den Sommer. Erstere, von Steinen, Torfe,

Erde,

Erde, und Moose, zusammen gemachet, sind zuweilen so geraumig, daß verschiedene Familien beysammen wohnen; sie sind aber so niedrig, daß man kaum aufrecht darinnen stehen kann. Das Dach ist flach, von Latten verfertiget, und mit Rasen bedecket. Nur auf einer Seite sind die Fenster: durchsichtige Häute, von den Gedärmen der Seehunde, oder anderer Fische wohl zugerichtet, und zusammen genähet, stellen die Glasscheiben vor. Die Thüre ist so niedrig, und so tief an der Erde, daß man, so zu sagen, auf allen vieren kriechen muß, um in das Haus zu kommen. Sie suchen sich auf diese Art besser vor der Kälte zu verwahren. Die Thüre ist gegen Mittag gekehret, und wird mit einer Seehundshaut zugemacht.

Inwendig ist die **Kammer** mit andern Fellen überzogen, davon die rauche Seite gegen die Wand gekehret ist. Die Betten stehen den Fenstern gegen über. Es sind lange Breter auf Balken, einen Fuß hoch über die Erde geleget, und Seehunds- oder rauche Rennthierhäute, verrichten die Stelle der Matrazzen, und Decken. Eine jede Familie schläft beysammen; Vater und Mutter in der Mitten; die Söhne neben dem Vater;

die Töchter auf der andern Seite. Eben
diese Familien haben jede ihre Kammer, durch
eine Seule abgesondert, wie die Pferde in
den Ställen: diese Seule steht neben dem
Bette, und hält das Dach. Den Tag über
sitzen die Weiber auf dem Bettgestelle, und
beschäfftigten sich, nebst ihren Töchtern, mit
der Nätherey; die Männer und Söhne sind
auch gegenwärtig, aber sie kehren ihnen den
Rücken zu. An der Wand, unter den Fen=
stern, stehen Bänke, worauf sich die Manns=
personen setzen.

An statt des Ofens, oder Camines, be=
dienet man sich hier einer großen Lampe,
die auf einem dreyfüßigen Stocke steht, über
welcher ein Kessel, oder der Fleischtopf,
hängt. Den ganzen Winter hindurch wird
darinnen, Tag und Nacht, ein großes Feuer
unterhalten, welches zu gleicher Zeit leuch=
tet, die Kammer heitzet, und das Essen ko=
chet. In jeder Hütte sind so viel Lampen,
als Familien: das sonderbareste dabey ist,
daß selbige, unerachtet ihrer Menge, fast
keinen Rauch machen. Der Fischthran,
und eine Art von Moose, das man an statt
des Dachtes darinnen brennet, machen ein
helles Licht, das nicht beschwerlich fällt.

Dieses

Dieses Moos richten die Grönländer folgendergestalt zu. Erstlich lassen sie es recht trocken werden; hernach stampfen sie es, und machen es zu Pulver. Eine dünne Schicht davon legen sie an die Seite in der Lampe, und dieses brennt, so lange, als Oel vorhanden ist. Damit die Flamme nicht zu groß werde, und Rauch verursache, ziehen sie das Pulver mit einem kleinen Stabe an den Rand der Lampe, und unterhalten auf diese Art ein gleiches Feuer, das fast eben so viel Hitze giebt, als ein Ofen. Wahr ist es, der Geruch ist nicht der beste; und wie könnte es anders möglich seyn, in einem immer zugehaltenen Orte, wo so viele Leute beysammen sind, wo man übelriechenden Thran brennet, wo der Fleischtopf beständig kochet, und was das meiste, wo die Urinfässer, die selten ausgeleeret werden, einen unerträglichen Gestank machen. Diese Winterhütten werden nur vom Herbste an, bis zum Frühjahre bewohnet; im Sommer lebet man unter Zelten. Selbige bestehen aus Stangen, die in die Runde in die Erde gestecket, oben zusammen gebunden, und mit Seehundshäuten überzogen sind. Jede Familie hat ihr eigenes Zelt, und eine Lampe, mit einem allezeit darüber stehenden Keſſel.

Unſere Landung war zu **Gotteshaab** geſchehen, wo die Dänen ihren vorzüglichſten Aufenthalt, die **Herrenhuter** aber eine Gemeine haben. Ich weiß nicht, Madame, ob Sie dieſe **Secte**, die neuerer Zeit ſo vielen Lärmen in Deutſchland gemachet hat, kennen. Ihr **Stifter** iſt der Graf von Zinzendorf, aus einer alten Familie in Oeſterreich, wo ſeine in den Reichsgrafenſtand erhobenen Vorfahren die erſten Aemter bekleidet haben. Dieſer Herr, aus übel angebrachtem Eifer, oder aus Begierde, ſich hervor zu thun, unternahm die Religion zu verbeſſern, und ließ ſich einfallen, die Gottesgelahrheit öffentlich zu lehren. Er durchſtrich Sachſen, Holland, Frankreich, England, und hielt ſich zu niemanden, als zu Quakern. Er gab vor, er wollte die bey dem Gottesdienſte eingeriſſenen Misbräuche abſchaffen; und ob er gleich kein Geiſtlicher wär, ſah man ihn doch auf die Kanzel treten, und wider die Misbräuche öffentlich predigen. Bey allen gottesdienſtlichen Zuſammenkünften fand er ſich ein; und ſein Beyſpiel erbauete; er ermahnete das Volk,

Volk, mehreren Eifer zu zeigen, die Geistlichen aber, eine reinere Lehre vorzutragen. Seine Predigten, die niemanden bekehrten, machten vieles Aufsehen. Die Widersetzlichkeit des Volkes, die Verweise an die Geistlichen, und das schlechte Zutrauen, das die Einwohner großer Städte mehrentheils zu den Religionsverbesserern haben, brachten ihn zu dem Entschlusse, sicherere Mittel vorzukehren, das ist, sich auf seine Güther zu begeben, und daselbst eine neue Kirche zu pflanzen. Er nahm sich vor, diesen Zufluchtsort nicht eher zu verlassen, als bis er seine Anstalten daselbst auf festen Fuß gestellet hätte.

Der erstaunende Zulauf von Schwärmern, den diese neue Einrichtung nach sich zog, machte aus seinem Guthe Berthelsdorf einen ansehnlichen Marktflecken, den er Herrnhut nennete; ein Name, der gar bald hernach seiner ganzen Secte beygeleget wurde. Dieser erste glückliche Fortgang schmeichelte ihn: er gab ein geistliches Gesetzbuch, einen Catechismus, und ein Gesangbuch heraus, und übersetzte das neue Testament in die deutsche Sprache. Seinen Neubekehrten befohl er, sich in Zukunft nicht anders, als Brüder

Brüder und Schwestern zu nennen; sie mußten sich, du, heißen, und die größte Vertraulichkeit sollte unter ihnen herrschen. Diese Neuerung verbreitete sich durch ganz Deutschland; die Anzahl der Herrnhuter nahm täglich zu; und ihr Stifter gieng bis nach Dänemark, seine lächerlichen Erscheinungen auch dort einzuführen. Mit großen Kosten schickte er überall Bothen aus, welche das Wachsthum der herrnhutischen Reformation verkündigen mußten. Zwey seiner Schüler giengen nach Amerika; andere kamen nach Grönland, und wollten die Leute bekehren. Wenn sie aber auch niemanden bekehret haben, so ist dieses Land doch ein Wohnplatz für sie geworden; und von einem dieser Herrnhuter habe ich gehöret, was ich hier erzähle. Der Graf von Zinzendorf fährt beständig fort, Leute dahin zu schicken, um seine Anhänger denen Verfolgungen, die sie in andern Ländern erdulden, zu entziehen. Ihre Lebensart kann man nicht besser vergleichen, als mit der von den Quakern; und es scheint, der Graf habe sie zum Muster gewählet. Sie können Sich nicht vorstellen, Madame, mit was für Vertraulichkeit diese Leute uns aufgenommen haben: gleich den ersten Tag unserer

Grönland.

ferer Ankunft begegneten sie uns als Brüdern; unter einem anscheinenden, fast bäuerischen Wesen haben sie alle nur ersinnliche Aufmerksamkeit für uns gehabt. Ich habe sie auch nichts weniger als unwissend gefunden, für Leute, die sich bloß mit der Fischerey und Handlung beschäfftigen. Einer unter ihnen, Namens Bruder Marcus, der sich besonders auf die Geschichte des Landes, und auf die ehemalige Religion, geleget hatte, erzählete mir seinen eigenen Lebenslauf folgendergestalt.

„Du siehst, sagte er zu mir, einen alten Studenten und Einwohner von Leipzig, den eine unglückliche Angelegenheit genöthiget hat, sein Vaterland wider Willen zu verlassen. Flüchtig, und in der Irre lebend, habe ich nirgend Hülfe gefunden, als bey den mitleidigen Herrnhutern. Ich ergab mich meinen Wohlthätern gänzlich, und unvermerkt bekam ich Lust, ihrer Lebensart zu folgen. Zu erst gieng ich mit dem Bruder Ludwig, (dem Grafen v. Zinzendorf,) nach Philadelphia. Bey meiner Rückkunft nach Europa, gab er mir die Aufsicht über eine, zum Unterrichte der Neubekehrten, errichtete Schule. Hier fiel mir von ohngefähr eine Beschreibung von Norwegen in die Hände, woraus ich ersah, daß eine Colonie aus diesem Königreiche sich in Grönland niedergelassen, und Kirchen und Schulen daselbst errichtet hatte. Diese Nachricht erweckte bey mir ein Verlangen, zu wissen, ob noch etwa Spuren dieser alten Christen übrig wären. Ich schrieb an einen unserer Brüder, der in diesem Lande gewesen war, um genauere Aufklärungen dießfalls zu haben, und er antwortete mir, daß diese Völker ehedem glücklich genug gewesen wären, von dem Glaubenslichte erleuchtet zu werden, aus Mangel aber an Predigern, und Unterweisung, wären sie wieder in die Unwissenheit und Finsterniß des Heidenthumes versetzet worden. Da wünschte ich nun sehr, im Stande zu seyn, ihnen zu helfen. Ich entdeckte mein Verlangen dem Bruder Ludwig, und er verschaffte mir alle mögliche Erleichterung, solches zu befolgen. Die Bewegursachen, die mich antrieben, sind in der heiligen Schrift gegründet, als welche uns lehret, daß Gott das Heil aller Menschen nicht allein verlanget, sondern nach dem Gebote Christi sollen auch die Heiden bekehret werden; und solches schränket sich nicht nur auf die Zeiten der Apostel ein, sondern

Grönland.

dern es geht seine Kirche an, bis an das Ende der Zeiten. Ich deutete alle diese Stellen auf die armen Grönländer, und glaubte besonders ausersehen zu seyn, ihnen diese Liebespflicht zu erweisen.

Ich begab mich also nach Bergen, und schiffte mich auf dem nächsten Schiffe ein, das die königliche Handlungsgesellschaft nach diesem Lande schickte. Diese Gesellschaft war eben errichtet, uud mit besondern Freyheiten versehen worden, um den Fischfang, die Schiffahrt, und die Handlung von Grönland zu befördern. Verschiedene unserer Brüder, durch eben dergleichen Triebe belebt, haben sich beeifert, meinem Beyspiele zu folgen: allein, der Dänische Hof, dessen Religionsmeynungen mit den unserigen nicht völlig übereinkommen, hat uns untersaget, zu predigen, und hat andere Mißionaire abgeschicket, denen die Verwaltung des ganzen Evangelischen Gottesdienstes Ausschlußweise aufgetragen ist. Wir haben uns daher eingezogen, und dienen Gott in der Einfalt unsers Herzens, dem Könige aber durch die Beschäfftigung mit der Fischerey, und Handlung.

Höre,

Höre, Franzose, wenn dich die Neubegierde in dieses Land bringt, seine Geschichte zu wissen, so bin ich vielleicht der einzige, der dir Erläuterung in diesem rauhen Lande geben kann. In Ansehung des Zeitpunctes der ersten Bevölkerung von Grönland sind die Meynungen getheilet. Die Isländer setzen ihn in das zehnte Jahrhundert; andere gehen zurück bis in das achte, und gründen ihr Vorgeben auf eine päpstliche Bulle, worinnen die Ausbreitung des Christlichen Glaubens bey dieser neu entstandenen Nation einem Bischofe empfohlen wird. Die Isländer glauben, daß sie aus Norwegen herstamme, und geben ihr einen gewissen Erik zum Stifter, der, wegen einer verübten Mordthat in Island, sich auf eine unbekannte Küste flüchtete, solche zu seinem Aufenthalte wählete, und eine kleine Wohnung anlegte, die noch itzt den Namen Erichssund führet. Er brachte den ganzen Sommer daselbst zu, und weil er über die schönen Wiesen dieses unbewohnten Landes ganz entzücket war, gab er ihm den Namen von Grönland, oder dem grünen Lande. Nach seiner Rückkunft in Island, beredete er verschiedene Einwohner, mit ihm in dieses

neu

Grönland.

neu entdeckte Land zu kommen, und sich daselbst niederzulassen. In der folgenden Zeit that sein Sohn eine Reise nach Norwegen, bekennete sich daselbst zum Christenthume, und kam mit einer neuen Colonie zurück, welche in Vereinigung mit der ersten den Anfang einer kleinen Nation vorstellete. Selbige, sagt man, habe eine Stadt, Namens Garde, angeleget, und eine Kirche zu Ehren des heil. Nicolaus erbauet, des Schutzpatrones der furchtsamen Seeleute, und überhaupt, aller nördlichen Länder; sie habe auch eine andere Stadt, Alb genennet, an die See gebauet, und weil das Volk in diesem Lande sehr fromm war, habe sie ein Kloster daselbst gestiftet, und es dem heil. Thomas gewidmet.

Im Geistlichen stunden die Grönländer unter dem Bischofe von Drontheim; im Weltlichen aber unter den Königen von Norwegen, denen sie einen jährlichen Tribut bezahlten. Auf solche Art wurden sie drey oder vier Jahrhunderte beherrschet; bis nachher der größte Theil der Einwohner durch eine Krankheit, der schwarze Tod genennet, aufgerieben wurde. Seitdem hat sich Grönland wieder bevölkert. Diejenigen, welche

welche dieser Nation ein höheres Alter zuschreiben, behaupten, daß weder die Norwegen, noch die Isländer die ursprünglichen Bewohner des Landes wären; sondern sie hätten in dem westlichen Theile ein wildes Volk gefunden, das aus America herstamme, wie man solches aus der Lebensart, und Kleidung schließen könnte. Dem sey nun, wie ihm wolle, seit der entsetzlichen Verheerung des schwarzen Todes hat alle Gemeinschaft zwischen Norwegen und Grönland aufgehöret. In den folgenden Zeiten haben die Könige von Dänemark etlichemal versuchet, die alte Verfassung wieder herzustellen. Sie haben verschiedene Privatpersonen durch große Befreyungen aufgemuntert, Schiffe auszurüsten; der Erfolg aber ist nicht glücklich ausgefallen. Kaum seit sieben und zwanzig Jahren, das ist, seit der Errichtung der königlichen Handlungsgesellschaft, ist die alte Bekanntschaft wieder erneuert worden. Dieses ist es, Franzose, was ich dir mit Gewißheit sagen kann, in Ansehung der sehr wenig bekannten Geschichte eines Landes, wo das Schicksal uns zufälliger Weise zusammen bringt. Was den gegenwärtigen Zustand des Landes betrifft, so hat ein acht-

jähriger

Grönland.

jähriger Aufenthalt darinnen mir folgendes gelehret.

Ob dieser Theil der Erdkugel eine Insel ist, oder ob er gegen Norden mit dem festen Lande zusammenhängt, hat man noch nicht können ausfündig machen: was man aber sehr leicht sieht, sind die mit beständigem Schnee und Eise bedeckten Berge und Felsen, derer das Land voll ist: eine Menge von Meerbusen, und Flüssen, umgeben es von allen Seiten: der größte, wo die Dänen ihre erste Wohnung im Jahre 1721 aufgeschlagen haben, heißt *Baals*, und erstrecket sich auf zwanzig Stunden weit in das Land. Grönland wird in zwey *Districte* abgetheilet; in den östlichen, und westlichen. Ersterer ist wenig bekannt, denn, weil das Meer von der Nordseite beständig Eisschollen wider die Küste treibt, können die Schiffe daselbst nicht anlanden. Die dasigen Einwohner werden als eine grausame und barbarische Nation angesehen, welche die Fremden tödet, und frißt: allein, nach der Beschreibung derer, die bis dahin gekommen sind, sollen sie von denen, welche den westlichen Theil des Landes bewohnen, nicht unterschieden seyn. Die *Kälte* in hiesigen Gegenden ist nur an sol-

theil

Der 93. Brief.

chen Oertern erträglich, wo die Sonne den Winter über des Tages zwey oder drey Stunden hinscheinen kann; und dennoch frieren die stärkesten Getränke in den heißesten Stuben. An den Oertern, wo die Sonne niemals hinkommt, ist die Kälte so groß, daß volle Tassen mit siedenden The oder Caffe auf dem Tische, wo sie hingesetzet werden, in dem Augenblicke anfrieren. Ich habe einen Winter erlebet, wo das Eis in der Feueresse herunterreichte bis an das Ofenloch, ohne daß auch das stärkeste Feuer es den Tag über aufthauen konnte. Oben über der Esse machte das Eis einen durchlöcherten Bogen, wo der Rauch durchgieng. Die Wände, inwendig in den Häusern, waren mit Eise überzogen; die Wäsche fror in den Schränken, man mochte sie trocknen, wie man wollte; in den Betten mochte man sich auch noch so sorgfältig zudecken, so drang die Kälte dennoch durch, und der Athem und die Ausdünstung froren. Wir wurden genöthiget, die Fleischfässer in Stücken zu zerbrechen; das Fleisch aber, das wir heraus nahmen, und in siedend Wasser über das Feuer thaten, blieb lange Zeit inwendig gefroren. Zuweilen bedecket der Schnee das ganze Land;

Grönland.

Land; und er bleibt vom Monate September, bis in den künftigen Monat Juny liegen. Er häuft sich alsdenn in den hohlen Wegen, und Thälern, viele Klaftern hoch, und frieret so stark, daß man darauf, wie auf dem festesten Damme, gehen kann.

Außer dem entsetzlichen Eise, womit das ganze Land, bis auf die höchsten Berge, bedecket ist, sieht man auch noch eine erstaunende Menge Eisschollen auf dem Meere schwimmen. Einige davon sind flach, und werden von dem Strande abgetrieben; andere, so hoch wie Berge, sind unter dem Wasser eben so tief, als sie über dem Wasser erhaben sind. Andere sehen wie große Kirchen aus, wie Schlösser mit Thürmen, wie Schiffe mit Segeln. Ihre Farbe ist eben so besonders, als ihre Gestalt. Etliche sind weiß und glänzend, wie ein Crystall; andere blau, wie ein Saphir; noch andere schmaragdengrün. Zuweilen findt man ganze Eisinseln, welche eine Stunde im Umfange haben, und mehr als achtzig Lachtern tief sind.

Die Hitze im Sommer ist in Grönland von kurzer Dauer: sie ist aber desto heftiger, und so empfindlich, als die Kälte im Winter. Die Sonnenstrahlen sind alsdenn so brennend,

nend, daß ich mich oftmal genöthiget gesehen habe, die Kleider auszuziehen: solches äußert sich besonders an den Oertern, wo die Hitze eingeschlossen ist, und wo kein Nebel und Wind durchbringen kann. Um dir einen Begriff davon zu machen, so mußt du wissen, daß das Meerwasser, wenn es in den Felsenlöchern stehen bleibt, wo es die Fluth nicht wegspülen kann, in einem Augenblicke verdünstet, und ein schönes crystallartiges Salz, von blendender Weiße, zurückläßt. Allein, die Hitze mag in Grönland auch in den heißesten Sommertagen noch so groß seyn, so sind doch die Nächte, wegen des Windes, der sich nach Sonnen Untergange von der Seite der Eisinseln erhebt, allezeit sehr kalt. Der beständige Nebel, der während der Abenddämmerung fällt, verursachet auch viele Kälte. Er ist so dick, daß man auf zehn Schritte nichts mehr erkennen kann. Der Herbst würde die schönste Jahreszeit in diesem Lande abgeben, wenn die Nächte weniger kalt wären. Als etwas besonders kann man ansehen, und welches durch die Erfahrung vieler Jahrhunderte bestätiget ist, daß die Witterung in Grönland allemal das Gegentheil ist von der Witterung in

dem

dem übrigen Europa: wenn in den wärmern Ländern der Winter hart ist, so ist er hier mäßig; und hingegen ist er hier sehr heftig, wenn er anderwärts gelinde ist.

Zwey Dinge sind in dem hiesigen Lande höchst unbequem; die beständigen Nebel, welche man den ganzen Sommer über spüret, und die Dünste, welche im Winter aus dem Meere steigen, wie der Rauch aus einer Esse. Sie sind zuweilen so dicke, wie eine Wolke; und geben eine so empfindliche Kälte von sich, daß, wenn man ein wenig außer diesem Dunstkreiße steht, man ein Brennen im Gesichte fühlet; in dem Augenblicke aber, daß man wieder hineintritt, verwandelt sich die Dunst in eine Art von Dachte, und hängt sich an die Kleider und Haare, wie ein Reif, an. Diese Dünste verursachen den Scorbut, und häufige Brustbeschwerungen, fast die einzigen Krankheiten im Lande; denn die mehresten von denen, welche andere Länder heimsuchen, kennet man hier nicht. Ein Nordostwind, welcher über das ganze feste Land wegstreicht, nimt auf den Bergen die Eistheilgen an sich, und machet auf der Haut eben die Wirkung, als ob man mit Ruthen gepeitschet würde. Diese Theilgen sind

Der 93. Brief.

sind auch sehr sichtbar, insonderheit in der Sonne, wo sie glänzen wie zarte Silberfaden. Ich sage dir nichts von den Nordlichtern, welche hier eben so häufig sind, als in den andern nördlichen Ländern, welche du durchgereiset bist. Sie bewegen sich mit einer unglaublichen Geschwindigkeit, und geben einen so hellen Schein, daß man dabey lesen kann. Das Wetter mag den Tag über seyn, wie es will, so fehlen sie des Abends niemals, insonderheit, wenn die Luft rein, still, und hell ist.

Glaube nicht, Franzose, die Erzeugungen anderer Länder alle hier zu finden. Du wirst weder Wälder, noch starke Bäume sehen. Birken, Ellern, Weiden, und Wachholdern sind bey nahe die einzigen Bäume, die man in Grönland kennet. Löffelkraut, Angelike, und wilder Thymian kommen gut fort; und der Kohl, besonders aber die Rüben, sind hier von außerordentlicher Güte, und Süßigkeit. Alles dieses versteht sich von dem mittäglichen Theile des Landes; denn gegen Norden wächst fast gar nichts. Wenige Metalle habe ich in den verschiedenen Gegenden, wo ich gewesen bin, gefunden; nur, einige Meilen von der Colonie,

habe

habe ich auf einem Berge eine Erde angetroffen, von Farbe wie der Grünspan, die ohne Zweifel etwas Kupfer hält. Auch habe ich Amiantgruben entdecket, davon die Adern ziemlich breit lagen, die Faden aber sehr lang, und blendend weiß, waren. So lange dieser Amiant in einer fetten Materie ist, brennet er, ohne sich zu verzehren, oder seine Substanz merklich zu verringern. Auf gewissen andern Bergen bricht man einen weichen Stein, der nichts anders ist, als ein unreifer Marmor. Weil er sich leicht arbeiten läßt, so machen unsere Grönländer ihr Küchengeräthe davon, als Lampen, Schüsseln, Kessel, die das größte Feuer aushalten.

Man findet hier kein giftiges, ja nicht einmal ein schädliches Thier, ausgenommen den Bär: und auch dieser hält sich mehr auf dem Wasser auf, als auf der Erde. Er lebt mehrentheils auf dem Eise, und nähret sich von Seehunden, und andern Fischen. Selten sieht man einen von ihnen um unsere Wohnungen, und ihr hauptsächlichster Aufenthalt ist in dem nördlichen Theile des Landes. Sie sind von außerordentlicher Größe, und von häßlicher Gestalt. Ihr Haar ist weiß, und lang; und man hält sie für sehr
be-

begierig auf Menschenfleisch. Ihre Wohnung haben sie in Höhlen, oder Löchern, die sie in die Erde, oder unter den Schnee machen. Im Frühjahre kommen sie heraus, und bringen ihre noch ungestalten Jungen mit, denen sie durch fleißiges Lecken die gehörige Gestalt geben. Die Rennthiere machet man hier nicht zahm, wie in Lappland; man tödet sie auf der Jagd, ißt ihr Fleisch, und kleidet sich in ihre Haut. Die Hunde sind die einzigen zahmen Thiere in Grönland: man brauchet sie an statt der Pferde, um die Schlitten auf dem Eise zu ziehen. Hasen, und Füchse, sind hier auch sehr gemein.

Das Meer, welches die hiesigen Küsten umgiebt, ist ungemein fischreich; und allerhand Arten von Seevögeln halten sich daselbst auf. Unter den Fischen ist der Wallfisch der wichtigste; und nach ihm der Seehund, dessen Füsse den Gänsefüssen gleichen; der Kopf aber sieht dem von einer Katze ähnlich. Neben dem Maule hat er einen Bart, und etliche Haare an der Seite von der Nase. Seine Zähne sind scharf, und er streitet öfters mit den Bären. Er liebt, auf die Eisberge zu klettern, ruhet daselbst aus, wärmet sich in der Sonne, und schläft manchmal dabey ein.

Die

Die größten unter diesen Thieren haben fünf bis acht Fuß in der Länge. Ihr Fett giebt den besten Fischthran: auch sind sie unter den Seethieren diejenigen, welche das meiste zum Unterhalte der Grönländer beytragen. Ihr Fleisch brauchet man zur Speise; ihre Haut zur Kleidung, oder die Schiffe und Zelte zu überziehen; das Fett brennet man, und wegen Mangel am Holze kochet man das Essen dabey. Die Wasservögel, die sich an dem Gestade von Grönland aufhalten, sind eben so, wie fast in allen andern nördlichen Ländern.

Jedoch, es sey für diesesmal genug von dieser Materie. Komm, Franzose; das Mittagsessen erwartet unser; wir wollen hernach von dem, was die Gesetze, die Sitten, die Beschäfftigungen, und Gebräuche der hiesigen Landeseinwohner betrifft, weiter sprechen."

Ich bin u. s. w.

Gotteshaab, in Grönland, den 9 July, 1748.

Der 94. Brief.

Fortsetzung von Grönland.

Unser Mittagsessen war so beschaffen, Madame, daß man nichts von der Rauhigkeit des Landes dabey spürete: wir wurden bewirthet, als wenn wir in Dänemark wären. Wein, Butter, Fleisch, Brod, abgezogene Wasser, waren nicht gesparet. Es gehen alle Jahre Schiffe mit Lebensmitteln, zum Unterhalte der Colonie, von Kopenhagen ab; und die Herrnhuter sind allemal am besten versorget. Die vortrefliche Ordnung, die bey dieser kleinen Gemeine herrschet, machet, daß man Reinlichkeit und Ueberfluß zu aller Zeit spüret.

„Im Anfange, als wir in dieses Land kamen, fuhr der Bruder Marcus fort, wollten die Grönländer keines von unsern Gerichten kosten; itzt danken sie uns, wenn wir ihnen etwas davon geben. Insonderheit finden sie Butter und Brod nach ihrem Geschmacke; aus unserm Getränke aber machen sie nicht viel: doch, einige unter ihnen, wenn sie eine gewisse Zeit bey uns gewesen

sen sind, lernen Wein und Brandewein trinken.

Ihre Nahrung bestehet bloß in Fleische und Fischen; denn ihr Land bringt nichts hervor, als Rennthiere, Wallfische, Seehunde, Hasen, und allerley Seevögel. Zuweilen essen sie das Fleisch roh, zuweilen kochen sie es, oder trocknen es an der Sonne. Gewisse Arten von Fischen heben sie für den Winter auf: sie stecken selbige im Herbste in den Schnee, und erhalten sie, so lange der Frost dauert: nach und nach, so wie sie es nöthig finden, nehmen sie sie heraus. Wasser ist ihr einziges Getränke: um es kalt zu machen, mengen sie Schnee und Eis darunter. Ihre Speisen sind überhaupt unreinlich zugerichtet; denn sie wissen nichts vom Abwaschen der Schüßeln, oder Kessel. Die Gerichte werden auf das Pflaster gesetzet, worauf man geht; und stinkendes Rennthier- oder Seehundsfleisch erwecket bey diesen rohen Leuten keinen Ekel. Zum Essen haben sie keine bestimmte Zeit; jedes ißt nach seinem Apetite, wenn es ihm einfällt; doch kann man sagen, daß sie des Abends am hungerigsten sind. Wenn sie von der See zurückkommen, so bittet derjenige, dessen Abendessen am ersten fertig ist, die andern zu Gaste, und er geht wieder seinerseits zu ihnen; dergestalt daß alle diese Mahlzeiten nach und nach gegessen werden, so wie das Fleisch gahr wird.

Die Weiber essen nicht mit; sie halten ihre Mahlzeiten besonders, unter sich; und unterdessen daß die Männer auf der See sind, bewirthen sie einander. Außer denen bereits erwähnten Gerichten, machen diese Völker auch eine gewisse Pflanze, die am Rande vom Meere wächst, in Fischthrane ein, und essen sie als etwas köstliches. Der Unflat, in den Eingeweiden der Rennthiere, ist für sie ein fetter Bissen; auch machen sie aus den Abgängen der Seehundshäute eine Art von Gebackenen. Im Sommer kochen sie ihr Essen auf freyem Felde, mit Rohre und Schilfe, im Winter aber in ihren Häusern, über der Lampe. Wenn ihr Feuer ausgelöschet ist, und sie es wieder anmachen wollen, nehmen sie zwey Stücken dürres Holz, reiben sie gegen einander, und zünden sie auf solche Weise an.

Diese Wilden kennen kein Handwerk: ihre hauptsächlichste Beschäfftigung ist die Fischerey, worinnen sie sehr geschickt sind.

Sie

Fortsetzung von Grönland.

Sie haben sich eine Art von Kleidung erfunden, vermittelst welcher sie im Meere, fast ohne naß zu werden, stehen und gehen können. Sie besteht in einem Wamse, wo Weste, Hosen, Strümpfe, und Schuhe, aus einem Stücke von glatter Seehundshaut gemachet, und so gut zusammen genähet sind, daß kein Wasser durchdringen kann. Vorne auf der Brust ist ein kleines Loch, wodurch so viel Luft hineingeblasen wird, als nöthig ist, um nicht unter zu sinken, und dieses wird hernach mit einem hölzernen Pfropfe zugestopfet. Nach Verhältnisse, daß sie mehr oder weniger Luft in dieses Kleid lassen, steigen oder sinken sie, wie sie wollen. Sie stellen wahre Ballone vor, die auf dem Wasser laufen, ohne unter zu sinken.

Unter allen Fischereyen, die auf dem Meere von Grönland angestellet werden, ist der **Wallfischfang** unstreitig der beschwerlichste. Dieser Fisch unterscheidet sich merklich, und hat von andern Fischen fast nichts als die äußerliche Gestalt; denn übrigens gleichet er mehr den Landthieren. Er hat warmes Blut, schöpfet durch die Lungen Athem, bringt seine Jungen lebendig zur Welt, und läßt sie saugen u. s. w. Von der

Größe der verschiedenen Arten von Wallfischen läßt sich nichts gewisses sagen. Man hat ihrer gesehen, die bis hundert und funfzig Fuß in der Länge gehabt haben; und man versichert, daß die ersten, welche in Norden sind gefangen worden, viel größer als die heutigen gewesen sind, weil sie viel älter waren. Die Grönländischen, von denen man so großen Vortheil zieht, und derer wegen eigentlich alle Fischereyen angestellet werden, sind sehr groß und ungeheuer. Der Kopf allein machet fast den dritten Theil des ganzen Thieres aus. Ihre Floßfedern haben bis acht Fuß in der Länge; und der Schwanz, den sie flach halten, ist vier Lachtern breit. Wenn sie auf der Seite liegen, sind sie im Stande solche heftige Schläge damit zu thun, daß sie ein Schiff umwerfen können. Man sieht mit Erstaunen, mit was für Geschwindigkeit diese ungeheueren und schweren Massen vermittelst dieses Schwanzes, welcher als ein Ruder dienet, die Meereswellen trennen. Ihre Haut, die eines Fingers dick ist, wird von einem gelben, mehr als acht Zoll hohen Fette überzogen. Das unter diesem Specke liegende Fleisch sieht roth, und gleichet dem von vierfüßigen Thieren. Die
Zunge

Fortsetzung von Grönland.

Zunge ist nichts, als ein großes Stück Fett, wovon man etliche Tonnen anfüllen könnte.

Zu dem Wallfischfange ziehen die Grönländer ihre besten Kleider an, so als wenn sie zur Hochzeit gehen wollten. Sie haben bemerket, daß, wenn sie solches nicht thäten, dieser Fisch, der keine Unreinlichkeit leiden kann, vor ihnen fliehen würde. Vierzig oder funfzig Personen, Männer, Weiber, und Kinder, setzen sich in eine große Barke, und erstere sondern sich hernach ab, um den Wallfisch aufzusuchen. So bald sie ihn gewahr werden, ersieht der beherzteste oder stärkste seine Zeit, und wirft den an einem zwey hundert Lachtern langen Strick befestigten Harpun auf ihn zu. Da dieser Spieß unten schwerer ist als oben, so fällt die Spitze allezeit gerade auf den Fisch, und bleibt stecken. In diesen Augenblicken läuft der Fischer die größte Gefahr: denn der verwundete Wallfisch giebt mit seinem Schwanze und Floßfedern solche entsetzliche Stöße, daß er zuweilen die Schaluppe umschmeißt, und den Harpunier tödet. Doch das mehrestemal wenn er verwundet ist, fährt er mit solcher Geschwindigkeit in die Tiefe, daß, wofern die Fischer nicht die Vorsicht brauchten, den

Strick

Strick naß zu machen, dieser durch das Reiben an der Schaluppe sich entzünden würde; da er hingegen auf diese Art nur rauchet. Unterdessen daß sich das Thier entfernet, ist einer der Fischer beschäftiget, den Strick abzuwinden, weil, wenn er sich verwickelte, die Schaluppe untersinken könnte. Der Strick aber, er möchte noch so lang seyn, würde nicht reichen, wenn der Wallfisch nicht genöthiget wäre, wieder über das Wasser zu kommen, und Luft zu schöpfen. Alsdenn machet er ein so entsetzliches Gebrülle, daß man ihn weiter als eine halbe Stunde hören kann. So bald er sich wieder sehen läßt, wirft ihn der Harpunier zum zweytenmale; und nach diesem Wurfe sticht man ihn mit Lanzen, bis er ermüdet ist, und seine Kräfte verloren hat: vorher würde sich kein Fischer getrauen, ihm zu nahe zu kommen. Man suchet ihn unter den Floßfedern zu verwunden, weil er an diesem Orte am empfindlichsten ist. Ist aber der Wurf in das Herz oder in die Lungen geschehen, so spritzet das Blut so hoch heraus, als der Mastbaum eines großen Schiffes. Man läßt ihn hernach sich selbst vollends ermüden: er schlägt den Leib mit den Floßfedern, und wirft den
Schwanz

Fortsetzung von Grönland.

Schwanz mit solcher Wuth, daß man glaubt, Canonenschüße zu hören, und das Meer ist mit Schaume ganz bedecket. Mannichmal sehen sich die Schaluppen genöthiget, ihm drey oder vier Stunden zu folgen, bis er sein Blut und seine Kräfte gänzlich verloren hat.

An dem Ende des Strickes, wo der Harpun angebunden ist, befestigen die Einwohner dieser Küsten eine Seehundshaut, die wie eine Blase zusammen genähet, und voller Wind ist, damit das Thier, im Schwimmen, sich müde machen und erschöpfen möge, weil dieser Ballon nicht zuläßt, daß es lange Zeit unter dem Wasser bleibt. Wenn es völlig matt ist, zeigt es sich den Fischern abermal, die es denn vollends tod machen. Der Verlust seines Blutes ist so ansehnlich, daß überall, wo es vorüber geht, das Meer roth gefärbet ist. Wenn das Ungeheuer zu Boden sinkt, zieht man an dem Stricke; und aus seiner Schwere urtheilet man, ob ihm noch einige Kräfte übrig bleiben. So bald es tod ist, springen diejenigen, die das aus einem Stücke gemachte Seehundskleid anhaben, in das Meer, und fangen an, das Fett auszuschneiden. Ei-

nige

nige dieser Leute sind verwegen genug, auf den Rücken des Wallfisches zu steigen, wenn er noch athmet. Wenn sie den Speck abgenommen haben, bringen sie ihn sogleich auf das Schiff, wo er geschmolzen wird. Der Thran, den man daraus zieht, wird in die Lampen gebrauchet, man machet Seife davon, die Tuchmacher nehmen ihn zur Zurichtung der Wolle, die Gerber, das Leder gahr zu machen, man löset gewisse Farben damit auf, und man machet eine Art von Kitte davon, u. d. gl. Ein Wallfisch giebt sechzig, bis hundert Tonnen Thran; die Tonne aber wird ohngefähr achtzig Livres, (21 Rthlr. 8 gl.) verkaufet.

Die Seehunde werden auf verschiedene Arten gefangen: das meiste aber kommt darauf an, daß man die Oerter bemerket, wo diese Thiere auf dem Eise Löcher machen, um Athem zu holen. So bald das Thier seine Nase heraussteckt, und Luft schöpfen will, wirft es der Fischer mit dem Harpune, oder spießt es mit der Lanze. Ich gehe zu den Sitten der Grönländer fort.

Da diese Völker auf eine sehr einfache Art zu leben gewohnet sind, geschehen auch ihre Heurathen ohne große Ceremonien.

Der

Fortsetzung von Grönland.

Der Mann verlangt nicht mehr, als daß seine Frau die Wirthschaft verstehe, und die Frau, daß ihr Mann, geschickt in der Fischerey sey. Wenn ein junger Mensch seine Wahl zu erkennen gegeben hat, so wird zwey alten Weibern aufgetragen, den Aeltern des Mägdgens Nachricht davon zu geben, und um sie anzuhalten. Ist den Aeltern der Antrag gefällig, so geben sie ihre Genehmhaltung, und tragen die Sache ihrer Tochter vor. Diese machet ihren Haarzopf auf, schmeißt ihn über das Gesicht, setzt sich hin, und weinet, und saget weder ja, noch nein. Die zwey Alten, ohne zu thun, als ob sie ihr Weinen gewahr würden, nehmen sie bey den Armen, und schleppen sie mit sich fort. Wenn sie in das Haus des Liebhabers kommen, bleibt sie sitzen, und fährt fort zu weinen, ohne daß dieser ihr ein Wort sagt: endlich stellt sich der Liebhaber, als ob er ungeduldig würde, fängt an zu reden, und ersuchet sie, sie möchte kommen, und bey ihm schlafen: sie verwilliget es; und die Heurath wird ohne weitere Complimente vollzogen.

Oefters geschieht es, daß die junge Frau das Haus ihres Mannes wieder verläßt, und zu ihren Aeltern geht. Der junge Mensch suchet

chet sie alsdenn, und bringt sie wieder zurück. Die nämliche Ceremonie wiederholet sie zwey oder dreymal, bis der Mann endlich müde wird, und einen Sack machen läßt, worinnen die zwey Alten sie holen. Sie nehmen sie bey ihren Aeltern mit Gewalt, stecken sie in den Sack, binden ihn oben zu, und lassen nichts als ihre Haare heraus hängen. Auf diese Art schleppen sie sie bis vor die Füsse ihres Mannes, bey dem sie hernach bleiben muß wider ihren Willen. Der Wohlstand erfordert, daß ein Jahr vorbey gehe, ehe junge Eheleute Kinder erzeugen: wenn die Frau vor dieser Zeit Mutter wird, vergleicht man sie mit den Hunden. Eben diesen Vorwurf zieht sie sich zu, wenn sie zu oft niederkommt: sie muß sich insonderheit sehr verschämt stellen, daß sie aus einem Mägdgen eine Frau geworden ist. Die Heurathen sind hier zu Lande nicht unzertrennlich: die Männer können sie aus leichten Ursachen aufheben. Bringt die Frau kein Kind zur Welt, oder steht dem Manne der Sinn der Frau nicht an, nimt er sich eine andere. Die Männer lassen sich von ihren Weibern bedienen; nehmen nun diese ihre Pflicht nicht in Acht, werden sie mit dem Stocke gezüchtiget,

tiget, ohne daß sie rachgierig dieserhalb wären.

Es geschieht selten, daß eine Mutter, nach ihrer Niederkunft, länger als einen Tag im Bette bleibt; den andern Tag nimt sie ihre ordentliche Arbeit wieder vor. So bald das Kind gebohren ist, tauchet sie den Finger in Wasser, und reibt ihm die Lippen; oder aber, sie legt ihm ein wenig Schnee oder Eis in den Mund. Sie nimt hernach ein kleines Stück Fisch, hält es dem Kinde einen Augenblick vor, beweget die Hand, und saget zu ihm: du hast gut gegessen, und gut getrunken, und hast mir Gesellschaft geleistet. Wenn das Kind ein Jahr alt ist, lecket es die Mutter vom Kopfe bis auf die Füsse, damit es gesund und stark werde. Die Mühe der Erziehung beschäfftiget die Aeltern nicht sehr. Sie schelten oder strafen die Kinder niemals, sondern sie lassen ihnen allen Willen; daher, wenn diese groß werden, pflegen sie, ohne sonderlich böse und lasterhaft zu seyn, wenige Ehrfurcht für die Aeltern zu haben. Doch bezeigen sie sich auch nicht widerspenstig, wenn ihnen etwas befohlen wird. So lange die Söhne und Töchter unverheurathet sind, bleiben sie in ihrer

Der 94. Brief.

Aeltern Hause; hernach aber müßen sie für ihren Unterhalt selbst sorgen. Sie scheiden sich aber nicht gänzlich von einander, denn sowohl die Söhne, als die Schwiegersöhne, und Vettern bleiben in dem Hause wohnen. Was sie auf der Jagd, oder Fischerey fangen, ist zu Erhaltung der ganzen Familie bestimmet.

Die Vielweiberey, die fast bey allen heidnischen Völkern eingeführet ist, ist in Grönland etwas seltenes. Unterdessen wird derjenige, der mehrere Weiber hat, als stärker und geschickter angesehen, weil er größere Kosten aufgewendet hat, und im Stande ist, eine zahlreichere Familie zu ernähren. Ehe wir hieher kamen, lebten diese Weiber unter sich in der größten Einigkeit; seitdem aber unsere Priester ihnen gesaget haben, daß das Evangelium die Vielweiberey verbietet, so verstattet die erste Frau nicht leicht, daß ihr Mann eine Zweyte nehme. Sie kommen zuweilen, und bitten uns, wir sollen es verhindern, und bey ihren Männern fleißig darauf dringen, daß sie das Gebot der Enthaltung verbotener Lüste beobachten. Doch sie selbst sind in diesem Puncte nicht allzu gewissenhaft; ein

gewisses

Fortsetzung von Grönland.

gewisses ungeziemendes Spiel, das in ihren Gesellschaften sehr eingeführet ist, beweiset solches. Eine Anzahl Männer und Weiber kommen zusammen, bewirthen einander aufs beste, und fangen an, nach ihrer Art zu singen, und zu tanzen. Nach und nach verlieren sie sich mit eines andern Frau, hinter einen Vorhang, der die Stuben absondert. Ich überlasse dir, Franzose, zu überlegen, was sie daselbst machen. Derjenige, der seine Frau auf diese Art dem andern ohne Widerwillen, mit Gleichgültigkeit überläßt, wird als ein Mann von einem vortreflichen Character gehalten.

Diese Freyheiten erlauben sich nur die verheuratheten Weibspersonen: die Mägdgen hingegen sind keusch, eingezogen, und eben so bescheiden in ihren Reden, als erbar in ihren Handlungen. Seit der langen Zeit, daß ich in diesem Lande bin, habe ich von nicht mehr als zweyen oder dreyen jungen Personen reden gehöret, die unverheurathet Mütter geworden sind; und man sieht dieses als einen Schimpf für die Familie an.

Eine Frau rechnet sich zur Ehre, wenn ein Angekkok, man nennet also die Gelehrten,

ten, und die Propheten dieser Nation, will bey ihr schlafen. Die Männer selbst, anstatt sich zu entrüsten, sind die ersten, welche diese besondere Gunst erbitten; und erhalten sie solche nicht durch Bitten, so suchen sie sie durch Geschenke zu erkaufen: insonderheit, wenn sie keine Kinder haben. Sie glauben, daß die Kinder, die aus dergleichen Bekanntschaft erzeuget werden, glücklicher und tugendhafter seyn, als die andern. Unerachtet dieser lüderlichen Sitten, so finden sie doch unanständig, sich mit ihren nächsten Verwandten zu verehelichen: sie heurathen einander nicht, so gar im dritten Gliede. Auch wäre es ein großes Verbrechen, wenn ein junger Mensch, und ein Mägdgen, die zusammen in einem Hause erzogen worden sind, sich einfallen ließen, einander zu heurathen: man sieht sie an, wie Bruder und Schwester.

Die Grönländer, obschon klein, und ziemlich dick, sind eben nicht übel gestaltet: ihre Figur hat aber nichts angenehmes. Sie haben ein breites Gesicht, dicke Lippen, eine eingedrückte Nase, eine mehr braune als weiße Haut, und schwarze, gerade Haare. Sie sind stark, und gesund, und

kennen

kennen fast keine **Krankheit**, als das Augen-
web, welches die schneidende Winde, und
die heftige Kälte verursachet. Ehe die Dänen in das Land kamen, wusten sie nichts
von den **Blattern**. Aber vor etlichen Jahren holete sie einer ihrer Landesleute zu Bergen, und steckte die andern an. Mehr als
zwey tausend in der Gegend dieser Colonie
sturben daran. Diese Völker bedienen sich
keiner **Arzeneymittel**; sie halten sich an
ihre **Zauberer**, in welche sie ein großes
Vertrauen setzen, und die ihre Einfalt misbrauchen. Ihre Wunden heilen sie mit Pflastern von Moose, oder Baumrinde gemachet,
und in Fischthran geweichet.

Diese Wilden sind von Natur einfältig,
dumm, und unempfindlich. Sie haben
gar keinen **Begriff** von **Gott**; ja sie haben
nicht einmal ein Wort in ihrer Sprache, welches das höchste Wesen ausdrücket. Sie
glauben, daß alles was da ist, von jeher
gewesen ist; und redet man ihnen von der
Nothwendigkeit eines Schöpfers vor, so sagen sie, dieser Schöpfer müßte doch wohl ein
Grönländer seyn.

Unerachtet sie von melancolischem
Temperamente sind, so finden sie doch Wohl-
ge-

gefallen am Singen und Tanzen. Sie berathschlagen über keine wichtige Angelegenheit; sie schließen keinen Handel, sie entscheiden keine Zwistigkeit, wo sie nicht dazu tanzen, singen, und die Trommel schlagen. Wird jemand von einem andern beleidiget, so wird die Sache bey der ersten öffentlichen Zusammenkunft ausgemachet. Ist der Tag angesetzet, so wird von allen Anwesenden ein Kreis um den Beleidigten gemachet, der sich über das ihm angethanene Unrecht beklaget, dabey aber tanzet, und die Trommel schlägt. Sein Gegner vertheidiget sich seinerseits auf eben diese Art; das Volk lachet; der Streit ist beygeleget; und die Partheyen sind zufrieden. Es ist öfters geschehen, daß den Dänen auf diese Art die Wahrheit vorgesungen worden ist. Man erzählet ihnen unter Trommelschlage und Tanzen, wie sie nach Grönland gekommen sind, um die armen Einwohner zu betrügen, ihre Weiber zu verführen, und bey ihren Töchtern zu schlafen.

Diese guten Leute sind niemanden unterthänig, und leben unter einander in einer vollkommenen Gleichheit. Sie kennen keine Regeln der Anständigkeit, oder Höflichkeit: niemand bezeiget dem andern

Ehr=

Ehrfurcht. Sie wundern sich, bey den Dänen zu sehen, daß man seinesgleichen ehret; daß einer befiehlt, und der andere gehorchet. Wenn einer dem andern einen Besuch machet, so grüßet er ihn bey dem Eintritte nicht; und dieser seinerseits empfängt ihn auch nicht anders, als daß er mit dem Finger zeiget, wohin er sich setzen soll. Sie gehen eben so wieder aus einander, und reden nicht ein einziges Wort. Bey aller dieser außerordentlichen Unabhängigkeit, geschieht es selten, daß die Grönländer Streit unter einander haben, noch seltener aber, daß sie einander schimpfen. Unterdessen sind sie nicht ganz unempfindlich. Der Zweykampf ist bey ihnen eingeführet; er ist aber weder blutig, noch so fürchterlich, wie anderwärts. Der Beleidigte machet wider seinen Gegner ein satyrisches Lied, und suchet, es in der ganzen Gegend bekannt zu machen; alsdenn schickt er ihm einen Aufforderungsbrief, darinnen er ihm saget, sich an einem bestimmten Tage und zu einer gewissen Stunde, auf dem öffentlichen Platze einzufinden. Beyde Streiter treten einer gegen den andern, und werden von ihren Freunden umringet. Der Beleidigte singt sein verfertigtes Lied ab, und tanzet dazu: der andere antwortet in einem eben dergleichen Liede. Der erste wiederholet das seinige; und wenn einer von ihnen müde wird, hat der Kampf ein Ende. Der Ueberwinder wird unter Zurufe nach Hause gebracht; der Ueberwundene aber machet sich gedemüthiget und beschämet davon. Wenn durch eine Bosheit, davon fast kein Beyspiel in Grönland ist, jemand eine Mordthat begangen hat, so sieht man das Verbrechen mit der größten Gleichgültigkeit an: niemand bemühet sich, es zu bestrafen, und niemand nimt es zu Herzen: nur die Verwandten des Toden, wenn sie Muth oder Kräfte genug haben, suchen sich zu rächen. Unterdessen ist ein Fall, wo die Nationalwuth auf das äußerste gebracht wird. Dieß geschieht, wenn die Frage ist, eine von den alten Hexen zu bestrafen, von denen man hier glaubet, daß sie durch ihre Zaubereyen den Tod zu wege bringen können. Wenn diese Weiber überzeuget werden, daß sie ihre Kunst an jemanden ausgeübet haben, so geräth die ganze Gemeine in Zorn, und vertilget sie ohne Barmherzigkeit.

Auch der Diebstahl wird bey diesen Wilden höchstens verabscheuet: daher sie
nichts

nichts verschließen, und der Eingang in das Haus steht jedermann offen. Ein Mägdgen, die sich verdächtig gemachet hätte, auch die geringste Kleinigkeit entwendet zu haben, verlöre alle Hoffnung einer künftigen Einrichtung, und würde sich schwerlich verheurathen. Mit den Fremden nimt man es nicht so genau; doch, da wir schon lange Zeit in ihrem Lande wohnen, fangen sie an, uns für Landesleute zu halten, und auf diese Art mit uns umzugehen. Fast alle Sachen sind unter ihnen gemein, insonderheit was Essen und Trinken anbelanget. Man geht frey bey ihnen ein, und sie setzen einem so gleich etwas zu essen vor: es wäre unhöflich, solches zu fordern: sie lassen einem aber auch keine Zeit, sondern sind die ersten, die es anbieten.

Die Grönländer sind unglaublich unreinlich. Sie essen die Läuse, die sie von sich, und andern, ablesen. Sie haben ein Sprichwort, welches sagt: was aus der Nase kommt, kann in das Maul fallen, damit nichts verloren gehe. Mit dem Messer schaben sie den Schweiß vom Gesichte, und lecken ihn. Ihre Nothdurft verrichten sie in Gegenwart aller Leute; und jede Familie hat in der Stube ein Faß stehen, wo jedermann hingeht, und sein Wasser abschlägt, bis es überläuft. Dieses, mit dem stinkenden Fleische, und verdorbenen Specke, welches alles sie unter den Bänken herumwerfen, verursachet einen unerträglichen Gestank. Die Männer waschen sich mit nichts, als mit ihrem Speichel: die Finger lecken sie, wie die Katzen, und reiben sich damit die Augen, um das Salz heraus zu machen, wovon das Gesicht, wenn sie auf der See sind, voll wird. Die Weiber stecken den Kopf in das Urinfaß, um ihre Haare wachsen zu machen, und damit sie selbst, ihrer Meynung nach, einen angenehmen Geruch bekommen: dieses nennet man hier, nach der Jungfer riechen. Wenn sie sich die Haare bey Winterszeit solchergestalt balsamiret haben, gehen sie hinaus, in die härteste Kälte, und lassen sie frieren. Das Wasser, das sie zum Kopfe gebrauchet haben, nehmen sie auch zu ihrer übrigen Reinigung, und zu dem ganzen Anzuge. Aber du verziehest das Gesicht, Franzose; diese Beschreibung erwecket dir Ekel: ich will von etwas anders reden.

Diese Wilden haben einen Fehler, der bey andern Nationen sehr gemein ist, den man

man aber bey ihnen nicht leicht vermuthen sollte. Sie haben einen unerträglichen Stolz, und bilden sich ein, das älteste und ehrwürdigste Volk in der Welt zu seyn. Wir sind, sagen sie, die geschicktesten Seehundsfänger, die auf dem ganzen Erdboden sind: was ist aber eine Nation, deren Einwohner keine Seehunde fangen können? So hochmüthig ist ein jeder auf die Eigenschaften, die er ihm am zuträglichsten zu seyn glaubet. Diese Leute lieben, sich zu beschäfftigen: ihre Geduld bey der Arbeit ist außerordentlich. Ihre Standhaftigkeit in der Noth ist heldenmäßig, und unbeweglich.

So ungesittet auch diese Wilden sind, so sind sie doch freundlich, lustig, und gesellig. Das Zukünftige erwecket bey ihnen weder Furcht, noch Unruhe: sie geben gern, und denken nicht aufs Sammeln. Ihr Verstand ist nicht glänzend; aber ihre Beurtheilungskraft ist richtig, und gründlich. Man hat bemerket, daß sie alles, was sie bey uns sehen und hören, leicht begreifen, und lernen; ja man findet Köpfe unter ihnen von ungemeiner Fähigkeit. Sie haben gern, daß man mit ihnen scherzet; auch ist ihnen niemals eingefallen, uns Schaden zu thun, sie
müßten

müßten denn dazu seyn genöthiget worden. Uebrigens fürchten sie uns, und sehen uns in der Stärke, und Herzhaftigkeit, als ihre Oberen an. Aus etlichen norwegischen Wörtern, die in ihrer Sprache noch bey-behalten sind, kann man schließen, daß ganze Familien von den alten Einwohnern in Norwegen herstammen; unerachtet der größte Theil der Nation ursprünglich aus dem hiesigen Lande ist, und als Nachkommen der ersten Völker von America können angesehen werden, die sich in Grönland niedergelassen haben. Beyde sind nunmehr so vermenget, daß man keinen Unterschied, weder in den Sitten, noch in der Sprache spüret.

Die Kleider der Grönländer sind gemeiniglich von Rennthier- und Seehundhäuten gemachet. Das Unterkleid ist eine Art von Weste, woran eine Kappe genähet ist, die statt einer Mütze dienet. Die Weste ist hinten und vorne spitzig geschnitten, und geht bis auf die Kniee. Im Sommer tragen sie das Rauche auswendig, und im Winter kehren sie es hinein. Unter diesem Kleide haben sie Hemden, von Fischeingeweiden verfertiget. Ihre Hosen, und Strümpfe,

sind

sind von eben der Haut, wie das Camisol. Da sie weder Flachs, noch Hanf kennen, ist bey ihnen auch keine Wäsche im Gebrauche. Wenn man ihnen ein Hemde giebt, so ziehen sie es über ihre Kleider, und legen es nicht eher weg, bis es stückweise abfällt. Zuweilen kaufen sie von uns, oder von den Holländern, gestreifte Leinwand, die sie nach ihrer Art zuschneiden, und ihre Staatskleider daraus machen. Sie tragen auch wollene Strümpfe, weiße, blaue, oder rothe, die sie von uns eintauschen.

Die **Weiberkleidung** ist von der männlichen wenig unterschieden: sie ist nur etwas weiter, und völliger, weil sie ihre Kinder auf den Rücken tragen, und diese keine andere Wiege, und Windeln haben, als ihrer Mütter Kleider. Sie tragen auch Strümpfe und Beinkleider: was aber eigentlich die weibliche Kleidung unterscheidet, ist ein großes Stück Haut, das hinten und vorne, bis auf die halben Beine, herunter hängt. Ihre Kappe ist ohngefähr gemachet, wie die von den Barfüsser-Mönchen, und weit genug, daß sie ihre Haare darunter verbergen können; da hingegen der Mannspersonen ihre geschnitten ist, wie die von den Franciscanern. Ihre Bein-

Beinkleider bedecken nur die halben Schenkel: sie ziehen solche niemals aus; auch nicht, wenn sie schlafen gehen. Sie haben noch andere Beinkleider, die bis auf die Kniee gehen: diese aber tragen sie weder im Sommer, noch im Hause; sie ziehen sie nur im Winter an, wenn sie ausgehen. Weil sie sehr lange und starke Haare haben, binden sie solche oben auf dem Kopfe in einen Busch zusammen, der ihnen wohl läßt. Mehrentheils gehen sie im bloßen Kopfe; und ihre Kappe ziehen sie nicht eher über, als bis es regnet, oder schneiet. Ihr vornehmster Putz besteht in buntfarbigen, gläsernen Perlen, oder in Corallen, die sie um die Arme, um den Hals, und in den Ohren tragen. Ein anderer bey ihnen gebräuchlicher Staat ist, daß sie auf die Backen, um die Augen, und das Maul, allerhand Figuren mit einem in Ruß geschwärzten Faden sticken, den sie zwischen Haut und Fleisch durchziehen. Man bildet sich ein, daß wenn eine Frau ihr Gesicht nicht auf diese Art geschminket trägt, ihr Kopf in einen Fischthrantopf verwandelt, und unter eine Lampe gesetzt werden würde, zu der Zeit, da die andern sich in einem gewissen Glücksorte aufhalten sollen, der nach dem

Tode

Fortsetzung von Grönland.

Tode ihrer erwartet. Die Weiber, wenn sie Kinder haben, vernachläßigen ihren Putz, weil sie wissen, daß sie nicht fortgeschicket werden: diejenigen aber, welche unfruchtbar sind, oder derer Kinder gestorben sind, leben in beständiger Furcht, ihren Abschied zu bekommen. Sie glauben daher, ihr Nutzen erfordere, sich sauber zu halten, damit sie ihren Männern gefallen mögen.

Die Grönländer haben ihre Feste, und Ergötzlichkeiten, wie andere Völker. Sie bestehen, erstlich in einem großen Gastgebote; da denn der größte Lobspruch ist, den man demjenigen machen kann, der es giebt, daß man saget, man habe den Magen so voll, daß er platzen möchte. Nach der Mahlzeit geht das Spiel an. Auch haben sie eine Trommel, deren sie sich bey ihren Liedern und Tänzen bedienen; und derjenige, der die meisten Verrenkungen, und wunderlichsten Gebärden machet, der den Kopf und alle Glieder hier und dorthin drehet, und vor und hinterwärts springet, wird als der geschickteste und lustigste angesehen, weil er Lachen machet. Wenn er bey diesen Gaben noch die Kunst besitzt, Verse zu machen, so wird er gelobet, bewundert, und von der ganzen Völ-

kerschaft

Der 94. Brief.

kerschaft angebetet. Die Grönländische Dichtkunst will zwar nicht viel sagen, doch findt man hier und da noch einiges Naturel, und eine Art von Reimen und Maaße. Um dir einen Begriff davon zu machen, so höre ein Lied an, das ein Grönländer, der in unserer Colonie getauft worden ist, auf die Geburt des königlichen Prinzen von Dänemark gemachet hat. „Diesen Morgen bin ich ausgegangen, und habe gesehen, daß man Anstalt machte, zu schießen. Ich fragte, warum man schießen wollte? Man antwortete mir, es geschähe wegen der Geburt dessen, der nach seinem Vater König werden wird. Da habe ich zu meinem Camaraden gesaget: Laß uns ein Lied auf den Sohn des Königes machen; denn wenn sein Vater stirbt, wird er König werden. Er wird uns lieben, wie es sein Vater thut; er wird uns Priester schicken, die uns in der Erkenntniß Gottes unterweisen, damit wir nicht zum Teufel kommen. Mache Du es eben so; und wir werden Dich lieben, und hoch schätzen, und Deine Diener seyn. Wenn Du wirst König werden, wirst Du nichts als Gütigkeit ausüben: alles, was wir haben, soll Dir gehören. Wenn Grönland wird unterrichtet

tet seyn, wird es Gott lieben, und den König ehren. Laßt uns lustig seyn, und auf die Gesundheit des Sohnes des Königes trinken. Laßt uns ausrufen: Es lebe Christian, und seine Gemahlinn. Gott gebe, daß Du lange lebest. Dieses wünschen wir Dir, ich, und mein Camarade, die ersten, die in Grönland sind getaufet worden. Wollte Gott, unsere Landsleute wären es auch!„

Diese Leute haben noch ein anderes Spiel, welches in einer Art von Tausche, und Handel besteht. Es schlägt einer auf eine kleine Trommel, singt dazu, ruft etwas zum Verkaufe aus, und sagt den Preis, den er dafür haben will. Ein anderer, dem die Sache ansteht, antwortet in einem andern Liede, und der Handel ist fest geschlossen. Das Spiel mit Kugeln ist dasjenige, das sie am meisten zu spielen gewohnet sind, insonderheit bey Mondschein. Sie spielen es auf verschiedene Art, aber allezeit, daß sie die Kugel mit der Hand, oder mit dem Fuße, einander zu schicken. Weil ihre größte Begierde ist, für starke und handfeste Leute angesehen zu werden, so üben sie sich, einander über den Haufen zu werfen, zurück zu stoßen, den Leib zu biegen, und derjenige, der den andern an sich ziehen, oder seinen Gegner zum Weichen bringen kann, hält sich für den Tapfersten. Die Mägdgen haben ein besonderes Spiel unter sich, das einem Tanze sehr gleich kommt. Sie fassen einander bey den Händen an, machen einen Kreis, und laufen bald vor, bald zurück, singen, und machen allerhand Bewegungen.

Die Feste und Ergötzlichkeiten dieser Völker sind mit keinen Religionsübungen untermenget. Inzwischen haben sie einige abergläubige Gebräuche, die sie als einen Gottesdienst ansehen. Alle Tage sind bey ihnen Arbeitstage. Die Weisen im Lande, das heißt, die Zauberer, sind ihre Orakel: allein die Begriffe, welche diese selbst von der Gottheit haben, sind eben so ungereimt, als die von dem übrigen Volke. Dem höchsten Wesen eigenen sie tausenderley Gestalten zu; bald setzen sie es in den Himmel, bald auf die Erde, bald in den Abgrund des Wassers. Wer die Eigenschaft eines Zauberers erlangen will, der muß sich auf eine gewisse Weite in eine Einöde begeben. Daselbst suchet er einen großen Stein, setzet sich darauf, und rufet den Geist. Dieser kommt sogleich, und seine Ankunft erschrecket den

Candi-

Fortsetzung von Grönland.

[...]nbibaten dergestalt, daß er zu Boden
[fäl]lt, und ohne Kenntniß liegen bleibt. Wenn
[er] wieder zu sich kommt, kehret er zurück
[in] seine Wohnung, und man hält ihn für
[ei]nen Mann voller Weisheit. Seine Wis-
[se]nschaft besteht darinnen, daß er gewisse
[W]orte über die Kranken ausspricht, sich mit
[de]n Geistern unterhält, künftige Dinge vor-
[he]r saget, und die Leichtgläubigkeit dieses
[un]wissenden und dummen Volkes zu beför-
[der]n suchet. Es giebt Weiber, welche
[die]se Profeßion auch zu verstehen vorgeben,
[all]ein sie werden als Unglück bringende Cre-
[at]uren angesehen; daher sie, wie ich bereits
[erw]ähnt habe, gehaßet, verfolget, und um
[da]s Leben gebracht werden. Wenn ein
[K]ranker den Zauberer um Rath fraget,
[leg]t ihn dieser auf den Rücken, und bindet
[ih]m den Kopf mit einem Stricke. Solchen
[zieh]t er mit dem Stricke in die Höhe, läßt
[ihn] wieder fallen, und rufet seinen vertrau-
[ten] Geist an. Ist der Kopf schwer, und
[wi]ll sich nicht wohl heben lassen, ist es ein
[Zei]chen, daß der Kranke sterben wird, wenn
[abe]r der Kopf der Bewegung des Strickes
[leic]ht nachgiebt, so kommt der Kranke gewiß
[dav]on. Sollte etwa unterdessen, daß der

S 2   Arzt

Der 94. Brief.

Arzt seine Zauberkünste machet, jemand einen unbescheidnen Wind fahren lassen, glaubt das Volk, er sey ein tödlicher Pfeil, der den Kranken, den Arzt, ja den Teufel selbst, ohnfehlbar umbringen würde.

Wenn ein Grönländer gestorben ist, so versammelt sich die Familie; und der nächste Verwandte trägt den Leichnam auf seinen Achseln bis an den Ort des Begräbnisses. Daselbst wird er angekleidet in die Grube geleget, und auf selbige ein Haufen Steine geworfen. Zur Seite legt man sein Fisch= und Jagdgeräthe; und bricht es in Stücken: denn man glaubt daß ein fernerer Gebrauch dieser Sachen Unglück brächte. Es ist diese Ceremonie allezeit mit vielem Heulen und Wehklagen verknüpfet; und jedesmal daß ein Verwandter oder Freund in die Hütte kommt, geht das Geschrey vom neuen an. Endlich fängt man an, sich zu trösten, und ißt mit großer Begierde. Wenn jemand stirbt, der keine Anverwandten hat, der wird von jedermann verlassen, und der Körper, bleibt liegen, wo er gestorben ist.„

Während der Zeit, daß mich der Herrenhuter, Marcus, von den verschiedenen Gebräuchen dieses Landes unterhielt, sahen wir

Fortsetzung von Grönland.

ein holländisches Schiff ankommen, das
einem Sturme übel zugerichtet worden
. Es sollte auf den Wallfischfang an die
ten von Spitzbergen ausgehen, einer
sel, die unter allen nördlichen am weite=
gegen Mitternacht liegt. Die ungemeine
te, die man daselbst empfindet, machet,
das Land nicht kann bewohnet werden.
ist mit nichts als mit Eis= und Schnee=
rgen bedecket, die so hoch sind, daß man
uf weiter als zwölf Stunden in dem
re entdecket. Einige dieser Berge be=
n aus einem einzigen Felsen, vom Fuße
in die Spitze, und sehen vom weiten
ilre eingefallene Mauern aus. Sie ha=
 undfarbige Adern, wie Marmor. Zwi=
 diesen natürlichen Bergen stehen andere
 so hohe, von blosem Eise. Der dar=
 esindliche Schnee giebt bey hellem Wet=
 nen fast eben so starken Schein, als die
 e. Spitzbergen ist das kälteste
 auf der Welt. Die todten Körper ver=
 daselbst niemals; man hat ihrer nach
 ig Jahren gefunden, die noch eben so
 waren, als den ersten Tag, und ihre
 t und Kleidung waren unverändert.
 Monate im Jahr hat man keine Nacht;

Nacht; und drey andere Monate kommt die Sonne niemals über den Horizont. Die Nordlichter lassen sich daselbst mehr sehen, als in dem ganzen übrigen Norden. Weiße Bäre, so groß wie die Ochsen, Füchse von allerhand Farben, etliche Rennthiere, etliche wilde Enten, und wenige andere Vögel, sind die einzigen Bewohner dieses fürchterlichen Landes. Insonderheit findet man Papageyen, die sich von den Indianischen dadurch unterscheiden, daß sie nicht so gelehrig sind, und ihre Füße denen von einer Gans gleichen. Der Erdboden bringt weder Bäume noch Sträucher hervor, dem ungeachtet finden die Reisenden auf dem Meere so viel Holz, als sie brauchen. Jede hohe Flut bringt eine große Menge davon an das Ufer; und niemand hat noch erklären können, woher dieses geflösete Holz komme: man findet dergleichen auch auf allen Nördlichen Küsten. In der Gegend dieser entlegenen Insel ist es, wo die größten Wallfische gefangen werden. Die dasigen Küsten werden alle Jahre von den Schiffen aller seefahrenden Nationen besuchet, die der Fischerey wegen dahin kommen, und den so sehr einträglichen Fischthran daselbst holen.

Jede

Jede Nation hat ihren besondern Haven, oder Standort, ihre Hütten, Keſſel, und ihr übriges zur Zubereitung des Oeles erforderliches Geräthe; welches alles daſelbſt zurück bleibt, wenn die Jahreszeit kommt, daß die Fiſcher dieſe Geſtade verlaſſen müſſen. Die Generalſtaaten haben einigen Privatperſonen Erlaubniß ertheilet, den Wallfiſchfang auf den Spitzbergen mit Ausſchluß anderer zu treiben: allein es giebt auch holländiſche Caper, die zwiſchen dieſe Inſel und Grönland kommen, und niemals an das Land ſteigen. Wenn ſelbige einen Wallfiſch gefangen haben, ſchneiden ſie das Fleiſch in kleine Stücken, legen es in Fäſſer, nehmen es mit nach Holland, und machen Oel davon, eben ſo wie auf den Spitzbergen. Allein dieſer Thran bekommt einen ſehr ſtarken Geruch, wodurch er unangenehm, ſein Preis aber verringert wird. Der Fehler kommt vermuthlich daher, daß das Fleiſch lange Zeit aufbehalten werden muß.

Entſetzliche Sturmwinde hatten das ſländiſche Schiff, davon ich geſaget habe, b Grönland getrieben, und die Fiſcherey geſtalt beunruhiget, daß man war genö, et worden, ſie einzuſtellen. Die Schiffsmann=

mannschaft, die lange Zeit bey dem Sturm herum geirret war, hatte sich endlich entschlossen, über das Cap Farewell hinaus zu fahren, und sich in den Hafen Gotteshaab zu flüchten. Von dieser weis ich die Umstände, welche ich hier von den Spitzbergen anführe. Sie ist willens, die Hudsons Bay zu gewinnen, ich aber werde diese Gelegenheit nutzen, und mich in das Mitternächtliche America begeben.

Ich bin u. s. w.

Gotteshaab, in Grönland, den 15 July, 1748.

Der 95. Brief.

Hudsons=Bay.

Bey unserer Durchfahrt durch die Meerenge von Davis, um nach der Bay von Hudson zu kommen, entdeckten wir viele schwimmende Eisberge, derer etliche mehr als funfzehn hundert Fuß in der Dicke zu haben schienen. Diese über einander gehäuften Massen sind von einer ungeheuren Größe; wobey des Steuermannes hauptsächlichste Bemühung seyn muß, ihnen auszuweichen.

Es zeiget dieses Meer auch sehr viele Trümmern von Schiffen, die durch die Gewalt des Eises zerscheitert worden sind. Nichts ist gefährlicher, als wider eine dieser Eisschollen zu stoßen: wird sie durch den Stoß nicht gebrochen, so machet sie eben die Wirkung auf das Schiff, als der Stoß wider einen Felsen. Es ist dieses die Ursache, warum alle nach dem Eismeere bestimmte Schiffe so außerordentlich stark von Holze sind, besonders an dem Vordertheile. Kommt ein Schiff zwischen zwey solche Eisberge, so ist es fast nicht anders möglich, als daß es scheitern muß. Auf unserm Schiffe hatten wir einen Engländer, der diese Reise bereits im vorigen Jahre mit einem Schiffe seiner Nation gethan hatte. Dieser erzählte uns, daß eine zwischen zwey Eisberge auf solche Art gedrängte Schaluppe wäre ganz und gar über das Wasser gehoben, und auf eine Eisscholle gesetzet worden. Weil sie nicht beschädiget worden, hatten sie die Schiffsleute, sobald das sich getrennet hatte, wieder flott gemacht, und sie hatte ihren weg fortgesetzet. Man spüret die Nähe dieser Eisschollen sehr: denn die Luft verändert sich in einem Augenblicke, und wird viel kälter, je näher

man

man hinzu kommt. Ueberdieß verrathen sie sich durch die dicken und sehr niedrigen Nebel. Unerachtet es nun gefährlich ist, diesen schwimmenden Bergen zu begegnen, so verschaffen sie doch auch einigen Nutzen. Die Schiffleute füllen ihre leer gewordenen Fässer mit dem süßen Wasser, das sich gemeiniglich in den Hohlungen dieses Eises sammelt.

Sie werden mich fragen, Madame, wie diese ungeheuere Eisberge entstehen? und hierüber sind die Meynungen getheilet. Nach der gemeinsten Vermuthung, sind es große Stücken von den Eisgebirgen, die längst den Küsten hinliegen. Sie lösen sich durch ihre eigene Schwere ab, und fallen in das Meer, welches sie in seinem Strome mit fortführet; alsdenn aber nehmen diese Berge in ihrer Größe mehr zu, als ab. Die dünnen Eisschollen, wovon die Meerengen, die Bayen, und selbiger ganze Theil des Oceans voll ist, fügen sich an die schwimmenden Eisinseln, und werden fest, theils durch das Wasser des Meeres, das beständig daran spület, und so gleich gefrieret, theils durch die häufigen nassen Nebel, die wie ein kleiner Regen fallen, und ebenfalls das Anfrieren befördern.

Der Engländer, den ich erwähnet habe, war von einer Handlungsgesellschaft seiner Nation abgeschicket worden, um einen **Weg nach Ostindien über Nordwesten** zu entdecken. Die Geschichte dieses berühmten Weges, und die verschiedenen Versuche, welche seit etlichen Jahrhunderten angestellet worden sind, um solchen ausfündig zu machen, waren ihm sehr bekannt, und er redete um so viel lieber davon, da er dergleichen Unternehmen als einen wichtigen Punct für die Handlung und Schiffarth ansah. „Es ist nicht erst neuerlich, sagte er, daß dieser Anschlag ausgedacht worden ist. Schon im funfzehnten Jahrhunderte bot Johann Cabot, ein Venetianer, und geschickter Seemann, dem Könige von England, Heinrich VII, seine Dienste zu Entdeckung dieses Weges an. Dieser Fürst gab ihm Gehör, und ertheilte ihm einen Freyheitsbrief, mit der Vollmacht, die Reise auf Kosten der Regierung zu thun, unbekannte Länder aufzusuchen, und sich daselbst niederzulassen. Cabot fand den Weg nicht; allein man schreibt ihm die erste Entdeckung des Nördlichen Amerika zu, und auf diesen Umstand gründen wir unsere Ansprüche wegen der Ober-

herr-

herrschaft dieses Landes. Wir haben also, fuhr der Engländer fort, der Untersuchung dieses Weges den Ursprung unserer Pflanzörter, und folglich unseres Handels, und unserer Seemacht, zu danken.

Sebastian Cabot, ein Sohn des vorigen, hatte seinen Vater auf dieser Reise begleitet. Weil er keine Hoffnung übrig sah, daß der Anschlag gelingen würde, unterließ er, den Weg von dieser Seite zu verfolgen, und kehrte seine Absichten nach Nordost. Wahr ist es, der Erfolg war nicht glücklicher, als der erste; allein, setzte unser Engländer hinzu, diesem Unternehmen haben wir unsern Rußischen Handel, und die Grönlandsfischerey zu danken, beyde höchst wichtig für unsere Nation, und die uns große Vortheile zugezogen haben. Also, ob uns schon der Anschlag, einen kürzern Weg nach Indien zu entdecken, viele Kosten verursachet hat, ohne unsern Zweck zu erhalten, so sind uns doch die Folgen davon so nützlich geworden, daß wir nicht Ursache haben, uns abschrecken zu lassen, oder unsere Untersuchungen einzustellen.

Nach dem Tode von Sebastian Cabot, wiederholete ein anderer Seefahrer, Namens For=

Forbisher, diesen berühmten Versuch, unter der Regierung der Königinn Elisabeth. Er schiffte zwischen zweyen benachbarten Inseln von Grönland, durch eine Meerenge, der er seinen Namen gab; und dieses war der einzige Vortheil, den er von dreyen nach einander angestellten Reisen, von denen keine gerieth, gehabt hatte.

Der Capitain Davis ist zu diesem Unternehmen auch gebrauchet worden, hat aber keinen andern Ruhm eingesammelt, als daß er den von ihm entdeckten Ländern seinen Namen gegeben hat. Unterdessen bildete er sich ein, die Möglichkeit dieses Weges auf so einen hohen Grad der Gewißheit gebracht zu haben, daß er die Oerter anzeigte, wo er seyn müßte. Er fügte hinzu, daß man künftighin den Weg ohne Kosten versuchen könnte, da die Fischerey mehr als zureichend seyn würde, die Reise zu bezahlen. Seit der Zeit hat man immer eine vortheilhafte Meynung von dieser Entdeckung behalten, und man sieht sie als eine Sache an, die über lang oder kurz nicht fehlen kann.

Derjenige, der seine Bemühungen am weitesten getrieben hat, ist der berühmte, aber unglückliche Seefahrer, Hudson, dessen Eifer

Der 95. Brief.

sie unermüdet, und seine Tapferkeit in allen Fällen geprüfet war. Er segelte in die Meerenge, und hernach in die Bay, welche beyde noch heutiges Tages seinen Namen führen. Ein Bösewicht, dem er ehedem das Leben gerettet hatte, empörete sich mit etlichen von den Schiffsleuten wider ihn. Als das Schiff segelfertig lag, um zurück nach England zu gehen, zwangen sie den Capitain, nebst seinem Sohne, Johann Hudson, und etlichen andern, in die Schaluppe zu steigen, wo sie ihnen weder Lebensmittel, noch Gewehr ließen. In diesen Umständen verließen sie sie an dem elendesten Orte der Bay, wo sie vermuthlich umgekommen sind; denn man hat niemals wieder von ihnen reden gehöret.

Die Capitaine, Button, Baffin, Bristol, und viele andere, haben nach dem Hudson, neue Versuche angestellet, keiner aber hat den gewünschten Weg gefunden; doch alle stimmen in ihren Nachrichten überein, daß man mit der Zeit diese Entdeckung bewerkstelligen könne. Das Tagebuch des Capitains Bristol enthält ein so fürchterliches Verzeichniß von der Gefahr und dem Elende, die er in dieser Bay ausgestanden hat, daß man seit der Bekanntmachung seiner

ner Reise, an dergleichen Vorschläge nicht mehr gedacht hat, und sie sind dreyßig Jahre lang vergessen geblieben. Endlich wurde im Jahre 1746 eine letzte dergleichen Schiffahrt unternommen, welcher die Capitaine, Moore und Smith, vorgesetzet waren, und die für gut gefunden haben, mich dabey zu brauchen. Ich habe eine Abschrift bey mir von den Verhaltungsbefehlen, die ihnen gegeben wurden: vielleicht ist es Ihnen nicht unangenehm, die Maasregeln zu ersehen, die man nahm, um den Fortgang dieser Unternehmung zu befördern. Sie werden uns zu gleicher Zeit als ein Wegweiser auf den verschiedenen Reisen, die wir vor uns haben, dienen können."

Hier, Madame, werden Sie hören, in was für Worten diese Verhaltungsbefehle abgefasset sind. "Ihr sollet nach der Südseite des Cap Farewell segeln, die Eisschollen zu vermeiden suchen, und euern Lauf gegen den Eingang der Hudsonsbay richten, zwischen den Inseln der Resolution, und Button. Euer erster Versammlungsort soll gegen Osten dieser Inseln seyn, im Falle das Eis nicht zertheilet genug wäre, und ihr nicht mit Sicherheit in die Meerenge kommen könn-

Der 95. Brief.

könntet. Ist aber der Weg frey, habet ihr nicht nöthig, über einen oder zwey Tage daselbst zu bleiben, es müßte denn zu der Zeit der hohen Fluthen seyn, weil alsdenn der Strom zu reißend ist. In solchem Falle werdet ihr besser thun, einige Tage zu warten, bis die hohen Fluthen und die Ströme sich verloren haben. Bey der Durchfahrt durch die Meerenge haltet euch, so viel möglich, nach der nördlichen Küste, und bleibet allezeit eine gebührende Weite von einander, daß ihr eure Canonenschüsse hört, und einander Hülfe leisten könnet, im Falle euch in dem Eise ein Unfall begegnet.

Solltet ihr in der Meerenge von einander getrennet werden, so soll euer nächster Sammelplatz die Insel Diggs seyn. Derjenige, der zu erst daselbst ankommt, soll auf die übrigen nicht länger als zwey Tage warten; und wenn der letzte zu lange außen bleibt, soll der erste auf der Seite des vornehmsten Cap eine Stange, oder einen Haufen Steine aufrichten, mit einem Briefe, der die andern benachrichtiget, daß er da gewesen, und nach dem nächsten Sammelplatze abgereiset ist.

Wenn

Wenn ihr die Insel Diggs ansichtig geworden seyd, und ihr widrigen Wind habet, so leget euch während einer oder zweyer Fluthen vor Anker, und bemerket mit aller möglichen Sorgfalt den Zug, die Geschwindigkeit, Höhe, und Zeit jeder Ebbe und Fluth. Ist der Wind aber gut, und ihr seyd beysammen, so nehmet euern Sammelplatz bey der Marmorinsel. Ueberall, wo ihr Land gewahr werdet, machet die genauesten Anmerkungen über alle vorkommende Flüsse, Meerbusen, und Vorgebirge, u. d. gl. Ihr sollet Seecharten verfertigen, worauf ihr die Lage der Oerter, und die Aussichten bringen werdet, so wie ihr sie von euern Schiffen gesehen habet; ihr werdet die Ebbe und Fluth, die Lootsörter, und die Veränderung des Compasses dabey anzeigen. Solltet ihr eine hohe Fluth, aus Westen kommend, spüren, und ihr fändet eine bequeme Oeffnung ohne Eis, so könnet ihr daselbst einlaufen, jedoch mit großer Vorsicht, und nachdem ihr euere Schaluppe voraus geschicket habt. Auf eure Charte werdet ihr die Breite aller Landesspitzen, und die Lage der Länder anzeigen, und suchen, euch guter Häven zu versichern,

wohin

wohin ihr bey Stürmen und widrigen Winden flüchten könnet.

Wenn ihr die hohe Fluth antreffet, und nach der Durchfahrt durch Wagers Meerenge, in ein offenes Meer, ohne Eis, kommet, so könnet ihr versichert seyn, einen offenen Weg zu finden; weil alsdenn gewiß ist, daß ihr nicht mehr weit vom Ocean seyd. Verfolget in solchem Falle euern Weg südwärts, und ihr werdet ein wärmeres, und angenehmeres Clima finden, um zu überwintern. Es kann euch dieses um so viel mehr von der Wahrheit eurer Entdeckung überzeugen. Wenn ihr die da zwischen liegenden Länder überfahren habet, und Wallfische sehet, die ihren Weg nach Südwest nehmen, wird euch solches ein Merkmal mehr seyn, daß der Weg nach dem westlichen Ocean, wohin sich diese Fische begeben, schiffbar ist. In solchem Falle wählet einen schiffbaren Fluß, oder einen guten Haven, zu eurem Aufenthalte, doch mit der Behutsamkeit, daß ihr von den Landeseinwohnern nichts zu befürchten habt, sondern sie euch menschlich und gesittet scheinen. Wenn ihr im Gegentheile vermuthen solltet, in Verdrüßdrücklichkeit mit ihnen zu gerathen, als welches ihr sorgfältig vermeiden sollet, so suchet den Winter auf einer, nicht weit von dem festen Lande gelegenen Insel hinzubringen, wo ihr wider alle Arten eines Ueberfalles gesichert seyd. Ihr werdet zu diesem Ende Hauptwachen anlegen, und Posten ausstellen, so wie ihr es in des Feindes Lande thun würdet. Ist diese Insel fruchtbar, so nehmet zu Anfange des Frühlinges die Leute von euern Schiffen, und lasset ein Stück Landes zu einem Garten anlegen. Ihr könnet allerhand Küchengewächse dahin säen, Bäume und Pflanzen stecken, die ihr etwa aus England mitgebracht habet, theils zum Gebrauche der Einwohner, theils zur künftigen Nothdurft unserer Landesleute, oder derer, die fernerhin dahin kommen möchten. Ihr werdet auch zahmes Geflügel, das ihr bey euch habet, daselbst lassen, als Hüner, Tauben, u. d gl. und sorgfältig auf die verschiedene Art ihrer Erzeugung Achtung geben, und ob sie sich von den Europäischen unterscheiden.

Im Falle ihr bey der Durchfahrt durch die Meerenge von Hudson einige Wilde ansichtig werdet, müsset ihr euch nicht aufhalten, mit ihnen zu handeln; sondern machet ihnen kleine Geschenke von allerhand kurzer Waare, oder von andern Sachen, die sie gern haben. Habt ihr endlich den Meerbusen durch gesegelt, und ihr treffet Esquimaux an, so bemühet euch, ihre Freundschaft zu gewinnen, und mit ihnen zu handeln. Trachtet, ihnen eine vortheilhafte Meynung von euch beyzubringen, und gebet ihnen für ihr Pelzwerk etwas mehr, als sie ordentlich von der Handlungsgesellschaft erhalten, und lasset ihnen die Wahl unter euren Waaren, um sie für das Künftige zu gewinnen. Haltet euch aber nicht länger bey ihnen auf, als es nöthig ist, um euere Beobachtungen wegen der Ebbe und Fluth zu machen.

Kommt ihr zu gesitteterm Nationen, als die Esquimaux sind, und ihr seyd genöthiget, in ihre Häven einzulaufen, so handelt nur zufälliger Weise mit ihnen. Ihr müsset ihnen Hoffnung machen, daß, wenn ihr auf das Frühjahr wieder kommet, ihr mit Vergnügen einen Handel mit ihnen anfangen wolltet, wobey sie großen Vortheil haben könnten, ihr aber eine immerwährende Freundschaft mit ihnen aufrichten würdet. Haltet euch übrigens auf keinerley Weise bey ihnen auf, wenn Wetter und Wind verstatten,

ten, daß ihr weiter kommen könnet. An allen Oertern, wo ihr anlandet, und keine Einwohner findet, sollet ihr im Namen Sr. Großbrittanischen Majestät, als des ersten Eigenthümers, Besitz nehmen, und ein Denkmal von Holze, oder Steine, mit einer Aufschrift aufrichten, auch jedem Haven, Flusse, Vorgebirge, oder Insel, u. d. gl. einen Englischen Namen geben. Findet ihr gesittete Einwohner, so hütet euch ja, Verdacht zu erwecken, als wolltet ihr euch ihres Eigenthumes bemächtigen; sie müßten denn selbst euch aus gutem Willen ein Stück Landes einräumen wollen, wo ihr in der Folge eure Handlung einrichten könntet. Niemanden sollet ihr mit Gewalt mit euch fortführen; will aber jemand euch freywillig folgen, den könnet ihr mit nach England bringen.

Gesetzten Falles, ihr ließet einige von euren Leuten in diesen Ländern, so sollet ihr Sorge tragen, ihnen einen guten Vorrath von solcher Waare zurück zu lassen, die den Einwohnern am liebsten ist, damit sie sich durch dergleichen kleine Geschenke bey ihnen beliebt machen. Ihr müsset ihnen auch Papier, Federn, Dinte, allerhand Sämereyen, Wurzelwerk, und alles, was zum Gartenwe-

sen

Der 95. Brief.

sen gehöret, zurück lassen. Findet ihr einen Haven oder Fluß, wo in der Gegend die Städte oder Dörfer mit gesitteten Völkern besetzet sind, so werdet ihr euch mit aller möglichen Klugheit gegen sie bezeigen. Thun sie freundschaftlich, so befördert ihre Gesinnungen durch Geschenke; doch, ohne euch in ihre Gewalt zu begeben, noch ihrer Willkühr zu überlassen. Sollten sie aber feindselig handeln, müsset ihr nicht anlanden, sondern euch von ihrer Küste entfernen, ohne einiges Merkmal von Furcht zu äußern. Würden sie gar auf euch los gehen, so suchet sie durch euer schweres Geschütz zu schrecken, ohne daß ihr jemanden tödet, welches ihr niemals thun sollet, ihr müßtet denn zu eurer eigenen Vertheidigung dazu gezwungen werden. Ihr müsset lieber die Küste verlassen, und sehen, wo ihr gesittetere Leute antreffet. Mit diesen machet Bündnisse, und suchet Handlungsgeschäffte einzurichten, die für die Brittische Nation vortheilhaftig, für sie selbst aber billig ausfallen, und setzet unsere Waaren auf einen verhältnißmäßigen Preiß mit den ihrigen.

Füget es sich, daß eure Schiffe, seit ihrem letzten Sammelplatze, sich trennen, so
wird

wird jedes für sich, ohne das andere zu erwarten, die Entdeckung des Weges fortzusetzen suchen; und der bestimmte Ort, euch wiederzusammen zu finden, kann eine Insel seyn, oder ein Haven, den ihr abgeredet habet. Wenn die Schiffe, durch einen unversehenen Zufall, nicht sollten fortkommen können, weder über Wagers Meerenge, noch nach Süden, und daß sie in Westen, oder Südwesten, keine Oeffnung oder Durchfahrt fänden, müssen sie sogleich wieder nach London kehren, ohne irgendwo zu überwintern, damit die unnöthigen Kosten ersparet werden.

Die Rathsversammlung, welche bey allen vorfallenden Schwierigkeiten entscheiden soll, in wie ferne die Entdeckung auf die beste Art zu befolgen sey, soll aus den Capitainen, und vornehmsten Officieren beyder Schiffe, wenn sie beysammen sind, bestehen. Sind sie im Gegentheile von einander entfernet, sollen die Officiere eines jeden Schiffes die Rathsversammlung ausmachen; und die Mehrheit der Stimmen soll entscheiden. Entstünde etwa Streit, über die Art, die Entdeckung zu befolgen, können diejenigen, welche überstimmet sind, ihre Meynung schriftlich aufsetzen, und ihre Gründe unterzeichnen,

nen, um sich benöthigten Falles zu rechtfertigen. Ueber alle Berathschlagungen sollen genaue Registraturen verfertiget, und von dreyen, oder mehreren Personen unterschrieben werden, noch ehe die Rathsversammlung aus einander geht. Selbige habet ihr bey eurer Rückkunft mit der Post einzuschicken, von welchem Orte in England oder Irrland, wo ihr einlaufet, es auch sey, oder wenn sich eine Gelegenheit noch eher zeiget, könnet ihr solche mit einem Schiffe aus der Hudsons-Bay absenden.„

„Dieses sind die Verhaltungsbefehle, fuhr unser Engländer fort, die uns bey unserer Abreise eingehändiget wurden. Man ersieht daraus die Beschaffenheit der Unternehmung, und die Art und Weise, wie sie einen glücklichen Ausgang gewinnen könnte: man erkennet darinnen die aufrichtige Absicht derjenigen, die nach einem reiflich überlegten, und mit so vieler Klugheit verfertigten Plane, sich aller nur möglichen Mittel gern bedienen wollten, ihn zum Vortheile des gemeinen Wesens, und zum Nutzen der Handlung, und der Schiffahrt, in das Werk zu setzen.

Unsere Schiffe giengen den 31 May, 1746, unter Segel, und es ereignete sich nichts
außer-

außerordentliches, bis in der Nacht des 2 July, da in der hintersten Kammer des Schiffes, das ich bestieg, ein gefährliches Feuer entstand. Es hatte in weniger Zeit so weit um sich gegriffen, daß es die unmittelbar darunter gelegene Canoniererkammer schon bedrohete, wo dreyßig oder vierzig Fässer Pulver, Lichte, gebrennte Wasser, Lunte, und andere brennbare Materie, lagen. Die Bestürzung, und Unordnung, die sich in dem ganzen Schiffe verbreiteten, ist nicht auszusprechen. Jeder sah in dem gegenwärtigen, oder in dem folgenden Augenblicke, den letzten seines Lebens. Man hörete bey dieser Gelegenheit den ganzen Umfang der Beredsamkeit der Seeleute. Geschrey, Klagen, Gebethe, Schwüre, Schimpfwörter, Verwünschungen, folgeten wechselsweise auf einander. Es war erstaunend, die vielen Rettungsmittel zu sehen, welche die Furcht vor dem Tode eingab; ein jeder war bereit, sie ohne Prüfung auszuüben; und den Augenblick nachher verließ man sie aus Zerstreuung, oder Verzweifelung. Mitten unter dem Lärmen wurde derjenige, der das Steuerruder hielt, gewahr, daß das Feuer, und das Pulver, gerade unter ihm war, verlor daher alle Gegenwart des Geistes, und war nicht mehr im Stande, seine Arbeit zu verrichten. Einige wollten die Schaluppen in das Meer lassen, und man lösete sie zu solchen Ende ab, niemand aber nahm sich die erforderliche Geduld, sie herab zu lassen. Die Segel verursachten ein Rollen, als wenn es donnerte. Alle Welt, oben auf dem Verdecke, erwartete in einer Art von Ohnmacht, die man in allen Gesichtern spürete, den unglücklichen Augenblick, der ihr trauriges Schicksal entscheiden sollte. Zum Glücke hatten etliche wenige Personen, unter allen den betrübten Umständen, darinnen wir waren, ihre Standhaftigkeit behalten. Man zog geschwind Wasser, und es wurde zur rechten Zeit dergestalt angebracht, daß das Feuer gelöschet wurde, und jedermann wieder zu sich kam. Das Unglück war durch die Nachläßigkeit des Cabineniungen, der auf das Licht nicht Achtung gegeben hatte, veranlasset worden.

Bey unserer übrigen Schiffahrt, bis an die Meerenge von Hudson, wo das Land der Esquimaux anfängt, fiel nichts bemerkungswürdiges vor. Man behauptet, der Name der Esquimaux komme von den Wörtern abenaqui esquimantsic her, welches

sagen

sagen will, Fresser des rohen Fleisches, weil in der That diese Völker keine andere Nahrung haben. Man unterscheidet sie, in die Indianischen Esquimaux, und in die Mitternächtlichen. Die einen wohnen über der Meerenge, die andern gegen Mittag der Hudsons-Bay. Die Gleichförmigkeit, die man in ihrer Sprache in ihrer Gestalt, und in ihren Sitten spüret, geben zu der Vermuthung Anlaß, daß sie ursprünglich nur ein Volk gewesen sind.

Wir sahen verschiedene dieser Indianer in ihren kleinen Kähnen auf uns zu kommen, die mit uns zu handeln verlangten. Sie brachten uns Fischbein, und Seehundhäute. Wir gaben ihnen dafür, Hacken, Sägen, und andere Eisenwaare. Sie waren darüber so vergnügt, daß Männer und Weiber sich fast nackend auszogen, und uns, gegen Messer und anderes Eisenwerk, ihre häutenen Kleider verkauften. Sie haben die wunderliche Gewohnheit, alles was sie kaufen, zu belecken, ehe sie es in ihre Kähne bringen. In Ansehung ihrer Gestalt, so sind sie von mittelmäßiger Größe, ziemlich dick, braun von Gesichte, haben einen großen Kopf, kleine schwarze blitzende Augen, eine breite Nase, dicke

dicke Lippen, schwarze, lange Haare, breite Schultern, und ungemein kleine Füße. Sie sind lustig, lebhaft, fein, listig, und betrügerisch. Nichts übertrifft ihre Geschicklichkeit in dem Wallfischfange. Man glaubt, sie haben ehedem nur eine Nation mit den Grönländern ausgemachet; und diese Meynung ist ziemlich wahrscheinlich, da beyde Völker bloß durch die Meerenge von Davis abgesondert werden.

Diese Wilden werden leicht aufgebracht, und alsdenn nehmen sie eine Art von stolzem Wesen an sich; man kann sie aber gar bald furchtsam machen. Für ihre Lebensart sind sie außerordentlich eingenommen. Viele unter ihnen, die von andern Wilden zu Gefangenen gemachet, und in unsere Factoreyen gebracht worden sind, haben beständig nach ihrem Vaterlande geseufzet, auch wenn sie schon lange Zeit bey uns gewesen sind. Einer unter andern, der allezeit auf unsere Art gegessen hatte, fand sich einsmals gegenwärtig, als ein Engländer einen Seehund aufschnitt: er fiel sogleich über das Oel her, das in großer Menge heraus drang, und verschluckte mit einer erstaunenden Begierde alles, was er mit den Händen fassen konnte, und schrie dazu:

dazu: Wäre ich doch in meinem Lande, wo ich von diesem Oele so viel essen könnte, als ich wollte!

Die Kleider dieses Volkes sind von Seehundhaut gemachet, oder zuweilen von zusammen genäbten Land- und Seevögeln, und haben eine Kappe, wie die Mönche. Vorne unter der Brust sind sie zugemachet, wie ein Hembde, und gehen nur bis auf die halben Schenkel. Die Beinkleider werden vorne und hinten, wie ein Beutel zugezogen, mit einer Schnure, die um den Leib gebunden wird. Sie tragen verschiedene Paare Stiefeln, und Socken, über einander, um sich vor der Kälte und Nässe zu verwahren. Die Weiberkleidung unterscheidet sich von der Männer ihrer dadurch, daß sie hinter dem Wamse eine Art von Binde haben, die auf die Ferse herunter fällt. Auch ihre Käppen sind weiter, und an den Schultern offener, weil sie zugleich dienen, die Kinder auf den Rücken zu tragen. Ihre Stiefeln sind ebenfalls viel weiter, und mehrentheils mit Fischbeine gefüttert. Wenn die Weiber ihre Kinder von den Armen thun, stecken sie sie in einen ihrer Stiefeln, und lassen sie daselbst so lange, bis sie sie wieder nehmen können.

Ueber-

Ueberhaupt sind ihre Kleider sehr sauber genähet, mit Helfenbeinern Nähnadeln, und sehr feinem Faden, aus wilder Thiere Sennen gemachet, die sehr künstlich gespalten sind. Es zeigen diese Völker einen ziemlichen Geschmack, in Verzierung ihrer Kleider mit buntfarbigen gestreiften Häuten, welche sie wie Tressen, Bänder, und Manschetten tragen, und die ihnen ein reinliches und galantes Ansehen geben.

Die Schneeaugen der Esquimaux, wie sie solche mit Rechte heißen, ist eine andere Probe ihrer Klugheit. Diese Augen sind kleine Stücken Holz, oder Helfenbein, gleichförmig, und sauber gearbeitet, womit sie ihre Augen bedecken, und hinten am Kopfe zubinden. Jedes dieser Augen hat zwey Spalte, von der Länge des natürlichen Auges, aber schmal, wodurch man sehr deutlich sehen kann. Diese Erfindung verwahret diese Völker für der Schneeblindheit, einer sehr gefährlichen, und schmerzhaften Krankheit, die durch das Blenden des zurückprallenden Schneelichtes veranlasset wird. Diese Augen dienen auch, desto schärfer zu sehen, und sie werden diesen Völkern dergestalt zur Gewohnheit, daß wenn sie entfernete Gegenstände betrach=

trachten wollen, sie sich ihrer, wie eines Seherohres bedienen.

Man erkennet eben den Erfindungsgeist in den übrigen Werkzeugen, die sie zur Fischerey und Jagd brauchen. Ihre Wurfspieße und Harpunen sind sehr gut gemachet, so wie ihre Bogen und Pfeile, die zu dem ihnen bestimmten Gebrauche sehr schicklich sind. Sie sind auch sehr geübt, ihre kleinen Schiffe zu regiren, darinnen sie alles was sie nöthig haben bey sich führen. Diese Kähne sind von Holze, oder Fischbeine, mit Seehundhaut überzogen: man hat ihrer für die Männer, und für die Weiber. Erstere, die vorne und hinten spitzig zu laufen, sind ohngefähr zwanzig Fuß lang, und zwey Fuß breit. Der Weiber ihre, die mehr als zwanzig Personen fassen können, sind von eben dem Materialien, wie die andern; und sie fahren sich selbst mit Rudern. Diese Wilden bedienen sich auch der Schleuder mit großer Geschicklichkeit, und werfen Steine auf eine erstaunende Weite.

Wir fuhren durch die Meerenge von Hudson, welche ohngefähr hundert und zwanzig Stunden in der Länge, und achtzehn in der Breite hat, und sich von der Insel der

der Resolution, bis an das Vorgebirge der Insel Diggs erstrecket. Von da segelten wir in die Bay, und kamen nach der Marmorinsel. Der Erdboden daselbst ist ein bloser Felsen, ein weißer, sehr harter Stein, der hier und da von buntfarbigen schwarzen, weißen, und grünen Adern durchschnitten wird. Die Gipfelspitzen dieses Felsen sind abgebrochen, sehr scharf, und in unzähligen Stücken, von ungeheuerer Größe, unordentlich hingeworfen, und über einander gehäufet, als wenn sie von einer Ueberschwemmung wären dahin geführet worden. Unter diesen Felsen sind sehr tiefe Höhlen, daraus ein Getöse kommt, wie der Klang von bewegten Wellen. Aus der Eigenschaft des Wassers, welches aus den Ritzen kommt, scheint es daß diese Felsen auch Kupfer oder anderes Metall bey sich führen. An etlichen Dertern schmecket das Wasser nach Grünspane; an andern ist es völlig roth, und färbet alles, worüber es läuft.

Weil unser Vorsatz war, den Winter in dem Haven von Nelson zuzubringen, hielten wir uns auf der Marmorinsel nicht lange auf. Wir liefen in den Fluß Hayes ein, und richteten alle unsere Gedanken auf die

zu

zu nehmenden Maasregeln wegen unserer Wohnung. Ein Theil der Schiffleute wurde angestellet, Holz zur Feuerung zu fällen, und Hütten nach Art der Einwohner zu bauen. Diese wurden aus sechzehn Fuß langen Bäumen gemachet, die man sehr enge neben einander setzte, so daß die Spitzen oben zusammentrafen, unten aber aus einander stunden. Der Zwischenraum wurde mit Moose ausgefüllet, und mit Leimen überzogen. Die Thüren wurden niedrig und enge gemachet; und in dem Mittel jeder Hütte legten wir einen Platz zum Herde an, oben mit einem Loche, daß der Rauch hinaus ziehen konnte.

Zur **Wohnung** der **Capitaine,** und **Officiere,** wurde eine größere Hütte gebauet: man wählete dazu einen bequemen und angenehmen Platz, auf einer mit Bäumen besetzten Höhe, eine halbe Stunde von dem Flusse, und eben so weit von den Schiffen. Man fällete eine große Anzahl Tannenbäume, die man zurichtete; man schnitte Breter; die Wände wurden von großen, neben einander geschränkten Balken zusammen gesetzet, und mit Moose ausgestopfet. Das Gebäude bekam acht und zwanzig Fuß in der Länge, und achtzehn in der Breite, mit zwey

Stockwerken, eines von sechs, das andere von sieben Fuß Höhe. Ein Ofen wurde in die Mitte gesetzet, um überall gleiche Wärme zu haben. Mit einem Worte, das Haus war den ersten November, das ist, ohngefähr fünf Monate nach unserer Abreise von England, errichtet, gedecket, und im Stande, bewohnet zu werden. Der Winter hatte sich schon seit dem Ende des Septembers eingestellet; und einen Monat hernach war der Fluß völlig mit Eise bedecket. Nunmehr fiengen wir an, von der Kälte der Hudsons-Bay zu urtheilen. Die Dinte fror bey dem Feuer, und das Bier in den Flaschen; unerachtet diese in Werg eingepacket, und an einem warmen Orte aufbehalten waren. Da die Kälte in der freyen Luft unerträglich wurde, vertheilte man die Matrosen in die Hütten, und die Officiere nahmen Besitz von ihrer Wohnung. Dieses Haus wurde, nach Gewohnheit der Seeleute, unter dem Namen des Hotel von Montaigu getaufet. Man glaubte diese Ehre dem Herzoge dieses Namens schuldig zu seyn, der zu dem Fortgange der Unternehmung vieles beygetragen hatte, und einer der vornehmsten Unterzeichner gewesen war.

Ohngefähr um eben diese Zeit nahmen wir unsere Winterkleider hervor. Sie bestunden in einem Rocke von Biberhaut, der bis auf die Ferse gieng, in zweyen Westen darunter, Mützen, und Handschuhen, von eben solcher Haut, mit Flanelle gefüttert. Ueber den wollenen Strümpfen hatten wir Stiefeln, nach der Landesart, von grobem Tuche, oder Leder, die bis über die halben Schenkel giengen. Unsere Schuhe waren von zugerichteter Elendshaut, darinnen wir noch zwey oder drey paar Socken trugen. Endlich, um unsern Anzug vollkommen zu machen, hatten wir noch, was man Schnee=schuhe heißt, welche fast fünf Fuß lang, und achtzehn Zolle breit sind, und dazu die=nen, daß man im Gehen nicht in den Schnee sinket. Auf diese Art ausstaffiret, waren wir im Stande, die härteste Kälte auszu=stehen.

Nachdem wir also für unsere Kleidung gesorget hatten, dachten wir auch an unsern Unterhalt. Wir strengten alle unsere Geschicklichkeit an, um Caninchen in Schlin=gen zu fangen, und Rephüner zu schießen, derer es eine so große Menge giebt, daß ein Jäger sechzig oder achtzig in einem Tage schießen kann: dieses aber machet einen wichtigen Artikel in dem Verzeichniße der Küchenvorräthe.

Die harten Fröste nahmen mit dem Winter zu; und sie wurden unausstehlich, wenn der Wind aus Norden, oder aus Nordwesten kam. Oftmals wurden sie von einem Schnee begleitet, der so fein war, wie Sand, und den der Wind wie eine Wolke aus einer Gegend in die andere führte. Es ist alsdenn gefährlich, sich im Freyen zu befinden: denn es schneyt so stark, daß man auf zwanzig Schritte vor sich nichts sehen, und keinen Weg mehr finden kann. Es ist oft geschehen, daß Leute, die auf einmal von so einem Schneegestöbere überfallen worden sind, viele Stunden in der Irre zugebracht haben, und weil sie ihre Wohnungen nicht haben finden können, in Gefahr gerathen sind, zu erfrieren. Man muß aber auch sagen, daß diese entsetzliche Kälte nur vier oder fünf Tage in jedem Monate dauert, besonders zur Zeit des Neuen und Vollmondes, als welcher in diesen Gegenden allezeit einigen Einfluß in die Veränderung der Luft hat. Die übrige Zeit verhinderte nicht, ungeachtet der allemal

sehr

sehr harten Kälte, daß wir unsern Aufenthalt ziemlich angenehm fanden.

Gegen das Ende des Decembers fiengen unsere Leute an, allerhand Vorräthe aus den Schiffen zu holen, die bisher wenig waren gebraucht worden, weil wir mehrentheils von der Jagd gelebet hatten. Das ordentliche Fuhrwerk, das wir zu Herbeyschaffung dieser Vorräthe nahmen, bestund in kleinen Schlitten, die von Hunden gezogen wurden, dem einzigen Zugviehe dieses Landes. Diese gleichen ziemlich unsern Fleischerhunden; bellen aber niemals, sondern murren nur, wenn man sie böse machet. Sie ziehen schwerere Lasten, und weiter, als die Menschen. Von Natur sind sie gelehrig, und die Engländer, die sie wohl zu nutzen wissen, ernähren sie auf den Fuß, wie ihre Bedienten: die Einwohner des Landes hingegen nöthigen sie, ihre Kost selbst zu suchen. Auf der Reise gehen ihre Führer vor ihnen her, um mit den Schneeschuhen Bahn zu machen.

Bey Herannahung der ersten warmen Tage, fiengen wir an, die Küsten der Bay zu besehen, in Hoffnung, die Durchfahrt, als den Vorwurf unserer Untersuchungen, zu finden. Zuweilen ließen sich die Esquimaux der dasigen Gegend truppweise auf den Höhen sehen, und gaben uns Zeichen, als wenn sie uns rufeten. Weil aber unsere Absicht nicht war, mit ihnen zu handeln, giengen wir weiter, ohne zu antworten. Wir untersuchten das Erdreich, und es schien uns sehr fruchtbar. Wir sahen auf dem Felde eine große Mannichfaltigkeit von Sträuchern, und Pflanzen, davon die meisten in Europa bekannt sind, als Johannisbeeren, kleine Corinthen, Erdbeeren, Elsbeeren, Angelike, Storchschnabel, u. d. gl. Die Ufer der Seen und Flüsse erzeugen eine Art von wildem Reiße, vieles Gras, und sehr gute Weyde. Die Engländer, welche Wohnplätze daselbst besitzen, um ihre Factoreyen zu nutzen, haben hübsche Gärten angeleget, insonderheit in der Schanze von York, wo die meisten unserer Küchengewächse, als Bohnen, Erbsen, Kraut, Pastinak, allerhand Arten von Sallade, sehr gut fortkommen.

Es ist nicht zu zweifeln, daß das Land auch verschiedene Arten von Mineralien hervorbringt. Ich habe eine Eisengrube gesehen; man hat mir auch gesaget, daß man in der Nähe des Cap Churchill vieles Bley fände; und die Esquimaux bringen

gen fleißig unsern Factoren Stücken Kupfer. Auch sieht man eine Menge Talk, und Bergcrystall verschiedener Farben. In dem nördlichen Theile des Landes sammelt man eine Substanz, die wie Kohle aussieht, und auch so brennet. Der Amiantstein ist sehr gemein; so wie eine andere Art von schwarzem Steine, glatt, und glänzend, der sich leicht in dünne, durchsichtige Blätter ablöset, und daraus die Einwohner ihre Spiegel machen. So gar der Marmor ist nicht unbekannt; man findet vollkommen weißen, roth geaderten, grünen, und blauen.

Der Himmel ist in diesem Lande fast niemals hell. Im Frühlinge und Herbste ist man beständig mit dicken und feuchten Nebeln umgeben. Im Winter ist die Luft mit lauter kleinen Eisspitzen angefüllet, die man sogar mit bloßen Augen unterscheiden kann, und welche aus denen noch nicht zugefrorenen Flüssen entstehen. Ueberall wo Wasser stehen bleibt, erhebt sich eine sehr dicke Dunst, welche frieret, und von dem Winde unter der Gestalt dieser kleinen Spitzen fortgeführet wird. Sobald aber die

Flüße

Flüße zugefroren sind, verschwinden alle diese Theilgen.

Die Nebensonnen sind hier sehr gemein; und noch öfter sieht man um die Sonne und den Mond, helle und glänzende Ringe, mit allen Farben des Regenbogens geschmücket. Von diesen Nebensonnen haben wir bis sechse auf einmal gesehen; welches allerdings für einen Europäer ein so angenehmer, als bewundernswürdiger Anblick ist. Bey dem Auf= und Untergange der Sonne erhebt sich gerade über ihr ein großer Lichtkegel; dieser aber ist mit der Sonne nicht so geschwind verschwunden, als das Nordlicht seinen Platz ersetzet, und tausend helle Strahlen über den ganzen Himmel schießt. Dieser Schein ist so hell, daß man deutlich dabey lesen kann.

Selten donnert es in diesem Lande, ungeachtet die Hitze binnen sechs Wochen, oder zwey Monaten, ziemlich heftig ist. Aber, wenn ein Gewitter entsteht, ist es desto stärker. Man findet ganze Flächen, wo die Zweige, und die Rinde der Bäume von dem Blitze versenget worden sind; welches um so weniger zu verwundern ist, da das Unterste der Bäume mit einem weißen Moose

Moose überzogen ist, der wie Zunder Feuer fängt. Diese leichte Flamme verbreitet sich sehr geschwind, denn sie folget dem Zuge des Windes, und zündet Moos und Rinde an. Es haben diese Vorfälle wenigstens den Nutzen, daß das Holz dadurch trocken, und zur Heitzung tauglicher gemachet wird. In unsern Ofen legten wir ordentlich so viel an, als ein Pferd ziehen kann. Er war von Ziegelsteinen gebauet, sechs Fuß lang, zwey breit, und drey hoch. Wenn das Holz niedergebrennet war, machten wir die Kohlen aus einander, die Feuereße aber zu, welches eine erstickende Hitze und einen schwefelichten Geruch verursachte, so daß wir bey der strengsten Kälte oftmals in den größten Schweiß geriethen. Wenn man die Thüre oder ein Fenster aufmachte, drang die kalte Luft mit solcher Gewalt hinein, daß die Dünste in der Stube sich sogleich in einen feinen Schnee verwandelten. Die Hitze konnte auch nicht verhindern, daß die Fenster, die Wände, und die Decke mit Eise überzogen waren; und unser Athem machte alle Nachte auf den Bettdecken einen Reif. War das Feuer ausgelöschet, so empfanden wir die ganze Macht der harten Witterung. Der

Saft,

Saft, der noch in dem grünen Zimmerholze ſtack, und den die Hitze des Ofens aufgethauet hatte, fieng viel ſtärker an zu frieren, als vorher, und die Balken des Hauſes bekamen Riſſe, und verurſachten ein beſtändiges Platzen, das öfters ſo ſtark war, als ein Flintenſchuß. Kein Getränke konnte der heftigen Kälte widerſtehen. Der Weingeiſt ſchien wie geronnenes Oel: und die ſtärkſten abgezogenen Waſſer wurden völlig hart, und zerbrachen die Gefäße, worinnen ſie aufbehalten waren, ſie mochten aus was für einer Materie ſeyn, als ſie wollten. Kein Salz, zu Erhaltung der Vorräthe, hat man in dieſem Lande nicht nöthig. Das Wildpret, als Caninchen, Rephüner, Faſane, gefrieren in dem Augenblicke, da ſie getödet werden, und ſie bleiben ganzer ſechs Monate unverdorben. Dieſe Thiere, die ordentlich braun oder grau ausſehen, werden im Winter weiß; es ſind aber nur die Spitzen der Haare oder Federn, die ſich färben, das übrige, weil es der Luft nicht ſo ſehr ausgeſetzet iſt, behält ſeine natürliche Farbe.

Wenn man, während dieſer großen Kälte, Eiſen, oder einen jeden andern harten, und glatten Körper in die Hand nimmt,

nimmt', bleiben die Finger, wegen der Heftigkeit des Frostes augenblicklich haften. Beym Trinken muß man sich in Acht nehmen, daß das Glas nicht die Zunge oder die Lippen berühre; man würde sonst die Haut mit abreißen. Einer unserer Matrosen, der nichts bey sich hatte, um eine Bouteille mit abgezogenem Wasser, die er in seine Hütte trug, zu zustopfen, steckte den Finger hinein, welcher dergestalt anfror, daß er genöthiget wurde, einen Theil davon einzubüßen, um den übrigen zu erhalten.

Wer sollte nicht glauben, daß die Einwohner eines so rauhen Clima die unglücklichsten Leute in der ganzen Welt wären? Gleichwohl sind sie weit entfernet, dergleichen Meynung von ihrem Schicksale zu haben. Die vortreflichen Pelze, womit sie sich bedecken, und die Häute, womit sie ihre Hütten überziehen, setzen sie gewissermaßen in eine Gleichheit mit denen Völkern, die unter einem gelinderen Himmel wohnen. Was aber viel außerordentlicher scheint, ist, daß es Europäer giebt, die diesen Aufenthalt allem andern vorziehen?

Jedoch

Der 95. Brief.

Jedoch, indem ich von der so argen Kälte dieses Landes rede, sagte unser Engländer, vergesse ich bey nahe den Plan unserer Entdeckung, und die Untersuchungen, wozu wir einen Theil des Sommers im Jahre 1746 angewendet haben. Es soll dieses den Stoff zu einer zweyten Unterholtung abgeben, und ich will, wenn Sie es genehmigen, noch verschiedene Anmerkungen von den Gebräuchen, und Sitten, der Einwohner beyfügen.„

Ihr Verlangen ist, Madame, daß ich alle diese Umstände sammele, und ich zweifele nicht, sie werden Ihnen unterhaltend vorkommen. Ich will mich daher beeifern, Ihnen so viel möglich Genüge zu leisten, und dieses soll der Innhalt meines künftigen Briefes abgeben.

Ich bin, u. s. w.

In der Nähe der Insel Terre neuve,
den 13 July, 1747.

Der

Der 96. Brief.

Fortsetzung von der Hudsons-Bay.

Das von uns allen bezeigte Verlangen, ein Land kennen zu lernen, wo wir einige Zeit bleiben wollten, wurde gar bald in Erfüllung gebracht: denn noch denselben Abend setzte unser Engländer seine Erzählung folgendermaßen fort. „Wir hatten uns vorgenommen, die Nördliche Küste zu besuchen, wir wurden aber durch die Ebbe auf eine Reihe Felsen geworfen, wo unser Untergang unvermeidlich schien. In dieser äußersten Gefahr kamen uns die Esquimaux zu Hülfe, und wir hatten ihnen unsere Rettung zu danken. Sie näherten sich mit ihren Kähnen, ohne den geringsten Vortheil von unserem Unglücke zu ziehen, und leisteten uns die wichtigsten Dienste. Sie verließen uns nicht nur eher nicht, bis wir frey waren, sondern auch ein alter Mann, der diese Klippen zu kennen schien, fuhr mit seinem Kahne vor uns her, und wurde unser Wegweiser. Was man also von dem Character dieser Völker in vielen Beschreibungen liest, kommt keinesweges

Der 96. Brief.

weges mit dem Zeugnisse überein, das ich ihrer **Menschlichkeit** zu geben schuldig bin.

Nicht weniger mußten wir ihre Arbeitsamkeit bewundern. In Ermangelung des Eisens beschlagen sie ihre Bögen, Pfeile, und Harpunen mit Zähnen, Knochen, und Hörnern von Seethieren: ja sie machen Hacken, Messer, und anderes Werkzeug daraus. Man kann sich nicht genug vorstellen, mit was für **Geschicklichkeit** sie Materien zu bearbeiten wissen, die zu dergleichen Gebrauche so wenig gemachet zu seyn scheinen. Sie bedienen sich dieser Materien ebenfalls, **Nähnadeln** zu verfertigen; und ihre Kleider sind nicht übel genähet. Aus der Gleichförmigkeit ihrer Sprache, Sitten, und Gestalt, mit denen Esquimaux, die wir bey dem Eingange der Meerenge von Hudson antrafen, muß ich schließen, daß sie ursprünglich nur ein Volk ausgemachet haben. Sollte auch einiger Unterschied unter ihnen seyn, so ist der Vortheil auf der Seite derer, die am äußersten Ende der Bay wohnen. Diese, überhaupt genommen, sind arbeitsamer, gesprächiger, und mehr gesittet. Ihre **Kleider** haben sie mit ledernen Streifen besetzet, die wie Franzen ausgeschnitten, und mit Zähnen von jungen Hirschkälbern verzieret sind. Ihre Mützen tragen sie von Büffelsschwänzen, daran das Rauche das Gesicht bedecket, und wie eigenes Haar, über die Augen herunter hängt. Dieser Aufsatz giebt ihnen ein fürchterliches und barbarisches Ansehen; er ist aber wider die Mücken, und Fliegen sehr dienlich, vor welchen sie sich auf keine andere Art zu verwahren wissen. Die Weiber füttern ihre Stiefeln nicht mit Fischbeine, um eine Art von Wiegen daraus zu machen, wie die übrigen Esquimaux: sie tragen ihre Kinder auf den Rücken, in einer Kappe, die an dem Kleide fest gemachet ist; die Kinder aber haben auf dem Kopfe, eine rauche Mütze wie ihre Mütter, damit sie von den Mücken nicht gestochen werden.

Wenn diese Völker zum **Fischfange** in die See fahren, nehmen sie in ihre Kähne eine Blase voller **Fischthran,** daraus sie mit eben solchem Appetite trinken, als unsere Seeleute aus einer Bouteille mit Branbeweine. Ist die Blase ausgeleeret, so nehmen sie solche zwischen die Zähne, und drücken und saugen sie mit einer Art von Wollust vollends aus. Eben diesen Thran neh-

men

men sie auch in ihre Lampen, welche steinern, und vermittelst des vorher erwähnten Werkzeuges so geschickt, als nur möglich, ausgehohlet sind. An statt eines Baumwollenen Dachtes, bedienen sie sich getrockneten Gänse Mistes. Ihre Art, Feuer anzumachen, hat mir sonderbahr geschienen. Sie nehmen zwey Stücken dürres Holz, bohren in jedes ein Loch, stecken ein anderes rundes Holz durch, und winden um selbiges einen Strick. Wenn sie an dem Stricke ziehen, so drehet sich das Holz mit solcher Geschwindigkeit, daß die beyden andern Stücken entzündet werden; an diesen zünden sie Moos an, welches ihnen statt des Zunders dienet.

Ich kann nicht sagen, ob die Esquimaux eifersüchtig sind; aber so viel ist gewiß, daß sie ihre Weiber den Fremden gern überlassen würden, weil sie sich einbilden, daß die daher erzeugten Kinder, die von ihrer Nation, übertreffen müßten. Ihre Einfalt geht so weit, daß sie glauben, jeder Mensch zeuge vollkommen seines gleichen, und zwar in dem eigentlichsten Verstande; nämlich, ein Sohn eines Capitains muß, ihrer Meynung nach, wieder Capitain werden, und so ferner. Doch diese lächerliche Einbildung ist ihnen
nicht

nicht besonders eigen: wir sehen in unsern gesitteten Europäischen Ländern, daß man ohngefähr auf gleiche Weise denket. Hätte man wohl ohne dergleichen Meynung so viele erbliche Bedienungen und Aemter? Der Rathsherr verschaffet seinem Sohne ein obrigkeitliches Amt: der Sohn eines Poeten glaubt einen Ruf zur Dichtkunst zu haben, u. s. w.

Indem wir unsere Untersuchung auf der Nordseite fortsetzten, fanden wir eine Oeffnung, die bey dem Eingange nicht breiter war, als drey oder vier Stunden; sie wurde aber größer, je tiefer wir hineinkamen. Nach und nach wurde sie wieder enger, und vergrößerte sich vom neuen. Wir wollten uns hier nicht weiter wagen, weil das Wasser weniger fließend, kälter, und auch seichter wurde. Es ist sehr wahrscheinlich, daß diese Oeffnung mit einem großen See, in dem Inneren des Landes, Gemeinschaft hat; der See aber vielleicht mit dem Ocean zusammen hängt. Diese Muthmaßung gründet sich darauf, daß der Strom daselbst, bey der Ebbe und Fluth, um die Hälfte geschwinder fließt, als in der Themse. Es ist wahr, daß das Wasser süße ist, und dieses scheint ein

Der 96. Brief.

Beweis wider die Wahrscheinlichkeit einer Durchfahrt zu seyn. Allein, sollte dieses Wasser vielleicht nur in seiner Oberfläche süße seyn, so will der Beweis wenig sagen: denn solches würde sich alsdenn zu der Zeit ereignen, wenn der Schnee schmelzt, und von allen herumliegenden Gegenden in das Meer läuft; daher es nichts besonders wäre, das Wasser versüßet zu finden, so wie solches auch in dem Baltischen Meere, nach häufigem Regen, zu geschehen pfleget.

Den Ort, wo wir am gewissesten hoffeten, den berühmten Weg zu finden, hat man die Meerenge von Wager genennet. Der engeste Theil davon ist zwischen dem Vorgebirge von Montaigu, und dem Cap von Obs: der Zug des Wassers ist daselbst bey hoher Fluth so heftig, als in einer Schleuse. Als wir dahin kamen, waren wir unseres Schiffes nicht mehr mächtig, und die reißenden Wellen machten, daß es sich, unerachtet aller angewendeten Mühe, vier oder fünfmal herum drehen mußte. Stellen Sie sich ein wütendes Meer vor, welches rauschet, kochet, schäumet, sich als ein reißender Strom in einem Kreise herum drehet, und durch eine Menge Felsen gebrochen wird: dieses

dieses scheint von keiner andern Ursache her zu kommen, als von der Enge des Canals, in Vergleichung der entsetzlichen Fluth Wassers, die dadurch geht. Eine Menge großer Eisschollen kamen hinter uns her, und ob wir schon einen weiten Weg zum voraus hatten, brachte sie doch die reißende Gewalt des Stromes zuweilen an das Vordertheil unseres Schiffes, und führte sie hernach an das Hintertheil zurück. In dieser Verfassung brachten wir ohngefähr drey Stunden zu; so bald aber der Canal breiter wurde, waren wir ausser Gefahr.

Wir machten endlich einen sichern Ort für unser Schiff ausfündig, und setzten unsere Untersuchungen in den Schaluppen fort. Die immer schmaler gewordene Meerenge hatte fast nicht mehr als eine Stunde in der Breite. Hier wurden wir durch ein entsetzliches Geräusch in Schrecken gesetzet, das von einem Wasserfalle her zu kommen schien. Das Ufer war voller Felsen, und sehr steil. Wir verließen unsere Schaluppen, und stiegen auf die Höhen, wo wir auf einmal einen zwar majestätischen, aber zu gleicher Zeit so fürchterlichen und grausenden Anblick vor uns hatten, als er vielleicht niemals vorgekommen ist. Spitzige Felsen schienen sich zu spalten, und auf unsere Köpfe zu fallen: Cascaden von Wasser rollten von einer steilen Höhe auf die andere; erstaunende Eiszapfen hiengen einer hinter dem andern, und zeigten sich wie Orgelpfeifen von ungeheuerer Größe. Was uns aber das meiste Schrecken auf diesem Schauplatze der verwüsteten Natur machte, waren große Haufen zerbrochener Felsen, die zu unseren Füßen lagen, und sich durch die Gewalt der Kälte von ihren Gipfeln los gegeben hatten, hernach aber von einem Hange auf den andern gerollet waren, bis an den Ort, wo wir sie liegen sahen.

Wir stiegen an das Ufer hinab, und es währete nicht lange, so entdeckten wir das entsetzliche Geräusche, das wir gehöret hatten, und fanden, daß es von dem Strome der hohen Fluth herkam, die sich in einem engen Wege, der nicht mehr als dreyßig Toisen Breite hatte, stemmete. Die Menge, und die Geschwindigkeit des Wassers waren erstaunend. Hier konnten wir deutlich sehen, daß jenseit des Wasserfalles die Meerenge sich auf fünf und sechs Stunden erweiterte; und dieses machte uns große Hoffnung wegen der Durchfahrt. Wäh-

Während der Zeit, daß wir uns an diesem Orte aufhielten, kamen drey Indianer in ihren Kähnen auf uns zu; und aus ihrem Bezeigen schlossen wir, daß sie von eben denen Völkern wären, die wir in andern Gegenden der Küste gesehen hatten; nur waren sie um vieles kleiner. Mit Verwunderung bemerkten wir, daß, je weiter wir nach Norden kamen, alles an Größe abnahm. Selbst die Bäume werden endlich nur Sträucher; und über den sieben und sechzigsten Grad hinaus trifft man keinen Menschen mehr an. Diese Wilden kamen uns anfänglich etwas schüchtern vor; und vermuthlich waren wir die ersten Europäer, die sie jemals gesehen hatten. Nachdem sie aber durch unser freundliches Bezeigen aufgemuntert worden waren, wurden sie dreister, und fiengen an, mit uns zu handeln. Wir gaben ihnen zu verstehen, daß wir etwas Wildpret nöthig hätten, da sie denn geschwind zurück kehrten, und uns einen guten Vorrath von allerhand Gattung brachten. Er bestund in verschiedenen Sorten von Fleischwerke, am Feuer getrocknet, und in etlichen Stücken frischem Büffelsfleische. Alles was sie gebracht

bracht hatten, ließen sie uns wohlfeil, und giengen sehr vergnügt von uns.

Wir verfolgten den Weg in der Meerenge weiter, und trafen häufige Wallfische und Seehunde an: allein der größte Theil unserer Seeleute, da sie das Wasser fast völlig süße fanden, wurden ganz bestürzet. Es schien dieser Umstand anzuzeigen, daß das Ende des Canales keine Gemeinschaft mit dem Meere hatte, und wir folglich der Hofnung einer Durchfahrt durch die Meerenge von Wager entsagen müßten. Weil ich aber vermuthete, diese Süßigkeit sey nur auf der Oberfläche zu spüren, ließ ich eine zugestopfte Bouteille dreyßig Lachtern tief in das Wasser, die sich, bey heraus gezogenen Stöpsel, voll füllete, und wir fanden das Wasser in der That so salzig, als mitten in dem Ocean. Mein Versuch machte uns neue Hoffnung, allein dieser Schimmer eines glücklichen Erfolges verschwand gar bald; denn wir mußten noch denselben Abend zu unserm größten Bedrusse gewahr werden, daß das was wir bis hieher für eine Meerenge gehalten hatten, sich in zwey kleine, unschiffbare Flüsse verlor, davon einer aus einem

Fortsetzung von der Hudsons-Bay.

nem großen, wenige Stunden davon gelegenen See kam.

Wir mußten also unsere Unternehmung einstellen, und dachten weiter an nichts, als unsere Schiffe zu erreichen, und nach England zurück zu kehren. Nicht, als ob wir von der Unmöglichkeit eines Weges, in einen andern Ocean, wären überzeuget gewesen; denn ich, für meine Person, habe an seiner **Wirklichkeit** niemals gezweifelt; und die **Proben**, worauf ich mich gründe, scheinen mir so überzeugend, als man sie in dergleichen Fällen nur verlangen kann. Erstlich ist es eine ausgemachte Sache, daß alle Länder von wenigem Umfange, es mögen Inseln oder Halbinseln seyn, fast niemals große **Bäume** erzeugen, und man nichts, als Buschwerk und Sträucher, findet; unerachtet auf dem festen Lande, das unter eben dieser Breite liegt, schöne und große Bäume zu sehen sind. Man kann daher folgern, daß ein jedes Land, wo **starkes Holz** mangelt, und man doch weis, daß es des Clima wegen häufig daselbst wachsen könnte, das Meer nothwendig zu beyden Seiten haben muß. In den Oertern nun, die an die Hudsons-Bay gegen Norden stoßen, nehmen

alle

Der 96. Brief.

alle Pflanzengewächse, wie ich schon sonst erwähnet habe, merklich und gradweise ab, so daß man endlich an statt der Bäume nichts als Sträucher findet. Unterdessen weis man gewiß, daß es unter noch weit entlegenern Breiten sehr weitläuftige Wälder giebt. Kann man also einen so deutlichen Unterschied anders, als durch die Nachbarschaft eines Meeres, erklären?

Zum zweyten habe ich bemerket, daß die Nordwestwinde viel von dem kleinen Schnee mit sich bringen, der durch die Kälte aus dem, was man hier Eisdünste zu nennen pfleget, entsteht. Sollte man daher nicht, mit ziemlicher Wahrscheinlichkeit, schließen, daß auf der Nordwestseite dieses Landes eine große Menge Wassers, das ist, ein Ocean seyn müßte?

Drittens giebt die Figur des Landes selbst zu neuen Muthmaßungen Anlaß. Jedermann weis, daß die meisten, zwischen zwey Meeren gelegenen, Länder in der Mitten eine Kette hoher Gebirge, oder Hügel, oder einen Hang auf beyden Seiten haben: das hiesige Land befindet sich vollkommen in diesem Falle. Bey der Einfahrt in die Bay ist es niedrig, je weiter man aber kommt,

desto

desto merklicher sieht man die Berge, einen hinter dem andern, herauf steigen. Fähret man noch weiter in der Bay fort, so unterscheidet man einen abnehmenden Hang auf der entgegenstehenden Seite.

Endlich begünstiget die Aussage der Esquimaux meine Meynung. Alle versichern einmüthig, daß nicht weit von ihrem Lande, gegen der Sonne Niedergang, ein großes Meer sey, auf welchem sie, wie sie sagen, Schiffe gesehen haben, die mit Leuten mit großen Bärten besetzet gewesen sind, und welche Mützen getragen haben. Einige so gar dieser Wilden, die keines unserer Schiffe jemals gesehen haben, hatten die Figur eines Schiffes, nach ihrer Art, in einen Riß gebracht.

Doch es ist nicht genug, sagte unser Engländer, daß man beweist, dieses Land habe auf beyden Seiten Meer: man muß auch zeigen, daß beyde Meere zusammenhängen, und ein Weg vorhanden sey, welcher aus einem in das andere geht. Ich sage noch mehr: diese Durchfahrt muß kurz, offen, und bequem seyn. In der That kommen Ebbe und Fluth von den großen Weltmeeren, oder von großen Sammlungen des

X 5   Wassers

Der 96. Brief.

Waſſers her. Sie gehen mehr oder weniger in die beſondern Meere, nach Verhältniß, daß dieſe mehr oder weniger Oeffnung an dem Orte ihrer Vereinigung mit dem Weltmeere haben. Diejenigen Meere, die zwiſchen Ländern eingeſchloſſen ſind, und mit dem Ocean keine ſichtliche Verbindung, oder allenfalls nur eine einzige Durchfahrt haben, wie das mittelländiſche, und baltiſche Meer, dieſe haben gar keine Ebbe und Fluth, oder, welches auf eines hinaus kommt, Ebbe und Fluth laſſen ſich wenig ſpüren. Ebenfalls iſt es unwiderſprechlich, daß Ebbe und Fluth in den nah gelegenen Gegenden des Ocean ſtärker ſind, und ſich geſchwinder äußern, in den weiter entfernten Oertern aber ſchwächer ſind, und ſpäter kommen. Vorausgeſetzet alſo, daß die Hudſons Bay mit keinem andern Meere durch einen nordweſtlichen Weg zuſammenhängt, ſo muß man ſie als ein eingeſchloſſenes Meer anſehen, das mit dem Ocean keine andere Gemeinſchaft hat, als durch die Meerenge von Hudſon. In ſolchem Falle müſſen Ebbe und Fluth beym Eingange der Bay ſtärker ſeyn, und je mehr man nach Nordweſten kommt, abnehmen.

Dieſes

Dieses aber, fuhr unser Engländer fort, ist völlig das Gegentheil von dem, was wir bemerket haben. Bey Untersuchung der Ebbe und Fluth haben wir gefunden, daß sie, unter dem sechzigsten Grade von Breite, zehn Fuß stieg, unter dem fünf und sechzigsten, dreyzehn Fuß, und auf solche Art beständig wuchs. Es beweiset selbiges offenbar, daß diese Fluth nicht kann aus dem Ocean durch die Meerenge von Hudson kommen. Sie kann auch nicht aus einem andern mitternächtlichen Meere durch die Meerenge von Davis kommen: denn kaum steigt die Fluth in dieser Meerenge auf acht Fuß. Ueberdieß kommt sie daselbst von Süden, an statt daß sie in der Hudsons-Bay von Norden hergetrieben wird. Es muß also auf dieser Seite nothwendig eine Oeffnung, ein Zusammenhang, ein Weg nach einem andern Meere seyn. Aber, wo ist dieser Weg anzutreffen? Dieß getraue ich mich nicht, sagte der Engländer, zu bestimmen. Doch, sollte ich meinen Muthmaßungen folgen, würde ich ihn in den Meerbusen von Chesterfield legen, oder in das, was man die Bay von Rebut, (la baye de Rebut,) heißt. Die Tiefe, das Salzige, das Durchsichtige dieses

Wassers

Der 96. Brief.

Waſſers, mit den hohen Fluthen zuſammengenommen, ſcheint meine Meynung zu beſtätigen.

Wenn man ſeit den vielen Jahren, da man dieſe berühmte Durchfahrt ſuchet, und ſo viele Unternehmungen, ſie zu finden, angeſtellet hat, doch noch nicht hat dazu gelangen können, ſo hat man wenigſtens nichts entdecket, das wider die Gründe ſtritte, welche ihre Wirklichkeit beweiſen. Vielmehr dienen alle Nachrichten, die man durch ſo viele Verſuche erlanget hat, ſie mehr und mehr zu befeſtigen. Es iſt daher ſehr dienlich, einen Plan nicht zu verlaſſen, der bereits ſo viele Unkoſten verurſachet, der den Schutz und die Aufmunterung von Seiten des Hofes allezeit verdienet hat, und dem ſo wenig noch fehlet, um zu Stande zu kommen. Es braucht vielleicht nicht mehr, als noch einen Verſuch, um die vielen Bemühungen durch einen glücklichen Erfolg gekrönet zu ſehen. Iſt dieſer Weg gefunden, ſo muß er nothwendig den Handel zwiſchen denen auf beyden Seiten gelegenen Ländern erleichtern. Es iſt wahrſcheinlich, daß auf der Nordweſtſeite des Meeres, wo dieſer Weg hingeht, verſchiedene große Länder, in einem Umfange von mehr als dreyzehn hundert Stunden, anzutreffen sind. Diese Gegenden sind ohne Zweifel ganz unbekannt, und man weis nicht, ob ein großes festes Land daselbst liegt, oder ob es nur Inseln sind. Wenn man den Nachrichten der Esquimaux glauben kann, so ist das Land bevölkert, die Einwohner sind gesittet, und folglich könnte ihr Handel uns nützlich werden, ob man schon nicht gewiß sagen kann, in was für einer Gattung von Waaren er bestehen würde. Es brauchte nicht mehr, als etliche Reisen, um zu wissen, was diese unbekannten Länder hervorbringen, und was sie brauchen.

Außer diesen Vortheilen, als welche von dieser Entdeckung unmittelbar abhangen, giebt es auch noch zufällige, die sehr wichtig sind. Dergleichen ist, zum Beyspiele, die Oeffnung eines neuen und bequemen Weges nach der Südsee, und nach dem großen Ocean zwischen Amerika und Asia, auf welchem unstreitig viele reiche Inseln anzutreffen sind, die niemals Gemeinschaft mit den Europäern gehabt haben. Man erhielte dadurch auch einen kürzern und sicherern Weg nach den Inseln, die von Japan gegen Morgen liegen; ja nach Japan selbst, ingleichen nach

den

ben weiter hinauf gelegenen Ländern, so wie nach Korea, und China, u. s. w."

Unerachtet aller Gründe, welche den Nutzen dieses Weges darzuthun scheinen, zweifeln doch noch viele Leute, ob er den Besitz der Hudsons-Bay einträglicher machen würde. Geschickte Seefahrer glauben, daß diese Entdeckung, als für welche die Engländer so sehr eingenommen sind, nicht alle die Vortheile haben dürfte, die sie sich davon versprechen. Man muß die nach dieser Bay bestimmten Schiffe, wegen des Eises, das man antrifft, auf eine besondere Art bauen. Dergestalt, daß, wenn man den gefundenen Weg zum voraus setzet, er vielleicht nicht dienen würde, eine bequeme und vortheilhafte Gemeinschaft zwischen dem nördlichen Ocean, und der Südsee, zu errichten.

Allein, ich spüre, daß diese Abhandlung, dabey ich die Fortsetzung meiner Reise fast gar vergessen habe, Sie wenig unterhält; ich nehme daher wieder meine Erzählung von der Meerenge von Wager vor. Wir richteten unsere Schiffahrt gegen Süden, ließen das Cap Fry, die Marmorinsel, und die Bay von Button, zu unserer Rechten, und stiegen bey der Schanze von York, die

an

an dem Flusse Nelson, fünf oder sechs
Stunden von seiner Mündung liegt, an das
Land.

Dieser Fluß, der größte in der ganzen
Hudsons-Bay, ist einen großen Theil seines
Laufes schiffbar, und hängt mit denen Seen,
die hinter Canada liegen, zusammen. Hier
könnte man einen vortheilhaften Handel
anlegen, wenn man dreyßig oder vierzig
Stunden von seinem Ausflusse, wo das Clima gemäßiget ist, Niederlagen errichtete.
Er theilet sich in zwey Arme, welche zwey
besondere Flüsse abgeben; der südliche Arm
heißt der Fluß von Haies, und wenn er in
die Bay fällt, hat er nicht weniger als zwey
Stunden in der Breite. Sein Ufer ist niedrig, und mit Tannen, Pappeln, Birken,
und Weiden besetzt. Man findet daselbst eine
unzählische Menge Hirsche, Hasen, Caninchen,
wilde Gänse, Enten, Schwäne, Rephüner,
Fasane, Braachvögel, und in der Jahreszeit viele andere Vögel: nicht weniger einen
großen Ueberfluß an Fischen von allen
Sorten.

Die Schanze York selbst ist überall mit
Waldung umgeben, ausgenommen an der
Wasserseite, wo sie offen ist. Auf der Seite
von

von Südwest ist ein Zimmerplatz, wo die Schaluppen und Barken gebauet, und ausgebessert werden. Die Schanze ist ein viereckiges Werk, von Holze gebauet, mit vier kleinen Bollwerken an den Ecken, die zu Wohnungen und Magazinen eingerichtet sind. In dem einen ist des Gouverneurs Wohnung befindlich, welche aus verschiedenen ausgetäfelten Zimmern besteht. Eine jede Courtine hat drey Canonen; und die ganze Schanze ist mit Palissaden versehen. Die Batterie, die den Fluß bestreicht, wird durch eine Brustwehre beschützet; und wenn die Einwohner alle zusammen kommen, so erstrecket sich ihre Anzahl nicht über dreyßig, oder sechs und dreyßig Personen. Gleichwohl ist diese Errichtung die wichtigste, welche die englische Handlungsgesellschaft hat, und die den Namen der Compagnie von Hudsons-Bay führet. Sie ist der Mittelpunct ihrer Handlung, von welcher sie jährlich zwischen vierzig und funfzig tausend Häute von allerhand Thieren erhält, vornehmlich aber von Bibern. Die übrigen Schanzen, Churchill, St. Alban, und die von dem Flusse Moose, welche der nämlichen Gesellschaft gehören, haben nichts merkwürdiges. Sie
ent-

Fortsetzung von der Hudsons-Bay. 327

enthalten jede kaum zwanzig Einwohner, welche mit denen von York, nicht hundert Engländer im ganzen Lande ausmachen.

Die wenige Zeit, da ich unter ihnen gewesen bin, habe ich zum öftern Gelegenheit gehabt, die südwestlichen Esquimaux der Hudsons-Bay, die zwischen dem Flusse Haies, und Canada, wohnen, zu sehen. Sie haben schwarze Augen, und fliegende Haare von eben dieser Farbe. Sie sind lustig, gesprächig, freundschaftlich, und in ihrem Bezeigen redlich. Im Sommer tragen die Mannspersonen einen weiten Rock, von solchem Zeuge, wie unsere Bettdecken sind, die sie von den in der Nachbarschaft wohnenden Franzosen oder Engländern kaufen. Ihre Stiefeln sind von Leder, und so lang, daß sie ihnen zugleich als Beinkleider dienen. Die Kleidung der Weiber ist von der Männer ihrer nicht unterschieden, als daß sie noch einen Unterrock tragen, der im Winter ein wenig über die Kniee hinunter geht. Alle diese Kleider sind gemeiniglich von Hirsch- Fischotter- oder Biberhäuten gemachet. Die Ermel sind auf den Schultern mit Schnüren angebunden, so daß die Achseln, auch in der größten Kälte, bloß sind, und dieses halten

sie zu Erhaltung der Gesundheit zuträglich.

Sie leben in Hütten, mit Moose, und
Häuten von wilden Thieren bedecket. Da
ihre hauptsächlichste Verrichtung in der
Jagd und Fischerey besteht, ändern sie ihre
Wohnungen, nachdem sie solche mehr oder
weniger vortheilhaft finden. Aus eben dieser Ursache leben sie nicht in großen Haufen
beysammen; sie würden das was sie zu ihrer
Nahrung und Kleidung nöthig haben, schwerlich auftreiben können. Auf Erdgewächse
rechnen sie zu ihrem Unterhalte wenig, denn
sie leben bloß von dem Fleische der Thiere.
Zu gewissen Jahreszeiten tödten sie mehr
wilde Thiere, als sie verzehren können,
weil sie in der einfältigen und lächerlichen
Meynung stehen, daß je mehr sie ihrer erlegen, je häufiger sie sich vermehren. Sie
lassen zuweilen drey bis vier hundert Stücken auf dem Platze tod liegen, und nehmen
nichts davon als die Jungen: das übrige
verfaulet, oder es wird von den Raubvögeln,
und andern reißenden Thieren gefressen.
Zu anderer Zeit suchen sie sie auf dem Wasser
auf, machen ihrer eine erstaunende Anzahl
nieder, und bringen sie auf Flößen in unsere

Woh-

Wohnungen. Diese Thiere durchstreichen im Frühjahre eine erstaunende Weite Landes, von Süden gegen Norden, um ihre Jungen an sicheren Oertern auszuhecken, das heißt in mehr Nördlichen, und ganz unbewohnten Gegenden. Auf diesem Wege werden sie von großen Mücken geplaget; und um solchen auszuweichen, flüchten sie sich in die Flüße und Seen, wo sie die Wilden leichter erlegen können.

Unter diesen flüchtigen Thieren sind die merkwürdigsten und zahlreichsten die Caribou, die etwas von dem Hirsche und von dem Rennthiere haben. Sie sind außerordentlich geschwind; ihr Huf ist flach, und breit, und zwischen der Spalte mit starken Haaren versehen, welches sie abhält, in den Schnee einzutreten; daher sie auch auf selbigem fast eben so geschwind laufen, als auf der Erde. Die Wege, die sie auf dem Schnee machen, durchschneiden einander noch mehr, als die Gassen in London. Um sie zu fangen, hauen die Wilden Bäume um, legen sie über einander, und lassen Oeffnungen dazwischen, um Fallen anzubringen. In den Monaten July, und August, kehren diese Thiere heerdenweise aus Süden wieder nach

nach Norden; und wenn sie über die Flüsse setzen, töden sie die Wilden in ihren Kähnen sehr gemächlich mit Lanzen.

Diese Wilden nähren sich auch von Vögeln und Fischen. Das Fleisch kochen sie, ohne es zu würzen, und die Brühe brauchen sie zu ihrem Getränke. Können sie Brandwein habhaft werden, so trinken sie solchen mit größten Vergnügen; überlassen sich aber hernach allen Arten von Ausschweifungen. Sie schlagen sich, wie Unsinnige; sie zünden ihre Hütten an; sie misbrauchen einander ihre Weiber; und in dem Taumel der Trunckenheit legen sie sich um ein großes Feuer, schlafen darüber ein, verbrennen sich, oder erstarren, nach dem sie nahe oder weit vom Herde liegen.

Ob sie schon den größten Theil ihres Lebens mit Anschaffung des Nothdürftigen zubringen, so haben sie doch nicht Vorsicht genug, sich wider mangelhafte Zeiten zu versorgen. Ihre Vorräthe verzehren sie alle, so lange sie solche im Ueberflusse haben, ohne auf den Winter zu denken. Es geschieht oft, daß wenn sie der Handlung wegen nach den Factoreyen der Bay reisen, und unterweges auf Beyhülfe gerechnet haben, ihnen
aber

aber solche fehl schlägt, sie sich genöthiget sehen, die Häute, die sie verkaufen wollten, zu rösten, und sich damit zu sättigen: doch wenn sie dieses äußerst harte Mittel ergreifen müssen, so ertragen sie es mit ungemeiner Geduld, und Standhaftigkeit. Es ist bey ihnen sehr gewöhnlich, daß sie zwey oder drey hundert Stunden, auch mitten im Winter, herum schweifen, ohne eine Hütte oder ein Zelt aufzuschlagen, worinnen sie sich verbergen könnten. Nahet die Nacht heran, so wählen sie einen kleinen Platz, davon sie den Schnee wegmachen, umgeben ihn mit Buschholze, zünden ein Feuer an, und schlafen zwischen den Sträuchern und dem Feuer, auf der Seite, wo sie den Wind in Rücken haben. Kommen sie an einen Ort, wo kein Holz ist, so machen sie ein Loch in den Schnee, und legen sich hinein. Dieses Bette ist ihnen nicht so kalt, als die äußere Luft, oder der Wind, vor welchem sie der Schnee verwahret.

Die grausamen Mittel, denen sich diese Wilden überlassen, wenn ihre Vorräthe ausgehen, würden unglaublich scheinen, wo nicht eine Geschichte, die in allen hiesigen Europäischen Wohnungen bekannt ist, eine

Der 96. Brief.

überzeugende Probe davon abgäbe. Einer von ihnen, der mit seiner Familie an einen sehr entfernten Ort reisete, um daselbst zu verkaufen, war so unglücklich, daß er unter Weges weder Wildpret noch Fische antraf, und sah sich, seine Frau und Kinder, in dem äußersten Mangel. Sie aßen anfänglich die zum Verkaufe mit genommenen Häute, und endlich diejenigen, womit sie bekleidet waren. Als aber auch dieses Rettungsmittel fehlte, machten sie sich an ihre eigenen Kinder, und sie mußten ihnen auf dem übrigen Wege zur Nahrung dienen. Nachdem sie in der Englischen Factorey angekommen waren, erzählte der unglückselige Indianer, dessen Herz vom Jammer durchdrungen zu seyn schien, dem Commendanten der Schanze seine traurige Geschichte, in den rührendsten Ausdrücken. Allein zur Schande unserer Nation, und der Menschlichkeit, gab dieser Officier keine andere Antwort, als daß er in ein unmäßiges Gelächter ausbrach. Der verwunderte Wilde sagte hierauf in gebrochenem Englischen: es ist doch aber hier keine Ursache, worüber zu lachen wäre, und gieng voller Unwillen davon.

Diese

Diese abscheulichen Mahlzeiten sind unter ihnen so gewöhnlich, sagte mir der Commendant, ohne Zweifel um seine Unempfindlichkeit zu rechtfertigen, daß, wenn man nur wenige Zeit bey ihnen gewesen ist, man dergleichen Erzählungen nicht mehr fremde findet. Wenn sie der Hunger drücket, fangen Vater und Mutter an, ihre Kinder zu schlachten, und zu essen; und hernach machet sich der stärkere über den schwächern. Ich habe einen gekennet, der mir gestund; daß, nachdem er seine Frau, und sechs Kinder verzehret hätte, sein Herz nur bey dem letzten wäre gerühret worden, weil er es mehr geliebet hätte, als die andern; dergestalt daß, wie er den Kopf geöffnet hätte, um das Gehirn heraus zu langen, er so weichlich geworden wäre, daß er die Hirnschale nicht hätte zerbrechen, und das Mark aussaugen können.

Diese Beyspiele von Grausamkeit stimmen nicht mit einer, zu eben der Zeit, vorgegangenen Geschichte überein, die vielmehr eine großmüthige Probe von der Aeltern Liebe abgiebt. Zwey Kähne, welche über den Fluß Haies setzen wollten, kamen in die Mitte des Stromes, und der eine, worauf ein Indianer, seine Frau, und sein Kind war,

war, wurde von den Wellen umgeworfen. Der andere Kahn war sehr klein, und konnte nur zur Noth eine dieser Personen, und das Kind retten. Nunmehr entsteht ein Streit: es ist nicht mehr die Frage von dem Manne und der Frau, ob sie für einander sterben wollen, sondern man suchet nur einzig und allein den Gegenstand der gemeinschaftlichen Liebe zu retten. Sie überlegen etliche Augenblicke, welches von beyden zu der Erhaltung des Kindes am nützlichsten sey. Der Mann behauptet, daß das Kind bey so zarten Jahren den Beystand der Mutter am nöthigsten habe; diese hingegen stellet vor, daß, da es männlichen Geschlechtes sey, wie der Vater, es von ihm in der Jagd und Fischerey könne unterrichtet werden. Nachdem sie also ihren Mann ermahnet hatte, seine väterliche Sorgfalt nicht aus den Augen zu setzen, und beyde sich die zärtlichsten Merkmaale von gegenseitiger Liebe gegeben hatten, wurf sie sich in den Fluß, und ertrank in weniger Zeit.

Um diesen Widerspruch von **Menschlichkeit** nnd **Grausamkeit**, der die Gemüthsart dieses Volkes bestimmet, in sein völliges Licht zu setzen, will ich noch eine barbarische Gewohnheit anführen, die in Ansehung

hung alter Leute beobachtet wird. Wenn sie zu so hohen Jahren gekommen sind, daß sie ganz hinfällig werden, müssen ihre Kinder sie erwürgen: und zwar leisten selbige diese abscheuliche Pflicht folgendermaaßen. Der alte Greis steigt in eine Grube, die mit Fleiße gegraben wird, daß sie zu seinem Grabe dienen soll. Hier unterhält er sich einige Zeit sehr gelassen, mit den Anwesenden, rauchet eine Pfeife Taback, und trinkt ein Glas Brandwein. So bald er ihnen saget, daß seine Stunde gekommen sey, so legen ihm zwey seiner Kinder einen Strick um den Hals, und jedes zieht auf seiner Seite aus allen Kräften, so lange bis er gestorben ist. Die Grube füllen sie alsdenn zu, und oben darauf errichten sie eine Art von Denkmale von Steinen. Diejenigen, die keine Kinder haben, fordern diesen schrecklichen Dienst von ihren Freunden; alsdenn aber ist er nicht mehr Schuldigkeit, und es geschieht oftmals, daß man diese Zumuthung abschlägt.

Die Einwohner dieser Küste sind den Krankheiten wenig unterworfen, und sie heilen sich mehrentheils durch Schwitzen. Sie nehmen einen großen Stein, und thun ihn

ihn in das Feuer, bis er völlig glüend wird. Hernach bauen sie eine wohl verschlossene kleine Hütte um selbigen, setzen sich nackend hinein, und haben ein Gefäß mit Wasser, womit sie den Stein anfeuchten. Dieses verursachet warme und feuchte Dünste, welche die ganze Hütte erfüllen, und bey dem Kranken einen geschwinden Schweiß veranlassen. Wenn der Stein anfängt kalt zu werden, eilen sie heraus zu gehen, ehe sich die Schweislöcher schließen, und tauchen sich in diesem Augenblicke in kaltes Wasser, oder wälzen sich in dem Schnee. Diese Heilungsart ist durchgehends eingeführet, und wird als ein untrügliches Mittel wider alle Arten von Krankheiten angesehen. Das Mittel, das sie wieder die Colik, und die innerlichen Beschwerungen der Eingeweide brauchen, ist nicht weniger sonderbar. Es besteht in dem Tabaksrauche, den sie in großer Menge hinunterschlucken.

Ihre meisten Krankheiten entstehen von Erkältung, wenn sie vorher starke abgezogene Wasser getrunken haben. Sie haben diesen Gebrauch uns Engländern zu danken. Denn die Franzosen sind vorsichtig genug, daß sie diesen Wilden keine starken Getränke ver-

kau-

kaufen, aus Furcht, es möchte ihnen schädlich seyn, und folglich der Handlung Abbruch thun, als welche lediglich von der dauerhaften Gesundheit dieses Volkes, und von ihrer Geschicklichkeit auf der Jagd abhänget. Man sieht auch daher, daß diejenigen, die sich bey uns aufhalten, mager, klein, schwächlich, und entkräftet werden; da hingegen die, welche unter den Franzosen wohnen, beherzt, munter, und stark sind. Es ist keine Vergleichung zu machen, zwischen der Menge Pelzwerk, welche diese oder jene zum Verkaufe bringen.

Diese Völker werden in ihrem Betragen durch eine natürliche Billigkeit angetrieben, vermöge welcher sie nicht leicht einige Gewalt, noch Unrecht ausüben. Zu ihren Oberhäuptern, in jedem Stamme, wählen sie die Aeltesten der Nation, und geben den Vorzug denjenigen, die sich durch Geschicklichkeit auf der Jagd, durch Erfahrung in Handlungsgeschäfften, und durch Tapferkeit in den häufigen Kriegen mit ihren Nachbarn, hervorgethan haben. Diese Häupter regiren den ganzen Haufen, und theilen die verschiedenen häuslichen Verrichtungen aus: ihrem Rathe aber folget man mehr aus Hochachtung, als

aus

aus Schuldigkeit; denn dieses Volk ist eines der ungebundensten auf der Welt. Ueberhaupt besteht die Regierungsform der meisten Canadischen Wilden in einer sehr einfachen Verfassung, die sich auf die bloße Natur gründet. Im Kriege wählen sie sich Hauptleute, die fast keine andere Gewalt haben, als die Zerstreueten wieder zusammen zu bringen, bey dem Angriffe die ersten zu seyn, und höchstens den vornehmsten Theil an der Beute zu haben. Sie haben weder Minister, noch einen Staatsrath; nur die Klügsten, die Erfahrensten, die durch ihre hohen Thaten Berühmtesten, und insonderheit die Aeltesten, versammeln sich, berathschlagen mit einander, und fällen über das Recht oder Unrecht eines jeden ein gemeinschaftliches Urtheil. Sie haben keine andern Gesetze, als die Vernunft, die Ehre, das Gewissen, und ein gewisses altes Herkommen von Sitten und Gebräuchen, davon sie nicht leicht abgehen. Unterdessen machet ein jedes was es will, so wie sie es mit allen andern gesellschaftlichen Pflichten zu halten pflegen: denn in der That kennen sie keine Zwangsmittel, wodurch Uebertreter gestrafet, oder im Zaume gehalten würden. Bringt ein
junges

junges Mägdgen bey Nachtzeit einen Liebhaber in ihre Hütte, so wird der Vater, die Mutter, die Brüder, ihr sagen: meine Tochter, meine Schwester, du hast Unrecht; du machest uns Schande; du wirst keinen Mann bekommen. Man sagt ihr dieses; aber man läßt es dabey bewenden; und verlachet sie die Warnung, so wird sich niemand weiter darüber ereifern. Sie haben wohl Belohnungen von Ehre, von Beute, von Nahrung, aber keine wirkliche Leibesstrafe; nicht einmal für die Kinder. Man unterrichtet sie, sie werden aber niemals gestrafet. Die Mißionaire halten ihnen Catechismuslehren, Vermahnungen, Predigten; man weiß aber nichts von Schulen, und Classen. Prediger in Menge, aber keine Vorgesetzten. Sie lieben diese Mißionaire wie Väter, niemals aber als Gesetzgeber, oder Obere. Findet sich ein Bösewicht unter ihnen, so trinkt sich einer voll, und tödet ihn; die Mordthat aber bleibt ungestrafet. Eine ihrer Nationen hat mit einer andern einen förmlichen Frieden geschlossen: dieses feyerliche Bündniß, das durch Eidschwüre, Unterpfänder, Geißeln, versichert worden ist, gefällt nicht jedermann, wäre es auch nur ei-

nem

nem jungen unbesonnenen Menschen von zwanzig Jahren. Dieser sagt zu denen, die es gemachet haben, es sey nicht gültig, und er wolle es brechen. Man stellt ihm vor: du hast Unrecht, Bruder; du wirst uns in Verdruß bringen. Dieß sagt man ihm, aber man läßt ihn machen. Er geht, sieht, daß er einem von den Feinden die Haare vom Kopfe schneiden kann, bringt dieses Triumphzeichen nach Hause, und lachet über die Aeltesten. Man misbilliget allerdings sein Verfahren, aber nicht mehr, als vorher, und man machet Anstalten, einen neuen Krieg auszuhalten.

Dieses ist der National-Charakter der mehresten Wilden von Amerika. In Ansehung der Religion, so erkennen diejenigen, die in der Gegend des Flusses Haics wohnen, ein unendlich gutes Wesen, das sie als den Urheber alles Guten ansehen. Sie reden von ihm nicht anders, als mit Ehrfurcht, und singen ihm zu Ehren einen Gesang, der sehr ernsthaft, aber ziemlich wohl klinget: doch sind ihre Glaubensbegriffe so verwirret, daß man von ihrem ganzen Religionsdienste nichts begreift. Sie geben noch ein anderes Wesen vor, das sie als die Quelle und das

Werk=

Werkzeug alles Uebels ansehen; ich habe aber nicht spüren können, daß sie ihm einige Art von Verehrung erweisen.

Wenn diese Leute auf ihren Reisen ein Grab antreffen, halten sie es für eine Anzeige einer unglücklichen Begebenheit. Um solche abzuwenden, legen sie einen Stein auf das Grab, und setzen ihren Weg fort. Es giebt unter ihnen eine Menge Marktschreyer, die allerhand Gewürzwaaren von den Engländern kaufen, als Zucker, Ingwer, Süßholz, Gewürze, Gartensämereyen, Tabak in Pulver, und verkaufen alles dieses in kleinen Portionen als Arzeneyen, oder als bewährte Mittel zur Fischerey, Jagd, oder im Kriege, u. d. gl. Die Engländer von der Hudsons-Bay haben ihres Nutzens wegen ihren Waaren diese Tugenden zugeeignet, und ich kann nicht verheelen, daß der dritte Theil der Handlung im Lande heutiges Tages von diesen Marktschreyern abhängt. Sie betrügen ihre eigenen Freunde, und misbrauchen die Einfalt dieser guten Leute, indem sie schlechte und falsche Waaren gegen gutes Pelzwerk vertauschen, die diese Betrüger hernach zu uns bringen, und damit handeln.

Der 96. Brief.

Diese Wilden haben wenig Achtung für das schöne Geschlecht, wenn man anders diesen Namen ihren Weibern beylegen kann. Sie nehmen sehr übel, wenn eine von ihnen sich einfallen läßt, in ihrer Gegenwart die Kniee über einander zu legen; und sie halten sich zu gut, aus einem Gefäße mit ihnen zu trinken. Vielmals nöthigen sie ihre Weiber, vermittelst eines gewissen Krautes, zu frühzeitig zu gebären, aus Furcht, mehr Kinder zu bekommen, als sie ernähren können. Uebrigens ist dieser Gebrauch nicht barbarischer, als der in China, wo die Gesetze verstatten, die Kinder zu tödten, wenn sie auf die Welt kommen. In unsern gesitteten Europäischen Staaten bedienet man sich zwar gelinderer Mittel, um der Last einer zahlreichen Familie zuvor zu kommen, sie sind aber in der That eben so strafbar. In allen Ländern in der Welt sind ein reichliches Auskommen, und der Ueberfluß, eigentlich nur die Bedingungen, worunter die Absichten der Natur unverfälscht erreichet werden.

Unsere Wilden unterscheiden sich von allen ändern Nationen durch ihre besondere Art, das Wasser zu lassen: die Mannspersonen kauern sich nieder, und die Weibsleute
bleiben

bleiben stehen. Die Sprache dieser Völker wird aus der Kehle geredet, ohne rauh und unangenehm zu seyn. Sie haben wenige, aber viel bedeutende Worte, und eine glückliche Weise, neue Gedanken durch zusammengesetzte Worte auszudrücken, wodurch sie die Eigenschaft derer Dinge, denen sie einen Namen geben wollen, anzeigen.

Was die Europäer hauptsächlich in diese rauhen Gegenden bringet, wo die Natur selbst ihnen so viele Hindernisse in den Weg leget, ist die Menge der Biber, der schwarzen Füchse, und anderer Thiere, welche ihnen das schönste Pelzwerk geben, mit der Gewißheit, solches um einen leichten Preis zu haben. Man ersieht solches aus dem Preiszettel der vertauschten Waaren von der Compagnie: zehn gute Biberhäute für eine Flinte; eine Haut für ein halb Pfund Pulver; zwey Häute für einen Kamm, und einen Spiegel, fünf Biber für ein rothes Kleid; sechse für ein Weiberkleid, u. s. w. Aus diesem Preiszettel kann man sehen, was die Englische Compagnie für einen unsäglichen Vortheil von der Hudsons-Bay ziehen könnte, wenn dieser Handel recht unterhalten würde. Anfänglich gewonn man nicht weniger

Der 96. Brief.

niger als vier hundert mit hunderten; allein die Nachläßigkeit, oder andere Hindernisse hemmeten den Fortgang dergestalt, daß der Einkauf gar bald höher stieg, als der Verkauf. Ueberdieß sind die Einwohner mehr geneigt, mit den Franzosen zu handeln, als mit uns, weil sie besser bezahlen, und höflicher sind. Wenn bey unserm Handel mehr Billigkeit und mehr Ehrlichkeit wäre, würde der Vertrieb unserer Waaren zehnmal größer seyn, und wir würden an denen Oertern, wo uns die Franzosen Abbruch gethan haben, gar bald wieder die Oberhand gewinnen. Ich selbst bin vielmal Zeuge gewesen von der Betrügerey unserer Factore, und ihrer Gehülfen. Einer hielt den Daumen in das Maas, wenn er den Wilden Schießpulver verkaufte; ein anderer that ein Viertel Wasser unter den Brandwein, den er ihnen gab. Hiernächst machen sie sich keine Bedenklichkeit, über den von der Compagnie gesetzten Preis zu verkaufen: und durch diese Kunstgriffe, benebst denen Geschenken, die sie von den Einwohnern erpressen, gewinnen sie den so genannten Ueberrest, das heist, mehr als den dritten Theil vom Vortheile.

Als

Aus der Natur des Handels nach dieser Bay, ersehen Sie, daß er hauptsächlich in Biberhäuten besteht, welche man für besser hält, als die von Canada. Diese in und außer dem Wasser, lebendige Thiere, die sich in den wüsten Gegenden vereinigen, um in Gesellschaft zu leben, zeigen eben so viel Fleiß in Verfertigung ihrer Wohnungen, als Klugheit in ihrer Einrichtung. Die größten Biber haben etwas weniger als vier Fuß in der Länge, und wiegen nicht leicht über sechzig Pfunde. Ihre Farbe ist verschieden, nach Beschaffenheit der Gegend, wo sie sich aufhalten. In denen am weitesten nach Norden gelegenen Oertern sind sie gemeiniglich ganz schwarz; sie werden brauner, je mehr sie nach Süden kommen. Es giebt ihrer auch weiße, aber selten. Je schwärzer sie sind, desto weniger Haare haben sie, und folglich ist ihre Haut weniger werth. Dieses Haar ist auf dem Leibe von zweyerley Güte; das lange Haar, und das kurze, weiche. Letzteres, welches ungemein fein, dicht, und einen Zoll lang ist, dienet, die natürliche Wärme bey dem Thiere zu erhalten: und dieses ist es auch, welches man in den Fabriken brauchet. Das andere ist zu nichts

nütze,

nütze, als daß es das unterste, weiche, vor dem Kothe und der Feuchtigkeit verwahret: vielleicht hilft es auch dem Biber, zu schwimmen.

Der Kopf dieses Thieres sieht fast viereckig aus: seine Ohren sind rund, und sehr kurz, auswendig rauch, und inwendig ohne Haare. Seine Augen sind klein, der Rüssel ist länglich, und das Maul vorne mit vier starken, scharfen Beißzähnen versehen, zwey oben, und zwey unten, wie die Eichhörner. Auf jeder Seite hat er mehr als acht Backenzähne, welche, mit den vier anderen, die einzigen Werkzeuge sind, deren er sich bedienet, um die Bäume zu durchschneiden, zu fällen, und in seine Wohnung zu schleppen. Die obersten Beißzähne sind zwey und einen halben Zoll lang, die untersten aber mehr als drey; und beyde gehen über einander, wie die Blätter an einer Scheere. Die Füße sind kurz, insonderheit die vordersten, und er brauchet sie wie eine Hand, und mit eben solcher Geschicklichkeit, als ein Eichhorn. Die Finger sind abgesondert, wohl getheilet, und mit langen, spitzigen Nägeln bewaffnet. Die Hinterfüße sind breit, mit starken Häuten versehen; die

Fortsetzung von der Hudsons-Bay. 357

die ihm schwimmen helfen, wie der Gans, von welcher der Biber auch den Gang hat, wenn er auf der Erde ist; aber schwimmen kann er vollkommen gut. Sein Schwanz ist vor allem sehr besonders, und dem Gebrauche, den er davon machet, höchst angemessen: er ist lang, ein wenig flach, ganz mit Schupen bedecket, mit starken Muskeln versehen, und allezeit mit einem Oele oder Fette überzogen, daß keine Feuchtigkeit eindringen kann.

Man hat mir gesaget, daß die Aerzte in Paris dieses Thier in die Classe der Fische geordnet haben, die Geistlichen hingegen unter die vierfüßigen Thiere, derer Fleisch man zur Fastenzeit essen könne. Es behält selbiges einen wilden Geschmack, den es nicht anders verlieret, als bis es in Wasser gekochet worden ist. Auf diese Art zugerichtet, wird es so gut, daß kein Fleisch leichter, schmackhafter, und gesünder ist, als dieses. Die Gewohnheit, welche dieses Thier hat, seinen Schwanz, und den ganzen Hinterleib beständig im Wasser zu haben, scheint die Natur seines Fleisches zu ändern. Das Vordertheil, bis an die Lenden, hat den Geschmack, und die Festigkeit derer Thiere,

Z 3   die

Der 96. Brief.

die auf dem Lande und in der Luft leben; die Hinterbeine aber, und der Schwanz, haben alle Eigenschaften des Fisches. Wann dieses Fleisch gekochet ist, so erfordert es etwas, das den Geschmack ein wenig erhebt; aber, am Spieße gebraten, ißt man es ohne einige Zurichtung.

Die Zeugungsglieder des Bibers kann man äußerlich nicht sehen: sie sind in dem Leibe des Thieres verborgen. Vor diesem glaubte man, sie enthielten das Bibergeil, eine Art von Oele, das man zur Arzeney braucht. Allein man findet diese Substanz, die einer Vermischung von Wachse und Honig ähnlich ist, braun sieht, einen starken, stinkenden Geruch, und einen herben, eckelhaften Geschmack hat, in vier Beuteln, die unter den Eingeweiden dieses Thieres liegen. Es ist zu vermuthen, daß es dieses Oel brauchet, die Haare geschmeidig zu erhalten, und sich vor der Feuchtigkeit zu verwahren. So lange es frisch ist, ist es fließend; mit der Zeit aber wird es hart, braun, spröde, und man schätzet es desto höher, je einen widrigern Geruch es von sich giebt. Man brauchet es mit gutem Erfolge in hypochondrischen Zufällen, und man sagt, daß ein in

Eßig

Fortsetzung von der Hudsons-Bay.

Eßig getauchter Schwamm, worinnen das Bibergeil aufgelöset worden ist, die Schlafsucht, und die Ohnmachten, welche durch Kohlendampf veranlasset worden sind, vertreiben soll. Diejenigen, welche sagen, daß das Bibergeil aus den Geburtsgliedern des Bibers genommen würde, setzen hinzu, daß, wenn dieses Thier sich von den Jägern verfolget sähe, es diese Theile abrisse, und sie, als eine Ranzion, ihnen überließe. Andere, welche dieses widerlegen, behaupten, daß diese Theile an das Rückgrab angewachsen wären, und es unmöglich fiele, sie abzureißen. Allein, alle diese Meynungen sind falsch: es ist weder wahr, daß diese Theile da liegen, wo man es sagt; noch, daß der Biber, wenn er verfolget wird, sie abreißt.

Man rechnet, daß diese Thiere funfzehn bis zwanzig Jahre alt werden. Die Weibgen tragen vier Monate, und sie werfen mehrentheils vier Junge. Man findet ihrer zuweilen drey bis vier hundert, die wie in einer kleinen Stadt beysammen wohnen. Sie wählen sich nur solche Plätze, die zu ihren Absichten nöthig sind, das ist, wo sie Nahrungsmittel, und insonderheit Wasser, im

Ueberflusse haben: Bleibt das Wasser beständig in gleicher Höhe, wie in den Landseen, so bauen sie keine Dämme; ist es aber Flußwasser, welches steigt und fällt, so verfertigen sie Dämme, wodurch sie mit dem Wasser im wagerechten Stande bleiben. Oftmals ist dieser Damm achtzig oder hundert Fuß lang, und er wird mit ungemeinem Fleiße gebauet. Ihre erste Sorge ist, Holz zu holen; und dieses zwar an solchen Orten, die höher liegen, als der Platz, den sie zu dem Gebäude gewählet haben. Ihrer viele setzen sich um einen Baum herum, schälen die Rinde ab, und bringen es dahin, ihn mit ihren Zähnen zu zerschneiden. Ihre Maasregeln wissen sie so genau zu nehmen, daß sie den Baum allezeit nach der Wasserseite fällen, wodurch sie sich die Mühe ersparen, ihn weit zu schleppen: sie haben solchergestalt nur nöthig, ihn hernach an die Stelle zu rollen, wo er angebracht werden soll. Die Stämme sind länger oder kürzer, stärker oder schwächer, nach Beschaffenheit der Natur und Lage des Ortes. Wenn der Baum gefället ist, machen diese Thiere die Aeste ab, daß er überall gleich aufliegen kann. Unterdessen laufen andere an das Ufer des Flusses,

Flusses, suchen Stücken Holz von verschiedener Größe, zerschneiden sie in gehörige Höhe, um Pfähle daraus zu machen, und wenn sie solche bis an das Wasser gebracht haben, ziehen sie sie mit den Zähnen an den Ort ihrer Bestimmung. Während der Zeit, daß ihrer etliche die Pfähle aufrecht halten, gehen die andern unter das Wasser, und graben mit den Vorderfüßen ein Loch, wo sie hinein gesetzet werden können. Sie flechten hernach Zweige dazwischen, und füllen die Hohlungen so dicht mit Leimen aus, daß kein Tropfen Wasser durchbringen kann. Den Leimen kneten die Biber mit ihren Pfoten, und den Schwanz brauchen sie nicht allein zur Mauerkelle, sondern auch als einen Trog, diesen Mörtel herbey zu schaffen. Der Fuß des Dammes hat gemeiniglich zehn oder zwölf Fuß in der Dicke, und nimmt ab, bis auf dreyßig oder sechs und dreyßig Zolle. Man muß bewundern, wie genau alle Verhältnisse daran in Acht genommen sind. Die Seite nach dem Wasser ist allezeit abhängig, die andere aber vollkommen senkrecht. Diese Dämme haben auf solche Art nicht nur alle erforderliche Dauerhaftigkeit, sondern auch die schicklichste Form, das Wasser abzuhal-

Z 5   ten;

ten, zu verhindern, daß es nicht durch brechte; seinem Drucke zu widerstehen; und seine Gewalt zu hemmen.

Nachdem der ganze Haufe an diesem großen Gebäude gearbeitet hat, davon die Absicht ist, daß das Wasser beständig ungerecht stehen bleibe, theilen sie sich bandenweise aus, um die besondern Wohnungen zu verfertigen. Eben so viel Geschicklichkeit wird in Erbauung der Hütten angewendet, die mehrentheils auf Pfähle, mitten in das stehende, und durch die Dämme veranlaßte Wasser, oder an den Rand eines Flusses, gesetzet werden. Ihre Gestalt ist rund oder eyförmig, und der innerliche Abputz ist von Leimen, so daß keine Luft durchstreichen kann. Sie machen sie von fünf bis zehn Fuß im Durchschnitte; und man findet ihrer von zwey und drey Stockwerken; das ganze Gebäude aber ist überwölbet.

Zwey Drittel vom Gebäude stehen außer dem Wasser: die Biber haben darinnen verschiedene Kammern, und jeder seinen angewiesenen Platz. Sie fressen nicht an dem Orte, wo sie schlafen, um ihn nicht unsauber zu machen. Niemals wird man Koth daselbst finden; denn außer der gemeinschaftli-

chen

eben Thüre sind noch verschiedene andere Oeffnungen angebracht, wodurch sie in das Wasser kommen, und sich ausleeren können. Bey Tage nähern sie sich niemals ihrem Bette, sie müßten denn Lust haben zu schlafen. In einer Hütte sind ihrer nicht leicht über achte, oder zehne, allezeit paarweise, Mann und Weib: unter diesen ist allemal eines, das sorgen muß, daß seine Camaraden arbeiten. Findet sich ein Faulenzer, so zwingen ihn die andern mit Stößen, daß er fort muß. Die Hütten stehen nahe genug beysammen, daß sie zusammen kommen können. Diese haben zwey Ausgänge, einen, der auf die Erde geht, den andern, wodurch sie sich in das Wasser lassen. Alle diese Gebäude werden gegen das Ende des Septembers fertig, und niemals übereilet der Winter diese Thiere in ihrer Arbeit. Jedes sammelt seine Vorräthe im Sommer. So lange sie in den Hölzern leben, nähren sie sich von Früchten, von Baumrinde, und von Blättern. Sie fangen auch Krebse, und einige Fische. Aber was sie für den Winter einsammeln, besteht lediglich in zartem Holze, als Pappelweiden, Aspen, und dergleichen. Solches legen sie in Haufen, und zwar dergestalt, daß

sie

sie allezeit dasjenige nehmen können, welches in das Wasser tauchet. Diese Haufen sind nach der Anzahl der Einwohner jeder Hütte eingerichtet, und nachdem der Winter lang oder kurz seyn wird: es ist dieses eine Anzeige für die Wilden, wie lange der Winter dauern wird, die sie niemals trüget. Jede Hütte hat ein gemeinschaftliches Magazin, worinnen das Holz verwahret liegt. Um selbiges zu fressen, schneiden es diese Thiere in kleine Stücken, und tragen es in ihre Kammern.

Wenn die Arbeitsmonate vorüber sind, genießen die Biber der Annehmlichkeit des Hauswesens. Es geht die Zeit ihrer Ruhe an, und sie werden verliebt. Es scheint, diese Thiere sind fähig, gleich nach dem ersten Jahre Junge zu zeugen; welches beweiset, daß ihr mehrester Wachsthum alsdenn geschehen ist. Ihre Wohnungen verlassen sie, so bald der Schnee anfängt zu schmelzen, und entgehen dadurch den großen Ueberschwemmungen: die Weibgen aber kommen wieder zurück, so bald das Wasser gefallen ist, und hecken ihre Jungen aus. Sie beschäfftigen sich, solche zu säugen, und groß zu ziehen, diese aber sind im Stande, ihnen

nach

nach etlichen Wochen zu folgen. Hierauf kommt ihre Zeit, herumzulaufen, und sie bringen den Sommer im Wasser, und in den Hölzern zu. Die Männgen bleiben in den Feldern bis in den Monat July, wo sie sich alle wieder versammeln, und sich anschicken, die Löcher auszubessern, die das Wasser in ihren Gebäuden etwa gemachet hat. Sind diese gänzlich verwüstet worden, so bauen sie neue; es müßte sie denn der Mangel an Lebensmitteln, oder die häufigen Nachstellungen der Jäger nöthigen, ihren Wohnplatz zu verändern. Es sind Gegenden, die sie so vorzüglich lieben, daß sie, ungeachtet aller Verfolgungen, sich nicht entschließen können, sie zu verlassen.

Die Biberjagd geht vom Ende des Augusts an, und währet bis zum Anfange des Frühlings; binnen dieser Zeit hat der Biber die meisten Haare. Die Wilden stellen Fallen auf, und bedienen sich selten der Pfeile oder Flinten; denn das Thier wirft sich in das Wasser, und wenn es an der empfangenen Wunde stirbt, kommt es nicht wieder hervor. Ist seine Hütte in der Nähe eines Flusses, so wird das Eis auf selbigem quer über aufgehauen, und ein Netz gestellet,

die

die Wohnungen der Biber aber zerstöret: alsdenn kommen sie alle zusammen hervor, wollen sich in dem Flusse retten, und werden in dem Netze gefangen. An einigen Oertern begnüget man sich, nur eine Oeffnung in die Dämme zu machen; da sich denn diese Thiere gar bald auf dem trockenen Erdreiche befinden, und weil sie nicht gut laufen können, werden sie gefangen.

Der Gebrauch der Biberhaare schränket sich fast einzig ein, zu Verfertigung der Hüte, und zu Pelzwerke. Zu den weißen Hüten wird das Haar unter dem Bauche genommen; zu den geringern, das vom Rücken, welches schwarz ist; und die Seitenhaare, als die längsten, werden in den Strumpf- und Mützenfabriken gesponnen. Man hat versuchet, Zeuge davon zu machen; allein, man hat gefunden, daß solche hart werden, wie Filz.

Außer den Biberhäuten, als dem Hauptwerke der Handlung der englischen Compagnie nach der Hudsons-Bay, laden ihre Schiffe auch vielerley Sorten von Rauchwerke, welches sie ebenfalls aus diesem Lande ziehen. Auch der Mundleim giebt einen Zweig ihrer Handlung ab; die Gesellschaft hat

hat in denen verschiedenen festen Plätzen, die sie besitzet, viele Fabriken davon errichtet.

Zwey Drittel der Biber, welche die Compagnie nach England schicket, werden von den Hutmachern der Nation verarbeitet; das übrige wird außer Landes nach Holland geschicket, von da es nach Deutschland geht. Die besten Häute, wenn sie abgehäret sind, werden zu Handschuhen gebrauchet; aus den geringern wird Leim gemachet. Der Ballen Biber, von hundert und zwanzig Pfunden, bestehet aus ohngefähr hundert und funfzig Häuten: die Compagnie aber kann jährlich nicht leicht mehr als zehn tausend Häute nach England schicken

Die Schwierigkeit, Lebensmittel zu bekommen, und die strenge Kälte, machen glauben, daß die Colonie der Hudsons-Bay niemals eine große Menge Einwohner aufbringen werde; denn bey allem Gewinne, den die Händlung abwerfen möchte, findet man sich genöthiget, alle benöthigte Vorräthe aus Europa, oder aus Neu-England kommen zu lassen; ein Punkt, der eine der größten Ausgaben für die Compagnie machet. Den Verlust, den sie durch unsere letzten Kriege erlitten hat, und die veränderten

Moden,

Moden, welche den Gebrauch des Pelzwerkes herunter gesetzet haben, sind eine Zeitlang Ursache von der großen Abnahme dieser Handlung gewesen: doch, nachdem die Oerter, welche die Franzosen weggenommen hatten, ihnen wieder gegeben worden sind, und der ruhige Besitz, den sie seitdem genießen, benebst der Liebhaberey für das Pelzwerk, welche in London wieder aufgekommen ist, haben die Handlung aufs neue gehoben, und weiter gebracht, als jemals. Seit dem Anfange des spanischen Successionkrieges hatten uns die Franzosen fast aus allen Häven, die wir in der Bay besaßen, vertrieben; aber durch den **Utrechter Frieden** wurde uns alles, was wir in diesen Ländern inne gehabt hatten, wiedergegeben; ja man überließ uns das **Eigenthum** der ganzen Bay.„

Mit diesen Anmerkungen, Madame, endigte unser Engländer seine Erzählung. Ich hatte mir die Freyheit genommen, ihn anfänglich, als er den Johann Cabot erwähnte, zu unterbrechen, dem er, wie Sie gesehen haben, die erste Entdeckung des Nördlichen America sehr unrichtig zuschrieb. Er machte den Schluß, England habe die Oberherrschaft dieses Landes erlanget, weil er sich einbildete,

Cabot

Cabot habe die Reise auf Befehl des Englischen Hofes angestellet. Ich bewies ihm aber, daß die Entdeckungen dieses Seefahrers in der bloßen Einbildung bestanden hätten, und von den Engländern nur erdacht worden wären, um den Franzosen das Eigenthum der Besitzungen in diesem Theile der neuen Welt streitig zu machen. Wahr ist es, daß Cabot unter Englischer Flagge ausgereiset war, um einen Weg nach Ostindien durch Nordost zu suchen; allein, außer daß er die Kosten der Schiffszurüstung selbst trug, so gestund er bey seiner Rückkunft, daß er nur vom weiten etliche hier und da sehr entfernet gelegene Gegenden des festen Landes von America gesehen hätte. Unterdessen nehmen die Engländer von dieser Reise, die ein Fremder auf seine eigenen Kosten angestellet hatte, ohne Absicht sich niederzulassen, ohne die geringste Wahrscheinlichkeit glücklich darinnen zu seyn, von dieser bloßen Fahrt, sage ich, nehmen die Engländer ihren Beweis her, von dem Eigenthume, den sie über dieses Land behaupten; gleichsam als ob es einerley sey, ein Land zu sehen, und sich daselbst niederzulassen. Ihre ersten Bemühungen, eine Colonie in America zu stiften, gehen

VIII. B.   A a   nicht

Der 96. Brief.

nicht weiter zurück, als bis an das Ende des sechzehnten Jahrhundertes, und alle diese Unternehmungen waren unglücklich, bis zu Anfange des siebenzehenten, da der Capitain Newport in dem Nördlichen America die erste Englische Stadt bauen ließ. Es wurde mir sehr leicht zu beweisen, daß in dieser Betrachtung die Französische Nation über die Engländische Vorrechte habe. Lange Zeit vor des Cabot Schiffahrt, hatten die Einwohner von Dieppe, St. Malo, Rochelle, und andere Französische Schiffer, die große Bank, und die Küsten von Terre neuve besuchet. Ihnen hat man die Errichtung der Stockfischfischerey zu danken, deren Vortheil die andern Nationen in der Folge der Zeit mit uns getheilet haben. Allein, weil es bloß auf Reisen ankommt, um sich in diesen Gegenden niedergelassen zu haben, so weis ich, daß, mehr als sechzig Jahre vor dem Newport, ein Franzose, Namens Quartier, den größten Theil der Küsten in dem Meerbusen von St. Laurent ausfündig gemachet, mit den Wilden daselbst ein Bündniß aufgerichtet, eine Schanze erbauet, und Besitz vom Lande genommen hatte. Etliche Jahre hernach errichtete er eine Wohnung

nung zu Cap Breton. Also, bey Vergleichung des Zeitpunktes, da die Franzosen den ersten Anschlag gemachet haben, sich in America niederzulassen, mit der Zeit, da die Engländer ein dergleichen Unternehmen ausführeten, bewies ich, daß wir um sechzig Jahre eher gekommen waren, als sie.

Uebrigens geschah diese kleine Abweichung von der Hauptmaterie ohne Widrigkeit von beyden Seiten; jeder aber schien bey seiner Meynung zu bleiben. Ich behielt dem unerachtet alle Aufmerksamkeit, das übrige der Erzählung anzuhören; und alles was ich von der Hudsons-Bay erfuhr, war mir um so viel angenehmer, da die späte Jahreszeit mir nicht mehr erlaubete, die Reise in das Land selbst anzutreten. Es wurde daher beschlossen, daß wir uns nach der Insel Terre neuve begeben wollten, von da aber nach Neuschottland, und hernach in die Provinzen von Canada.

Ich bin u. s. w.

Terre neuve, den 2 August, 1748.

Der 97. Brief.

Die Insel Terre=neuve, nebst den herum gelegenen Gegenden.

Verschiedene Völker in Europa eigenen sich die Ehre zu, America entdecket zu haben; und behaupten, auf der Insel Terreneuve lange vor Christoph Columbus Zeiten angelandet zu seyn. Die Engländer und Franzosen schlugen erst geraume Jahre nach der Entdeckung Wohnplätze daselbst auf; und seitdem haben letztere den Stockfischfang beständig daselbst ausgeübet. In den alten Nachrichten findet man Spuren, daß die Engländer unter der Regirung, Henrich des achten, nach dieser Insel gehandelt haben. Gegen das Ende des sechzehnten Jahrhundertes unternahmen sie, eine Colonie daselbst zu errichten, allein mit so schlechtem Erfolge, daß die sämmtlichen Schiffsleute aus Mangel an Lebensmitteln umkamen. Dieses widrige Schicksal ermüdete ihren Eifer, und machte, daß sie von ihrem Vorhaben abließen. Die Franzosen, und Portugiesen, nutzten diesen Umstand, und führen fort,

Die Insel Terre-neuve.

fort, den Stockfisch und Pelzhandel allein zu treiben. Doch war ihre Meynung nicht, sich daselbst niederzulassen, oder feste Plätze anzulegen. Der Vortheil, den sie von dieser Reise zogen, wurde eine Aufmunterung für die Engländer, und sie folgten jener Beyspiele, waren aber nicht zu frieden, gleichen Antheil an dem Gewinste zu haben, sondern sie kamen gleichsam wie im Triumphe, und nahmen im Namen der Königinn *Elisabeth* Besitz von der ganzen Insel. Diese Ceremonie wurde mit vielen Anstalten vorgenommen, und man ermangelte nicht, ein öffentliches Verbot ergehen zu lassen, daß keine andere Nation in der Welt, ohne der Engländer Erlaubniß, auf diese Küste kommen, und fischen sollte. Nichts kam der Hoffnung bey, welche durch dieses vermeynte Eigenthum bey ihnen erwecket wurde. Budeus verfertigte ein lateinisches Gedicht, darinnen er mit solchem Nachdrucke davon redet, als wenn es die Eroberung einer neuen Welt betroffen hätte.

Der Krieg, welchen die Engländer mit Spanien bekamen, unterbrach ihre Reisen. Nach der Zeit entstund eine Gesellschaft, die von Jacob I. die Erlaubniß erhielt, einen

Theil der Insel sich zu zueignen. Sie bauete etliche Häuser daselbst auf, und selbige waren der Anfang eines ersten **Wohnplatzes.** Den neuen Einwohnern fehlte es weder an Häuten sich zu bekleiden, noch an Fischen, sich zu erhalten. Dessen ungeachtet aber kam der Erfolg mit ihrer Erwartung nicht überein: die Compagnie wurde ihres Unternehmens überdrüßig, und überließ ihr Recht an unterschiedene **Privatpersonen.** Der Doctor **Vaugham,** ein Arzt, und berühmter Dichter, kaufte etliche Theile dieser Besitzung, schlug seine Wohnung daselbst auf, und verfertigte ein Gedicht, das er das **goldne Vließ** benennete; die Zueignungsschrift aber an den König, Carl I, machte. Der Ritter **Calvert,** Staatssecretair, begab sich mit seiner Familie auch dahin, um die Catholische Religion, zu der er sich bekennete, desto freyer auszuüben. Er ließ ein wohlbefestigtes Schloß, Magazine, andere Nebengebäude, und kleine Häuser für dreyßig Personen, die mit ihm giengen, bauen.

Auf diese Art wurde die Insel nach und nach bevölkert, denn bis dahin hatte man niemanden, als etliche Wilde gegen Norden gesehen, und diese in so geringer Anzahl, daß

Die Insel Terre-neuve.

daß man nicht wußte, ob sie wirklich da wohneten, oder ob sie nur, der Fischerey und Jagd wegen, von dem festen Lande herüber kämen. Die Franzosen haben sich viel später als die Engländer daselbst niedergelassen. Der Hof zog diese Insel in keine Betrachtung; alles war nur an Privatpersonen überlassen, die auf ihre Kosten Schiffe ausrüsteten, und Fischer dahin schicketen: allein im Jahre 1660 erhielt ein Officier vom Könige die Genehmhaltung, einen Haven anzulegen, und den Titel eines Starrhalters anzunehmen. Er legte eine Schanze an, und nennete sie St. Louis; die Stadt aber, die unter seinem Schutze erbauet wurde, empfieng den Namen, Plaisance. Dieses ist die erste Französische Errichtung auf der Insel Terre-neuve. Die Meynung des Hofes war bey Stiftung dieses neuen Wohnplatzes, daß Sr. Majestät Unterthanen in dem Besitze, darinnen sie schon seit langer Zeit, und selbst vor den Engländern, gewesen waren, nämlich alle Jahre auf den Stockfischfang zu gehen, sollten geschützet werden.

Unterdessen besaßen die Engländer schon große Reichthümer daselbst, und waren so mächtig,

mächtig, daß sie das Recht der Fischerey, das ist, den weitläuftigsten und leichtesten Handel in der Welt, allein behaupten konnten. Die Franzosen hatten keine guten Maaßregeln genommen, diesen Handel wenigstens mit ihnen zu theilen. Die ganze Pflanzstadt von Plaisance, unerachtet sie in einem der schönsten und bequemsten Häven von America angeleget war, kam der schlechtesten englischen Wohnung nicht bey. Man wohnete daselbst nicht gemächlicher, als auf einem Schiffe; ein jeder hatte nicht mehr, als was er täglich verzehrte; niemand war im Stande, den Armen oder Kranken zu helfen; ja man hatte nicht einmal daran gedacht, ein Hospital anzulegen. Dem ungeachtet lebten beyde Nationen ziemlich friedlich, bis auf die Zeit des Krieges, der vor dem Ryswickischen Frieden angienge. Alsdenn fielen sie auf einander los, und jagten einander wechselsweise aus ihren Wohnplätzen. Besagter Friede machte den Feindseligkeiten ein Ende; der neue Krieg aber, der sich zu Anfange des achtzehnten Jahrhundertes in Europa entsponn, erneuerte auch ihre Feindseligkeiten. Beyde Partheyen überwanden, oder siegeten wechselsweise. Endlich überließ Frankreich,

laut

laut dem Utrechter Friedenschlusse, die ganze Insel an England, und behielt sich nur das Recht der Fischerey in einem bestimmten Bezirke, an der westlichen Küste, zu einer gewissen Zeit im Jahre, vor.

Wenn man den Stockfischhandel nicht rechnet, so haben die Engländer noch zur Zeit keinen sonderlichen Nutzen von dieser Insel gezogen: denn wegen des langen und heftigen Winters kann die Sonnenhitze im Sommer, unerachtet sie sehr groß ist, das Erdreich nicht lange genug erwärmen, um es fruchtbar zu machen. Der Boden, wenigstens an denen Oertern, die man kennet, ist mager, und voller Felsen; allein, in so einem weitläuftigen Lande ist es fast nicht anders möglich, als daß er unterschieden, und sehr veränderlich seyn muß. In der Gegend von Plaisance giebt es viele Teiche und Bäche, die eine Menge Wild dahin ziehen; in den rauhen und bergigen Bezirken aber ist es unmöglich zu jagen. Was das Innerste der Insel anbelanget, so kann man nicht anders als muthmaßlich davon reden: denn kein Mensch kann sich noch zur Zeit rühmen, dahin gekommen zu seyn. Von den Einge=
bohrnen des Landes weis man eben so we=
nig:

alß: die gemeine Meynung ist, daß sich niemals ein Volk beständig daselbst aufgehalten habe. Man hat nur auf den Küsten Esquimaux gesehen, die aus dem weitläuftigen Lande von Labrador Sommerszeit dahin kommen, und von der Fischerey und Jagd ihre Nahrung ziehen.

Die Engländer, als itzige alleinige Besitzer der Insel Terre-neuve, rechnen ohngefähr sechs tausend Einwohner, welche längst dem Ufer in verschiedene Wohnplätze vertheilet, und durch angelegte Schanzen beschützet sind, davon die wichtigste die St. Johannisschanze heißt. Diese Colonie ist lange Zeit ohne Statthalter geblieben. In Friedenszeiten commandirte der in einem der dasigen Häven zu erst angekommene Schiffscapitain, so lange als die Fischerey dauerte, und man nennete ihn, den Herrn des Havens. Dieser Gebrauch gab zu allerhand Unglücksfällen Anlaß, weil sich ein jeder Schiffscapitain bemühete, der erste zu seyn. In Kriegszeiten genoß der oberste Befehlhaber des Geschwaders, das die englische Fischerey bedeckte, und die Feinde von Großbrittanien abhalten mußte, dieses Vorrechts. Heutiges Tages ist der Schiffscapi-

tain,

Die Insel Terre-neuve.

tain, der in einem der Häven vor den andern Schiffen ankommt, ebenfalls noch Commendant von diesem Haven; aber in Plaisance ist ein Statthalter, der über die ganze Insel zu befehlen hat.

Ehedem maßete sich der Commendant der St. Johannisschanze gleicher Rechte an, ohne einen besondern Auftrag dazu zu haben. Er stellete den Richter und Kanzler vor, und gab sich ein Ansehen, das er bloß seinem Range zuschrieb. Wahr ist es, in einem Lande, wo die Einwohner fast nichts besaßen, waren die Gesetze eben so nothwendig nicht. Einige Netze, einige entwendete Werkzeuge, ein kleiner Platz vom Ufer, der einem andern war genommen worden, machten die vornehmsten Streitsachen aus, und das Recht wurde ohne viele Umstände gesprochen. Der Herr des Havens, oder der Commendant, erkennete über alle Verbrechen, die Mordthaten ausgenommen; und wenn er den Schuldigen durch eine Wache hatte vor sich führen lassen, sprach er das Urthel auf der Stelle. Die Mörder wurden geschlossen nach England geschicket; und weil es zu viele Kosten verursachet hätte, Zeugen mitzunehmen, wurden sie gemeiniglich von den Richtern in Lon-

don

Der 97. Brief.

von frey gesprochen, und mit beygefügter Abschrift des Urthels wieder nach Terranoure geschicket.

Die Fischerey und der Handel sind die einzigen Beschäfftigungen derer Engländer, die auf dieser Insel wohnen. Man sagt, daß sie jährlich, für mehr als vier Millionen, Stockfisch nach Spanien, Portugal, und Italien verkaufen. Diese Summe machet bloß ihren Gewinnst aus; denn der Ausschuß der Fische, als welcher nach den Antillischen Inseln zur Speisung der Sclaven verführet wird, und der Verkauf des Thranes von dem Stockfische, sind hinlänglich, die Unkosten der Fischerey zu bezahlen. Außer dem Vortheile, welchen die Privatleute von diesem Handel ziehen, und außer denen Capitalien, welche dem National-Reichthume dadurch jährlich zuwachsen, beschäftiget dieser Handel auch eine unzähliche Menge Menschen, und Schiffe, welches einen neuen Gewinn für den Staat ausmachet. Mehr als fünf hundert Schiffe, und drey tausend Seeleute, werden bloß zum Stockfischfange gebrauchet. Er ist so einträglich, daß die öffentlichen Blätter, welche in London täglich heraus kommen, nicht aufhö-

ren,

Die Insel Terre-neuve.

ren, die Regirung aufzumuntern, daß sie alle Gelegenheit ergreifen soll, Frankreich zu verhindern, daß es keinen Theil daran nehme. Ohne die unglücklichen Umstände, die uns zwangen, den Utrechtischen Frieden zu schliessen, würde man unsern Gevollmächtigten vorzuwerfen gehabt haben; daß sie nicht genugsam eingesehen hätten, von was für Wichtigkeit die Insel Terre-neuve für uns gewesen wäre. Diejenige Nation, die sie besitzet, kann sich der ganzen Fischerey zu Kriegeszeiten leicht bemächtigen. Sie darf nur etliche Schiffe ausrüsten, und auf die feindlichen Fischer losgehen; weil selbige alsdenn nicht leicht durch eine überlegene Macht geschützet werden; zugleich aber findet sie hier einen Zufluchtsort, im Falle sie nicht stark genug ist, einen Anfall zu wagen. „Seitdem England diese Insel im Besitze hat, sagte mir letzthin jemand, der in dergleichen Materien sehr unterrichtet ist, haben die Franzosen keine reichliche Fischerey mehr gehabt. Sie sehen sich genöthiget, für mehr als zwey Millionen getrocknete Fische von den Engländern zu kaufen, sie, die zur Zeit des Utrechter Friedens alle Jahre acht hundert Schiffe nach Terre-neuve schickten, wodurch bey nahe vierzig

vierzig tausend Menschen, theils an See- theils an Handwerksleuten, und Tagelöh- nern, beschäfftiget, und jährlich mehr als drey tausend neue Matrosen angezogen wur- den."

Die Jahreszeit zu dem Stockfisch- fange geht von dem Frühlinge an, und währet bis in den Monat September. Der Fang ist zweyerley; der beständige, der von den Einwohnern der Colonie unternommen wird, und der abwechselnde, den die Schiffe, die alle Jahre aus Europa kommen, anstel- len. Ersterer hat vieles beygetragen, daß sich die englischen Bevölkerungen in dasigen Wohnplätzen so ansehnlich vermehret haben; überdieses aber verschaffet er ihnen einen er- staunenden Vortheil über die Nationen, wel- che nur abwechselnd dort fischen, wegen des wohlfeilen Preises, um welchen sie die Fische geben können.

Die hauptsächlichste Fischerey des Stock- fisches geschieht auf der großen Sandbank von Terre=neuve. Man giebt diesen Na- men einem unermeßlichen Berge, der unter dem Wasser verborgen ist, und mehr als hundert Stunden im Umfange hat. Seine Breite ist nicht überall gleich; und das Was- ser,

Die Insel Terre-neuve.

ser, das ihn bedecket, hat an manchen Orten kaum zehn oder zwölf Lachtern Tiefe. Dieser Platz hat das Unbequeme, daß die Sonne niemals daselbst hervor kommt, und die Luft mehrentheils mit einem dicken und kalten Nebel angefüllet ist, woran man die Gegend der Bank leicht erkennet. Die Menge von Muscheln, und Fischen aller Größe, die man daselbst findet, ist unbegreiflich. Der mehreste Theil davon dienet den Stockfischen zur Nahrung; von diesen aber könnte man ohne Vergrößerung sagen, daß ihre Anzahl den Sandkörnern, die in diesem Theile des Meeres gefunden werden, gleich sey. Die Fischer aller Nationen, die sich daselbst versammeln, sind vom frühen Morgen bis auf den Abend mit nichts beschäfftiget, als die Angel zu werfen, sie heraus zu ziehen, den gefangenen Stockfisch auszunehmen, und die Eingeweide wieder an den Angelhaken zu machen, um andere zu fangen. Ein einziger Mensch fängt ihrer zuweilen drey bis vier hundert in einem Tage. Seit fast dreyen Jahrhunderten beladet man jährlich drey oder vier hundert Schiffe, ohne daß man die geringste Verringerung spüret. Man behauptet, daß ein gemeiner Stockfisch mehr

als

Der 97. Brief.

als neun Millionen Eyer bey sich habe. Diejenigen, die man in hiesigem Meere fängt, sind drey Fuß lang, und neun oder zehn Zolle breit; sie haben einen starken, abgerundeten Leib, den Bauch sehr hervor ragend, und der Rücken, und die Seiten, sehen braun oder Olivenfärbig. Man hat angemerket, daß dieser Fisch eine sonderbare Eigenschaft hat, die manchem Fresser beneidenswerth scheinen dürfte: jedesmal daß dieser Fisch aus allzu großer Begierde ein Stück Holz, oder sonst etwas unverdauliches, hineingeschlucket hat, speyt er seinen Magen aus, und kehrt ihn vor dem Maule um; wenn er ihn nun ausgeleeret, und mit dem Seewasser recht ausgespület hat, zieht er ihn wieder hinein an seinen Ort, und fängt so gleich an, aufs neue zu fressen.

Der Stockfisch wird auf verschiedene Art zu rechte gemachet. Ich habe Ihnen schon, Madame, erzählet, auf was Weise die Isländer ihn zubereiten: in America aber hat man noch zwey andere Arten. Nach der einem, salzet man den Fisch, so wie man ihn fängt, auf den Schiffen ein, und kehret gleich nach Europa zurück, ohne in Terreneuve Anker zu werfen. Die zweyte Art ist
an-

Die Insel Terre-neuve.

anders, die Fischer bringen den Fisch in Schaluppen an das Land, hauen ihm den Kopf ab, nehmen die Eingeweide heraus, salzen ihn ein, und legen ihn auf Gestelle, die sie längst der Küste aufbauen. Sie breiten ihn hernach auf den Sand aus, daß er trocken werde, und dieses ist, was man **getrockneten Stockfisch,** (merluche,) nennet, der von dem andern, dem man **grünen** oder **weißen,** (morue verte, ou blanche,) das ist, frisch gesalzenen, heißt, nicht unterschieden ist, als durch die Zubereitung: denn nach der einen oder andern Art ist es der nämliche Fisch.

Diejenigen, die ihren Stockfisch frisch einsalzen, kehren nach Europa zurück, so bald sie dreyßig oder fünf und dreyßig tausend Stücke beysammen haben. Sie getrauen sich nicht, ihre Ladungen stärker zu machen, aus Furcht, die zu erst gefangenen möchten verderben. In Ansehung des getrockneten Stockfisches, **Meerlusche** genennt, so fangen selbigen die **Franzosen** von der Küste der Normandie auf der Höhe des Landes von **Labrador,** und nachdem er durch vielerley Hände gegangen ist, laden sie ihn auf ihre Schiffe, und verkaufen ihn in den Französischen, Spanischen, und Portugiesischen

VIII. B.   B b   Häven,

Häven, wo er hernach auf den Reisen nach Africa, Indien, und America, verbrauchet wird. Neu-England hat seinen eigenen Handel mit getrockneten Stockfischen, der wenigstens den dritten Theil der ganzen Englischen Fischerey ausmachet. Wenn man zu dem, was sie an die Fremden verkaufen, ihren eigenen Aufwand rechnet, und diesen Handel in seinem ganzen Umfange betrachtet, so bin ich versichert, daß er den Engländern wenigstens sechs Millionen einträgt. Zwey Drittel davon erwächst ihnen aus Terreneuve. Die Leber dieses Fisches giebt ein Oel, das die Gerber brauchen, und auch gut zu brennen ist. Man verführet es in Tonnen von vier bis fünf hundert Pfunden, und der Abgang ist sehr ansehnlich. Der Stockfischfang, sagte mir letzthin ein Seekundiger, ist die Pflanzschule derer Seeräuber, die von Zeit zu Zeit den westlichen Ocean heimsuchen. Die Schiffleute, die man nimmt, haben sehr geringe Löhnung, und müssen noch überdieses die Kosten ihrer Rückreise selbst bezahlen. Die Liebe zum Brandwein, dessen sie sich allerdings wegen des rauhen Clima nicht wohl enthalten können, versetzet sie in die Nothwendigkeit, Schulden zu machen, und

und den Winter in Terre-neuve hin zu bringen, wo sie wie die Sclaven arbeiten, um ihren Unterhalt zu gewinnen. Oft geschieht es, daß die Lebensmittel daselbst rar sind. Diejenigen, die Vorräthe haben, nehmen die Gelegenheit mit, und verkaufen sie um einen außerordentlichen theuren Preis. Daher der größte Theil der Matrosen in die äußerste Armuth gerathen, und ihre Zeit absehen, wo sie in Barken entwischen, und Seeräuberey treiben, oder sich auf die Schiffe der Corsaren in Dienste begeben können, welche nicht fehlen, sich in Terre-neuve sehen zu lassen, so bald sie Leute anzuwerben nöthig haben.„

Diese Insel kann dreyhundert Stunden im Umfange haben; und ist nur sechshundert Stunden von den Küsten der Normandie, und von Bretagne, abgelegen. In weniger als zwanzig Tagen kann man diese Ueberfahrt verrichten; und es ist lange Zeit, Madame, daß ich nicht so nahe bey Ihnen gewesen bin. Sie scheidet sich von Canada durch eine Meerenge, die nicht breiter ist als diejenige, welche Frankreich und England trennet. Dieser Canal führet den Namen, der Meerenge von Belle-Isle.

Der 97. Brief.

Die Bäume, die in Terre-neuve wachsen, wären vortrefflich zum Schiffbaue zu brauchen; die wilden Thiere in den Wäldern könnten die schönsten Häute zum Pelzwerke liefern, und beydes würde einen sehr einträglichen Handel abgeben, wenn der Stockfischhandel nicht die Aufmerksamkeit der Einwohner einzig und allein an sich zöge. Diese Einrichtung, wodurch sie die Landeserzeugungen vernachläßigen, machet, daß sie der genauesten Abhängigkeit von andern Engländern nicht entübriget seyn können. Sie würden die nothwendigsten Dinge im menschlichen Leben entbähren müssen, wenn die Schiffe aus Europa, oder aus den Englischen Colonien in America nicht Sorge trügen, sie ihnen zu zuführen.

Nachdem Frankreich die Insel Terreneuve, und Acadia, durch den Utrechter Frieden an England abgetreten hatte, blieb ihr zum Stockfischfange nichts übrig, als Cap Breton, sonst Isle royale genennet. Diese Insel liegt, so wie Terre-neuve, an der Mündung des Meerbusens St. Laurent, und hat ohngefähr fünf und zwanzig Stunden in der Länge, und funfzehn in ihrer grössten Breite. Unerachtet sie an vielen Orten

frucht-

Die Insel Terre-neuve.

fruchtbar ist, und alle Arten von Thieren ernähren kann, auch zur Fischerey besonders bequem liegt, so haben die Franzosen doch allezeit eine nur geringe Anzahl von Häusern daselbst gehabt, und niemals geschienen, sie sonderlich zu achten. Allein nach dem Utrechter Frieden wurden sie anderer Meynung; sie lerneten den Nutzen davon einsehen, und waren bedacht, Einrichtungen zu treffen, die ihnen eben die Vortheile, und noch größere, brächten, als die Länder, die sie weggegeben hatten. Sie fanden, daß, da Cap Breton so gelegen ist, daß es natürlicher Weise eine Niederlage zwischen Alt und Neufrankreich abgiebt, es ersterem Stockfische, Oel, Steinkohlen, Gips, und Bauholz, dem andern aber, die Waaren des Königreiches um einen wohlfeilern Preis liefern könnte; ferner, daß die Schiffahrt von Quebec nach dieser Insel, die unnützen, und der Colonie zur Last gereichenden Leute in gute Matrosen verwandeln würde; daß diese beyden Länder durch gegenseitige Hülfe und Handlung nicht fehlen würden, reich zu werden; daß sie mehrere Unternehmungen gemeinschaftlich ausführen könnten, als, Eisenbergwerke anzulegen, wodurch jene im Königreiche ge-

Bb 3 schonet,

Der 97. Brief.

schonet, und das Holz zugleich ersparet würde, oder wenigstens würde man nicht mehr nöthig haben, das Eisen von den Fremden zu kaufen; und endlich würde man keine sicherere Zuflucht für die Schiffe finden, aus welchem Theile von America sie auch kämen; zu Kriegeszeiten aber würde sie einen Standort ausmachen, von welchem man nicht allein die Handlung der englischen Colonien beunruhigen, sondern auch sich mit einer geringen Anzahl Fregatten des ganzen Stockfischfanges bemächtigen könnte.

Alle diese, und mehrere dergleichen Erwegungen, brachten das französische Ministerium dahin, eine neue Stadt in Cap-Breton anzulegen, welche Louisbourg, das Cap aber, Isle royale, genennet wurde. Man hatte gerechnet, alle in Acadia wohnhafte Franzosen hieher zu bringen; weil sie aber die nämlichen Vortheile nicht fanden, die sie in ihrer alten Einrichtung zu genießen hatten, entschlossen sie sich, dort zu bleiben. Der Haven zu Louisbourg, der sonst der Englische Haven hieß, ist einer der schönsten in America. Er hat nicht viel weniger als vier Stunden im Umkreise, und überall findet man sechs bis sieben Lachtern Wasser.

Seine

Seine Einfahrt, zwischen zwey kleinen Inseln, ist kaum zwey hundert Toisen breit, und kann zwölf Stunden weit auf der See gesehen werden. Im Winter wird er von dem Eise verschlossen, und das Wasser frieret so stark, daß man ihn von einem Ende bis zum andern zu Fuße überlaufen kann. Dieser Frost nimt gemeiniglich seinen Anfang zu Ende des Novembers, und dauert bis in den May. Die Schiffe überwintern in einem daneben gelegenen Meerbusen, wo sie vor allen Sturmwinden sicher liegen.

Uneracht die Insel verschiedene Häven hat, welche befestiget und bevölkert werden könnten, so haben die Franzosen doch Louisbourg für hinlänglich gehalten, und geglaubet, daß ein einziger Platz zur Vertheidigung einer bergigen, und mit dicken Wäldern angefüllten Insel genug sey, da sie von der Landseite keinen Anfall zu befürchten hat. Die Stadt ist von mittelmäßiger Größe; die Häuser von Holze auf steinernen Grund gebauet; und die Festung nach neuer Art angeleget, mit allen denen Werken, die einen Platz ansehnlich machen können. In dem Mittel einer der Basteyen ist ein Haus befestiget, welches den Namen des Schlosses führet.

führet. Es besteht dieses Gebäude aus der Wohnung für den Statthalter, aus Casernen für die Besatzung, aus einem Zeughause, Magazinen, und einer Capelle, welche der Einwohner Pfarrkirche abgiebt. In der Stadt ist ein Hospital, welches von den barmherzigen Brüdern besorget wird.

Louisbourg ist mit französischen Familien besetzet, welche theils aus Europäern, theils aus Creolen bestehen; und es giebt unter ihnen sehr wohlhabende Leute, derer Reichthum sich in den vielen Magazinen von Stockfischen äußert. Ehe die Engländer sich derselben im Jahre 1745 bemächtigten, waren Leute, die bis funfzig Barken besaßen, davon jede mit drey oder vier Mann besetzet war, welche ihre bestimmte Löhnung bekamen, und täglich eine gewisse Anzahl Fische lieferten. Dadurch wurden die Magazine noch vor Herannahung der Sommerszeit angefüllet; hernach aber sah man die Schiffe aus allen Haven von Frankreich ankommen, und ihre Waaren mitbringen, die sie gegen Stockfische vertauschten. Die französischen Colonien von St. Domingue, und von Martinique, brachten ihre Landesproducte ebenfalls hieher, und kehrten mit reich=

reichlichen Vorräthen zurück. Empfieng Louisbourg zu viel Waaren, so wurden sie nach Canada geschicket, wo diejenigen, die diesen Handel trieben, Pelzwerk dafür eintauschten.

Isle royale hatte seine eingebohrnen **Bewohner**, denen die Europäer den Namen der **Wilden** gaben. Sie waren Frankreich weder gänzlich unterthänig, noch völlig unabhängig. Wenn sie auch den König für ihren Souverain erkenneten, so gebrauchten sie sich doch seiner Verordnungen nicht in ihrer Privateinrichtung, und änderten ihre Gebräuche nicht. Sie bezahlten so gar keinen Tribut; sondern der König gab ihnen vielmehr noch jährlich eine gewisse Anzahl Kleider, Brandewein, Pulver, und Flinten zur Jagd, alles in der Absicht, sich diese Leute desto verbindlicher zu machen. Wir gehen auf gleiche Weise mit den Wilden in Canada um. Unsere Mißionaire unterrichten sie, und diese rauhen, aber erkentlichen Völker, lieben und ehren diejenigen, von denen sie die Taufe, und das Licht der Religion empfangen haben. Diese Indianer, ungeachtet sie beysammen wohnen, sind als herumziehend anzusehen; denn selten halten sie sich lange an einem Orte auf. Ihre Hütten sind leicht gebauet, weil sie niemals auf einen langen Aufenthalt rechnen. Wenn sie an einen Ort kommen, wo sie wohnen wollen, ist ihre erste Sorge, eine Kapelle, und ein Haus für ihren Pfarrer zu bauen, und hernach verfertiget ein jeder seine eigene Hütte. Hier bleiben sie mehrere oder wenigere Zeit, nachdem sie mehr oder weniger Bequemlichkeit zur Jagd finden. Fängt das Wild an abzunehmen, heben sie ihr Lager auf, und suchen eine andere anständige Gegend, haben aber allezeit ihren Pfarrer bey sich. Viele unter ihnen nehmen auf eine gewisse Zeit Dienste bey den Franzosen, und wenn der Termin verflossen ist, kehren sie wieder zu ihrem Haufen.

Die Nebel sind in Cap-Breton zwar sehr häufig, die Luft ist aber nicht ungesund. Das Erdreich ist nicht durchgehends gut, aber überall wachsen alle Gattungen von Bäumen. Man sieht Eichen von erstaunender Größe, Fichten zu Mastbäumen, und viele Sorten von Bauholze. Dieses widerspricht offenbar der Meynung unsers Engländers, welcher, um seinen Satz wegen der Wirklichkeit eines Weges durch die Hudsons-Bay zu beweisen, behauptete, wie Sie gesehen

Die Insel Terre-neuve.

hen haben, daß man in den Ländern von geringer Breite, sie seyn Inseln oder Halbinseln, keine großen Bäume, sondern bloß Sträucher, und Büsche, anträfe. Dem sey aber, wie ihm wolle, außer den angeführten Bäumen, sind die Ceder, die Esche, der Ahorn, die Maßeller, und die Aspe, in Isle royale sehr gemein. Das Obst, und insonderheit die Aepfel, sind ziemlich gut, so wie auch die Hülsenfrüchte, der Waizen, Lein, und Flachs. Die zahmen Thiere, wie Pferde, Ochsen, Schweine, Ziegen, Schafe, und das Federvieh, finden ihre Nahrung reichlich. Von der Jagd, und Fischerey, leben die Einwohner einen guten Theil vom Jahre; der vorzüglichste Nutzen aber von dieser Insel ist, daß man keine Küste findet, wo der Stockfischfang besser, und die Gelegenheit, die Fische zu trocknen, bequemer sey. Da dieser Handel mehr als hinlänglich ist, die Einwohner des Landes zu bereichern, so sind ihrer wenige, die sich mit dem Ackerbaue beschäfftigen. Hiernächst ist der Winter sehr lang, und die Felder sind lange Zeit mit drey und vier Fuß hohen Schnee bedecket, der erst im Sommer schmelzt, so daß das Erdreich untauglich bleibt, gebauet zu werden, und das

Der 97. Brief.

das Vieh keine Weyde hat. Man muß selbiges von dem ersten Froste an, in den Ställen behalten, und bis in den Sommer mit Heue füttern. Es ist wahr, der Schnee ist kaum vorüber, so wächst alles in den Feldern im Ueberflusse, und die Einwohner erholen sich dadurch von dem langen Winter.

„Louisbourg wäre niemals eingenommen worden, sagte mir ein Franzose, der bey der Uebergabe des Platzes gewesen war, wenn man nicht geglaubet hätte, der Ort sey unüberwindlich, und wenn man nicht alle zu brauchende Vorsicht vernachläßiget hätte. Es fehlte weder an Gelde, das aus Frankreich geschicket wurde, noch an Lebensmitteln für die Truppen, noch an der Unterhaltung der Festung: aber der Geitz derer, welche die Gelder austheilen sollten, war Ursache, daß sie nicht alles bezahlten, und machte die Besatzung so mißvergnügt, daß man nichts gutes vermuthete, so bald eine Englische Flotte sich vor dem Haven würde sehen lassen. Noch vor der Belagerung fiel zwischen einem Französischen Schiffe, und der ganzen feindlichen Flotte ein Treffen vor." Unerachtet des daher verlorenen Sieges, erwurb sich der Marquis von Maison-forte, wegen seiner guten

Die Insel Terre-neuve.

ten Vertheidigung, ungemeinen Ruhm. Bey aller dieser Einbuße hielt die Stadt doch noch eine Belagerung von sechs Wochen aus; und endlich erhielt der Commendant eine rühmliche Capitulation, so wie man sie tapfern Leuten zu geben pfleget, die den unglücklichen Umständen, und einer überlegenen Macht weichen müssen.„

Die übrigen benachbarten Inseln von Terre-neuve sind St. Jean, Anticosti, Sable, u.s.w. welche ebenfalls an der Mündung des Flusses St. Laurent liegen. Die erste ist die wichtigste: man trifft daselbst weitläuftige Wiesen und viele Teiche an. Wildpret giebt es im Ueberflusse, und mit Fichtenwäldern ist sie bedecket. Im Jahre 1719 entstund in Paris eine Gesellschaft, welche diese Insel bevölkern wollte. Der Graf von St. Pierre, erster Stallmeister bey der Herzoginn von Orleans, war die Hauptperson dieser Unternehmung, und erhielt einen königlichen Gnadenbrief, worinnen ihm die Inseln St. Jean, und Miçsou ohne einige andere Bedingung überlassen wurden, als daß er auf dem Schlosse zu Louisbourg den Eid der Treue ablegen mußte. Die Absicht dieser Gesellschaft war, das Land

anzu-

Der 97. Brief.

anzubauen, Holz zu fällen, vornehmlich aber Stockfische zu fangen: da aber die ersten Versuche keinen sonderlichen Erfolg hatten, blieb das ganze Unternehmen liegen.

Die kleine Insel Anticosti gehöret den Nachkommen eines Franzosen, der an der Entdeckung von Mißißippi Theil hatte. Er erhielt diese Belohnung für seine geleisteten Dienste: man machte ihm aber dadurch kein wichtiges Geschenk. Die Insel ist unfruchtbar, hat weniges Holz, und keinen einzigen Haven, wo nur das geringste Schiff Sicherheit finden könnte. Vor einigen Jahren sprengete man aus, man hätte ein Silberbergwerk daselbst entdecket; es wurde daher ein Goldschmidt von Quebec abgeschicket, der es untersuchen sollte, dieser aber belehrte das Publikum von dem Gegentheile.

Die Insel Sable liegt ohngefähr fünf und zwanzig Stunden von Isle royale, und man versichert, die Franzosen hätten schon seit dem Anfange des sechzehnten Jahrhundertes versuchet, eine Colonie daselbst zu errichten. Man hätte keine schlechtere Wahl treffen können: kaum bringt diese kleine Insel, die keinen Haven hat, ein wenig Gras, und etliche Sträucher hervor. In ihrem Umfange

von

Die Insel Terre-Neuve.

von ohngefähr zehen Stunden, befindet sich ein See von nicht weniger als fünf Stunden; und ihre Berge entdecket man sehr weit. Ein Wagehals, mit Namen Laroche, setzte vierzig armselige Franzosen, die er aus den Gefängnissen genommen hatte, hier an das Land, und sie fanden gar bald Ursache, ihre Gefangenschaft zu bedauern. Er gieng hernach fort, um die nächst gelegenen Küsten des festen Landes, welches Acadien war, zu untersuchen; und als er die zu seinen Absichten benöthigten Nachrichten eingezogen hatte, nahm er den Weg nach Europa, ohne auf der Insel Sable zu landen, wovon ihn die widrigen Winde beständig abhielten. Die Unglücklichen, die er daselbst zurück gelassen hatte, trafen am Ufer etliche Breter von Schiffen an, daraus sie sich Hütten machten. Es waren Trümmern von Spanischen Schiffen, worauf noch etliche Schafe und Ochsen geblieben waren, die sich auf der Insel vermehreten, und eine Zeitlang zum Unterhalte für die vierzig Franzosen dieneten. Die Fische wurden hernach ihre einzige Speise; und als ihre Kleider abgenutzet waren, kleideten sie sich in Häute von Meerwölfen. In dieser Verfassung blieben sie bey nahe acht Jahre,

bis

bis der König, Henrich IV. von ihrem Zustande unterrichtet wurde, und einem Schiffer Befehl gab, sie zu holen. Allein, der größte Theil war vor Elende gestorben, und es fanden sich ihrer nicht mehr als zwölfe, die der König in der Figur vor sich kommen ließ, wie man sie angetroffen hatte. Sie erschienen in ihren Häuten von Meerwölfen, Haare und Bart von einer abscheulichen Länge, und ihre ganze Gestalt in der größten Unordnung. Henrich IV. ließ jedem eine Summe Geld geben, und sprach sie von aller gerichtlichen Verfolgung frey.

Nicht weit von Terre=neuve sieht man die Küste von Labrador. Es ist dieses der Name, den die Spanier einer großen Halbinsel in dem Nördlichen America gegeben haben. Man kennet nichts als die Küsten von diesem Lande, welches sehr unrecht das Land des Ackermannes ist benennet worden: denn wegen der entsetzlichen Kälte, die daselbst gespüret wird, ist es weder angebauet, noch kann es verbessert werden. Es wird von so wilden Menschen bewohnet, daß man sie noch zur Zeit nicht hat zahm machen können. Nichts desto weniger handeln sie mit den Völkern in Canada,

naba, die ihr Pelzwerk gegen andere Waaren an sie vertauschen. Beyderseits bleiben in ihren Barken, und der Tausch geschieht an der Spitze einer Stange. Unsere Bretons haben den Namen ihrer Provinz der Oestlichen Küste des Landes von Labrador beygeleget, und das neue Brest dahin gebauet. Die Engländer besitzen den Westlichen Theil an der Bay, und gegen die Meerenge von Hudson.

Ich bin u. s. w.

Louisbourg, den 17 August, 1748.

Der 98. Brief.
Acadia.

Es bleibt mir noch übrig, Madame, Ihnen von einem andern Lande Erwähnung zu thun, das in der Nähe von Cap Breton liegt, durch eine Erdenge mit dem festen Lande verbunden ist, und an Canaba gränzet. Sie werden leicht vermuthen, daß ich von Acadien, oder, wie es die Engländer nennen, von Neuschottland rede. Diese Provinz ist lange Zeit von den Fran=

Der 98. Brief.

Franzosen besessen, hernach aber durch den Utrechter Frieden ebenfalls an England abgetreten worden. Bey veränderter Herrschaft wurde die Hauptstadt Port royal, nach dem Namen der Königinn Anna, die dazumahl in Großbrittanien herrschete, Annapolis genennet.

Die Franzosen sind die ersten gewesen, welche zu Anfange des siebzehnten Jahrhundertes Acadien in Besitz genommen, und den Grund zu einer Pflanzstadt geleget haben. Der mehreste Theil der Colonisten waren Protestanten, und hatten einen gewissen Peter von Monts, einen Edelmann aus Saintonge, zu ihrem Anführer, welchem der König erlaubet hatte, daß er und die Seinigen ihren Religionsdienst in America ausüben möchten. Er hat die Stadt Port-royal jetzt Annapolis, erbauet. Der dasige Haven würde einer der schönsten in America seyn, wenn die Ein-und Ausfahrt weniger beschwerlich wäre. Es kann nicht mehr als ein Schiff auf einmal einlaufen; und noch muß man unendliche Behutsamkeit anwenden. Seine Länge ist ohngefähr von zwey Stunden, die Breite aber eine reichliche Stunde. In der Mitte dieses weitläuftigen Wasserstückes

Acadia.

ckes liegt eine kleine Insel, die man die Ziegeninsel, (l'isle-aux-chèvres,) nennet, an welche die Schiffe sehr nahe anfahren können. Man rechnet, daß diese Bay bis tausend Schiffe fassen kann, die alle für Wind und Sturm gesichert sind.

Die Stadt ist niemals wichtig gewesen, ungeachtet sie den Franzosen sehr vortheilhaft lag, und Gelegenheit gab, daß sie die Bewohner von Neu-England beunruhigen, und ihre Handlung stören konnten. So lange sie Frankreich zugehöret hat, ist sie nie anders als mit elenden Palisaden besetzet gewesen, die den geringsten Haufen Truppen nicht hätten aufhalten können: seitdem sie aber die Engländer inne haben, ist sie in bessern Vertheidigungsstand gesetzet worden. Der Handel, den sie daselbst treiben, ist noch immer derselbe, der von jeher daselbst geführet worden ist, und bestehet in Bauhölzern, Pelzwerk, Fischen, rohen Häuten, u. d. gl. und schon zu unserer Zeit hatte er mehr als sechs tausend Einwohner dahin gezogen. Die Wilden brachten Pelzwerk, und vertauschten es gegen allerhand europäische Waaren von schlechtem Werthe. Die Franzosen bedienten sich dieser Wilden zugleich, um dem An-

Der 98. Brief.

wachſe der Engliſchen Colonien Einhalt zu thun; und zu Kriegszeiten waren ſie ihnen wegen der Engliſchen Anfälle ſehr nützlich; wie denn Port=royal zugleich einen Sicherheits= ort für die Caper abgab, die wider die Eng= liſchen Schiffe kreuzten. Es war daher den Engländern daran gelegen, daß ſie ſich des Beſitzes von Acadien verſicherten; und ver= abſäumeten nichts, ſolches in ihre Gewalt zu bekommen. Als ſie es noch unter Fran= zöſiſcher Hoheit ſahen, ſchützten ſie eine Schenkung des Landes vor, welche Jacob I an den Grafen von Sterling gemachet hätte. Der Schenkungsbrief beſagte aus= drücklich, ſein Eigenthum ſollte nicht anders ſtatt haben, als in ſo fern dieſe Landſchaft keine Einwohner hätte, oder nur mit Wilden beſetzet wäre: eine Bedingung, die die ganze Schenkung nichtig machte, weil Acadien von den Franzoſen beſeſſen wurde, die ſich ſeit vielen Jahren daſelbſt niedergelaſſen hatten. Daher auch das Schiff, das der Graf Sterling dahin ſchickte, unverrichteter Sachen wieder nach England gieng, ohne verſuchet zu haben, eine Wohnung daſelbſt aufzuſchlagen. Dem unerachtet haben die Engländer nachher nicht ermangelt, ſich des

Landes

Landes unter diesem Vorwande zu bemächtigen; und Cromwell hat es einem französischen Edelmanne, Namens **Latour**, überlassen, der dem Grafen Sterling sein Recht abgekaufet hatte.

Ich will Ihnen, Madame, eine wenig bekannte Nachricht mittheilen, die diesen Edelmann betrift, und die unter den Franzosen zu Louisbourg unvergessen bleibt, wo sie mir folgendermaßen erzählet worden ist. „**Latour** hatte sich aus Frankreich, während der Belagerung von Rochelle, unter dem Vorwande der Religion wegbegeben, und in London wohnhaft niedergelassen. Wir hatten dazumahl fast ganz Acadien verloren, und es blieb uns nichts als eine einzige Schanze übrig, die sein Sohn vertheidigte. Der alte Latour, um in England den Titel eines Baronet zu erlangen, machte sich anheischig, den Engländern den Besitz dieser Schanze zu verschaffen. Auf seine gegebene Versicherung, es durch zu setzen, verwilligte man ihm sein Ansuchen; und man rüstete zwey Schiffe aus, worüber er das Commando erhielt.

Als er in America ankam, verlangete er, in die Schanze zu seinem Sohne gelassen zu werden,

werden, sprach mit ihm in den zärtlichsten und dringendesten Worten, und suchte ihn zu vermögen, sich für Sr. Großbritannische Majestät zu erklären. Der junge Commendant hörte den Antrag mit eben so viel Widerwillen als Verwunderung an, und versicherte, daß er entschlossen wäre, seinem Herrn bis auf den letzten Lebens Augenblick treu zu verbleiben. Der Vater, der diese Antwort nicht vermuthete, gieng sehr misvergnügt weg. Den folgenden Tag schrieb er ihm, wie er im Stande wäre, durch Gewalt zu erlangen, was er in Güte nicht hätte ausrichten können, und er bäte ihn, er möchte ihn nicht in die traurige Nothwendigkeit versetzen, ihm als einem Feinde zu begegnen. Diese Drohungen aber fanden nicht mehr Eindruck, als das Bitten und Schmeicheln.

Als er sich nun gezwungen sah, das äußerste vorzukehren, vertheilte er seine Truppen um die Schanze, und fieng an, sie zu bestürmen. Der Sohn wehrte sich mit solcher Tapferkeit, daß, da der Vater eine Menge seiner Soldaten getödet sah, ohne den geringsten Vortheil gewonnen zu haben, er von seinem Vorhaben abließ, und nach zweyen Tagen entschloß er sich, die Belagerung auf-

zu-

zuheben. Sein Entschluß wurde in einem Kriegsrathe gebilliget, er befand sich aber dabey in ungemeiner Verlegenheit. Er getrauete sich nicht wieder an den Englischen Hof zu kommen, weil er die Uebergabe der Festung mit so vieler Zuversicht versichert hatte: andererseits konnte er auch nicht nach Frankreich gehen. Das einzige Mittel das ihm übrig blieb, und das er erwählte, war, seine Zuflucht zu seinem Sohne zu nehmen, dessen gutem Herze er sich lediglich überließ.

Nachdem er diesem die unglücklichen Umstände, darinnen er sich befand, vorgestellet hatte, bat er ihn, zu verstatten, daß er die übrige Zeit seines Lebens in Acadien zubringen dürfte. Der Sohn gewährete es ihm, und nahm ihn zu sich, mit der Bedingung, daß er niemals, unter was für Vorwand es auch sey, in das Innerste der Festungswerke der Schanze gehen wollte. Er erklärte sich zugleich, dem Vater auf eine gewisse Weite von der Schanze ein bequemes Haus bauen zu lassen, wo er alle nur mögliche Bequemlichkeit haben sollte. So hart auch diese Bedingungen eines Sohnes gegen seinen Vater waren, so nahm doch dieser, der kein Recht hatte

Der 98. Brief.

hatte darüber zu klagen, solche mit Vergnügen an, und beobachtete sie unverbrüchlich.

Der junge Latour erhielt hernachmals, zu Belohnung seiner Dienste, eine ansehnlichere Commendantenstelle; und schlug seine Wohnung in einer Schanze auf, die an dem Flusse St. Jean gelegen war. Ein anderer Französischer Gouverneur, mit Namen Charnisay, theilete mit ihm die Aufsicht in dasigen Gegenden, und das Land blieb lange Zeit ruhig, weil jeder auf nichts anders dachte, als den ihm anvertraueten Bezirk in die Höhe zu bringen. Sie wurden zuletzt aber uneinig, und ihre Misshelligkeiten bahnten nicht allein den Weg zu ihrem eigenen Untergange, sondern sie hätten fast den Verlust des ganzen Landes für Frankreich nach sich gezogen.

Charnisay, der reicher und mächtiger geworden war, machte den Anschlag, sich der Handlung allein zu bemächtigen; und um solches auszuführen, trachtete er zu erst die Schanze, und die an dem Flusse St. Jean gelegenen Wohnplätze, wegzunehmen. Er bediente sich dazu der Zeit, da Latour, mit einem Theile seiner Besatzung, etliche Tagereisen weit ausgegangen war, Fütterung zu holen,

holen, und ließ unterdessen seine Truppen anrücken, um sich des Platzes zu bemächtigen. Dieser unvermuthete Anfall setzte anfänglich die Frau des Gouverneurs, welche nur eine geringe Anzahl Soldaten bey sich hatte, in große Bestürzung; als sie aber von dem ersten Schrecken wieder zu sich gekommen war, faßte sie den Muth, sich bis auf das äußerste zu wehren. Und in der That hielt sie sich so gut, daß die Belagerer drey Tage lang nichts ausrichten konnten. Den vierten Tag, als sie erfuhr, daß die Feinde Anstalt machten, Sturm zu laufen, stieg sie auf den Wall, und zeigte sich auf der Brustwehre an der Spitze von allen ihren Leuten. Die Belagerer, die eine größere Menge Soldaten sahen, als sie nicht geglaubet hatten, die aber noch weit mehr über den Entschluß dieser Frau verwundert waren, bildeten sich ein, der Platz wäre fester, als man ihnen gesaget hatte; in dieser Meynung verwilligten sie ihr eine rühmliche Capitulation, und die Schanze wurde übergeben.

Bey dem Einmarsche in den Platz sah der General was für einer Handvoll Leute er eine so rühmliche Capitulation zugestanden hatte, und erklärete sich, er wäre bey den Bedingungen

gungen überraschet worden, und er könnte sie schlechterdings nicht halten. Dem zu Folge machte er die Besatzung zu Kriegsgefangenen, und ließ alle Soldaten aufhenken, bis auf einen, welcher seiner Cameraden Scharfrichter abgeben mußte. Er wollte so gar, Madame de Latour sollte | dieser grausamen Execution mit einem Stricke um den Hals beywohnen."

Charnisay hatte Mittel gefunden, die Treue des Latour bey Hofe verdächtig zu machen, und hatte sich lassen einen Befehl geben, ihn in Verhaft zu nehmen, wenn er sich weigerte, nach Frankreich zurück zu kehren. Latour wurde also um alle seine Besitzungen gebracht; sein Feind aber erhielt vom Könige die Erlaubniß, beyde Statthalterschaften in seiner Person zu vereinigen.

Die Engländer machten sich diese innerlichen Uneinigkeiten zu Nutze, und bemächtigten sich des größten Theiles unserer Errichtungen. Sie gaben sie, und nahmen sie uns etlichemal wieder, bis zum Utrechter Frieden, von welcher Zeit sie selbige beständig behalten haben. Die Artikel des Friedens besagen, daß sie Acadien nach seinen alten Gränzen besitzen sollen: da diese
Grän-

Gränzen aber nicht ausgemachet sind, so ist zu befürchten, daß sie dereinst Gelegenheit zu einem Kriege geben werden, der uns um ganz Canada bringen kann. Man wird anfangen, über den eigentlichen Sinn der Worte, „nach seinen alten Gränzen,„ zu streiten; die Engländer werden ihnen vermuthlich die weitläuftigste Auslegung geben, die Franzosen hingegen sie, so viel als möglich, einschränken. Man wird Commissarien von beyden Theilen ernennen; ein jeder wird seine Ansprüche geltend zu machen suchen; man wird Schriften darüber verfertigen; die Engländer werden vier oder fünf hundert Stunden Landes von Frankreich verlangen; sie werden vorgeben, daß nicht allein die ganze Halbinsel, sondern auch der südliche Theil des Meerbusens von St. Laurent, und das südliche Ufer des Flusses gleiches Namens, bis auf die Höhe von Quebec, zu den alten Gränzen von Acadien gehörten, und werden solchemnach verlangen, daß dieser weitläuftige Umfang Landes, der Meynung und dem Sinne des Tractates gemäß, ihnen eingeräumet werden müsse.

Um ihr Vorgeben zu unterstützen, werden sie zeigen wollen, daß dieses die Gränzen

zen von allen Zeiten her ausgemachet, und also Se. Großbritt. Majestät ein unfehlbares Recht über alle Länder, Inseln, Meerbusen, und Flüsse habe, die in selbigen eingeschlossen sind. Um es zu beweisen, werden sie sagen, daß zu der Zeit, da Frankreich die Statthalterschaft von Acadien an Charnisay gegeben habe, es eben die Gränzen, welche Großbrittanien itzt bestimmete, in sich begriffen hätte. Sie werden hinzu setzen, daß der Herr von Estrades, unser Gesandter in London, der die Wiedergabe von Acadien, dessen sich die Engländer bemächtiget hatten, zurück verlangete, mehr als einmal eben dieselben Gränzen angegeben hätte: als es auch hernach durch den Bredaer Frieden an Frankreich wäre zurückgegeben worden, hätte es einen gleichmäßigen Umfang gehabt: sie werden endlich alle Beweise, die sie nur finden können, hervorsuchen, um darzuthun, daß die Gränzen dieser Provinz sich viel weiter erstrecken, als sie die Franzosen setzen: sie werden sich auf den Utrechter Frieden berufen; und wenn sie die Worte lange genug herum gedrehet haben, werden sie glauben, sattsam zu zeigen, daß das, was sie verlangen, ihnen müsse zugestanden werden. Zu allen

allen ihren Beweisgründen werden sie noch einige Land-Charten bringen, die sie sorgfältig zu ihrem Vortheile auslegen werden.

Dieses, Madame, werden ohnfehlbar die Gründe seyn, worauf der Englische Hof seine Anforderungen stützen wird: sie können aber leicht erachten, daß man in Frankreich darauf antworten wird. Die Franzosen werden darthun, daß die Statthalterschaft, welche an Charnisay gegeben wurde, nicht nur Acadien, sondern auch die Gränzen dieser Provinz begriff: wer aber Gränzen saget, sagt, herumliegende Länder; und die um Acadien gelegenen Länder, sind nicht Acadien selbst. Sie werden ferner sagen, daß der Herr von Estrades zwar ein sehr geschickter Gesandter gewesen sey, der aber die Geographie der mittäglichen Küsten von Neu-Frankreich wenig gekennet habe, indem er in seinen Briefen einem Lande, das mehr als drey hundert Stunden im Umfange begreift, nur achtzig beygeleget habe. Ueberdieß war des Grafen Estrades einzige Absicht, zu beweisen, daß die festen Plätze, die er zurück forderte, Frankreich gehöreten, und unrechtmäßiger Weise weggenommen worden waren. Gewiß ist es, daß er in dieser Betrachtung keine

Ursache

Ursache hatte, die genaue Benennung aller Gränzen anzuführen: die Frage des Eigenthumes war hievon ganz verschieden. So bald dieses Eigenthum fest gesetzet war, unter was für Namen wir auch unsere Errichtungen besaßen, so war die Wiedergabe eine nothwendige Folge davon; und unter diesem Gesichtspuncte hatte der Herr von Estrades seine Unterhandlung zu betrachten: denn zwischen ihm, und dem Englischen Hofe, war nicht die Frage, die wahrhaften Gränzen von Acadien zu bestimmen.

Was den Friedenstractat von Breda anbelanget, so werden die Franzosen ebenfalls nicht ermangeln, anzuführen, daß dazumal nicht die Frage war, die alten Gränzen des Landes zu bestimmen, sondern bloß die Sachen in America wieder auf den Fuß zu setzen, wie sie vor dem gegenseitigen Einfalle beyder Nationen gewesen waren. Und was endlich den Utrechter Tractat betrifft, wenn es bloß darauf ankommt, über Worte zu streiten, so werden die Franzosen gewiß nicht verlegen seyn, die nämlichen Worte des Tractates nach ihrer Art auszulegen, und darinnen ganz Acadien in den engesten Gränzen eingeschlossen zu finden. Es wird als-

denn,

denn, wie bey allen Streitigkeiten, geschehen, daß niemand nachgeben will; und was nicht durch Schriften hat können bestimmet werden, werden die Canonen entscheiden: um aber etliche Acker mit Schnee zu erhalten, werden wir vielleicht ganz Canada einbüßen.

Doch dem sey wie ihm wolle, einige geben den Namen von Acadien derjenigen dreyeckigen Halbinsel, welche America nach Süd-Osten Gränzen setzet; andere schränken es bloß auf ihre mittägliche Küste ein. Letztere theilen das ganze Land in vier **Provinzen**: die erste von dem Flusse Pentagoet, bis an den Fluß St. Jean, welche sie das Land der **Etechemins** nennen: die zweyte von dem Flusse St. Jean, biß an das Vorgebirge von Sable; und diese heißen sie, die **Französische Bay**: die dritte, von dem Cap Sable, bis an den Haven von Camceau, und dieses ist, was wir eigentlich **Acadien**, die Engländer aber **Neuschottland**, nennen: die vierte, von Camceau biß an das Cap des Rosiers, hat den Namen der **Bay von St. Laurent** bekommen. Sollte man nicht meynen, man habe auf diese Eintheilung gesehen, wenn man in dem Utrechter-Friedenstractat saget, „der Allerchristlichste König

König überlasse der Königinn von England, und ihren Nachfolgern, auf immer und ewig Acadien, oder Neuschottland, nach Maaßgebung seiner alten Gränzen, ingleichen die Stadt Port=royal, mit ihrem Gebiete." Indem dieser Tractat Port=royal zu Acadien hinzusetzet, so folget, dünket mir, daß er unter diesem Namen nicht die ganze Halbinsel begreift.

Man spricht hier viel von einer neuen Colonie, welche die Engländer hieher schicken wollen, wenn der Friede, der wie man sagt, nicht weit entfernet ist, von beyden Mächten zu Aachen wird unterzeichnet seyn. Man versichert so gar, der Englische Hof, um die Abschaffung seiner Truppen nach dem Kriege zu nutzen, wolle seine Wohnungen in Acadien vermehren, und eine neue Stadt erbauen. Er will jedem Officiere, jedem Soldaten, Matrosen, oder Handwerksmanne, der sich daselbst niederlassen will, ein Stück Landes überlassen. Dieser Vorschlag, den der Lord Hallifax wie man sagt, angegeben hat, soll nächstens öffentlich kund gemachet werden; und man hält dafür, viele Engländer wollten sich für dieses Land einschiffen. Die Regirung wird die Reise-

Nahrungs- und Unterhaltungskosten dieser neuen Colonisten, ein Jahr lang nach ihrer Ankunft, tragen; und sie sollen zehn Jahre von allen Abgaben frey seyn. Man will ihnen Gewehr, Vorräthe, Hausrath, Werkzeug liefern, so lange als man nöthig finden wird, daß sie solches zum Anbaue und Verbesserung des Landes, zu Errichtung der Häuser, zur Jagd, und Fischerey, u. s. w. brauchen dürften. Man hat durch Briefe gemeldet, daß sich schon vier tausend Personen zu dieser neuen Bevölkerung gemeldet haben, und die Stadt, die sie bauen wollen, soll Halkifax, zu Ehren des Erfinders dieses Vorschlages, heißen. Sie soll nach Südosten von der Halbinsel, in einer sehr bequemen Lage, die für die Fischerey viel besser seyn wird, als der Haven von Annapolis aufgeführet werden. Sie soll groß, wohl gebauet, und mit Palissaden versehen seyn, und auf gewisse Weiten hölzerne Schanzen bekommen, die sie vor den Anfällen der Wilden schützen.

Es giebt Staatskundige, welche voraus sehen, daß bey aller Bemühung, diese Stadt in Aufnehmen zu bringen, die herumliegende Gegend niemals wird können wohl angebauet werden. Sie haben den Boden untersuchet, der ihnen sehr schwerlich urbar zu machen geschienen hat; denn wenn er geackert ist, trägt er wenig, und kostet viel bearbeitet zu werden. Hiernächst, sagen sie, werden die Engländer der Wilden Freundschaft niemals gewinnen können, da diese der französischen Nation einzig und allein ergeben sind. Sie werden solchemnach unendlich viel von den Anfällen der Indianer auszustehen haben, und werden sich keinen Canonenschuß weit von der Stadt wagen dürfen; auch ihre Felder nicht anders als mit grosser Gefahr bauen können. Sie können daher nicht den fünften Theil derer zu ihrem Unterhalte benöthigten Dinge erzeugen; und werden genöthiget seyn, die meisten Vorräthe aus Neu-England zu ziehen; ja sie müssen verhungern, wenn die Fischerey, und etlicher weniger Schiffproviant, nebst der Löhnung der Besatzung, sie nicht erhalten hilft. Selbst die Besatzung wird wider die Wilden nicht viel ausrichten, unerachtet sie, wie man saget, aus drey Regimentern bestehen soll. Diese, aus Mangel der Uebung schwächlichen Soldaten, die mehrentheils vom Scorbute angegriffen, und durch die starken Getränke entkräftet sind,

werden

werden nimmermehr der Munterkeit, der Aufmerksamkeit, der Geduld und List der Americaner widerstehen. Wenn der Englische Hof diese Colonie einen Augenblick aus der Acht läßt, so wird sie sich unerachtet der aufgewendeten Summen, und bey aller erhaltenen Aufmunterung, und Unterstützung, nach der Meynung dieser Staatskundigen, niemals erhalten. Haben die Franzosen sich daselbst vermehret, und wohl befunden, sie, die mehr Schwierigkeiten zu überwinden, und weniger Beyhülfe aus Europa zu erwarten hatten, so ist die Ursache davon, daß sie Freunde der Wilden waren; und diese haben den Engländern einen ewigen Krieg angekündiget, auch ihre Herrschaft niemals erkennen wollen.

Man rechnet in dem Innersten von Acadien sieben oder achterley Indianische Nationen, alle, Feinde von England. Die vornehmsten darunter sind die Etechemins, die den westlichen Theil des Landes inne haben; ingleichen die Suriquois, die in der Gegend von Port=royal wohnen. Diese Völker haben gewisse Gebräuche, die ihnen eigen sind; andere aber kommen mit den allgemeinen Gewohnheiten der Wilden

Der 98. Brief.

überein. Samago ist der Titel, den sie ihren Oberhäuptern geben. Jedes Dorf hat einen Oberen, der über die jungen Leute eine unumschränkte Gewalt hat: diesem sind sie verbunden, Gehorsam zu leisten, bis sie verheurathet werden: alles was sie durch ihre Arbeit erwerben, gehöret ihm; und wenn sie verheurathet sind, ob sie schon viele Kinder haben, müssen sie eine Art von Tribute bezahlen, die er mit der größten Schärfe einfordert. Die Gelangung zu dieser Würde geschieht durch die Wahl; unterdessen wird mehrentheils derjenige genommen, der die zahlreichste Familie hat. Er entscheidet alle Streitsachen, die unter den Einwohnern entstehen. Wenn sie die Partheyen nicht vergleichen können, so fället er ein Urtheil auf der Stelle, nach dem Rechte der Wiedervergeltung, das man buchstäblich in Acht nimmt. In Dingen, welche die ganze Völkerschaft betreffen, wird nichts ohne eine allgemeine Bewilligung aller versammelten Oberhaupter ausgemachet.

Diese Wilden treiben die harte Begegnung gegen ihre Weiber bis zur Grausamkeit; und in der Wuth zerreißen sie selbige auf eine unmenschliche Weise. Sie nehmen

nehmen nicht die geringste Vorstellung an; und wenn jemand, der bey diesen barbarischen Auftritten gegenwärtig ist, ihnen zureden will, sagen sie: ich bin Herr in meinem Hause; ich kann meinen Hund schlagen, so oft es mir gefällt. Eine Frau, die in Ehebruche ergriffen wird, wird oftmals am Leben gestrafet. Die unverheuratheten Weibspersonen leben sehr eingezogen; fügt es sich aber, daß eine heimlich einen Fehler begeht, so wird dieses Geheimniß sorgfältig in der Familie verborgen; denn wenn es ruchtbar wird, wird das Mägdgen aus dem Hause gejaget. Diese Völker lieben ihre Kinder auf das zärtlichste: bey der Geburt eines Sohnes geben sie ein Fest, und bringen diesen Tag in großer Freude zu. Krieget das Kind den ersten Zahn, so geben sie ein zweytes; und ein drittes, weit kostbareres, wenn der junge Mensch das erste wilde Thier von der Jagd nach Hause bringt: man rechnet diese That als den Anfang seines männlichen Alters.

Ehe diese Indianer in eine Schlacht gehen, versuchen sie ihre Kräfte in ordentlicher Schlachtordnung wider ihre Weiber. Werden sie daselbst überwunden, so ermuntert dieser Verlust ihren Muth, und sie ver=

spre=

sprechen sich einen glücklichen Erfolg in der Hauptschlacht. Tragen sie hingegen den Sieg davon, legen sie solches als ein übeles Zeichen aus. Diese Gewohnheit, Madame, so lächerlich sie auch scheint, ist gewissermaßen in der Vernunft gegründet. Im ersten Falle getrauet sich der Mann, der bey gröstem Unwillen aufgemuntert wird, nicht nach Hause zu kehren, ohne gesieget zu haben, aus Furcht, von seiner Frau zum zweyten male Schläge zu bekommen. Im entgegen gesetzten Falle aber, er mag in der Schlacht auch noch so unglücklich gewesen seyn, ist er versichert, bey seiner Rückkunft wohl aufgenommen zu werden, weil die Frau weis, daß er der stärkeste ist.

Die Art, wie diese Leute ihren Feinden den Krieg ankündigen, ist sehr nachdrücklich. Die ganze Völkerschaft versammelt sich, und der Beleidigte beklaget sich auf das heftigste, über die ihm wiederfahrene Beschimpfung. Hierauf hält er eine Axt über seinen Kopf, und schwöret, die empfangene Beleidigung zu rächen. Alle Anwesende, die jederzeit seine Parthey nehmen, heben ihre Axt ebenfalls in die Höhe, und in dieser Stellung fangen sie alle an, in einem verdrüßlichen und drohenden Tone zu singen,

und

und machen ein gedämpftes Geräusch dazu, das durch Kieselsteine veranlasset wird, welche sie in Flaschenkürbissen herumschütteln.

Die Franzosen, zur Zeit ihrer ersten Niederlassung in Acadien, um sich das Zutrauen der Wilden zu erwerben, hatten den Einfall, einige der vornehmsten Oberhäupter dieser Völker zu bereden, daß sie ihre Kinder an Kindesstatt annehmen möchten. Diese Aufnehmung geschah auch öfters, und hatte vor der Römischen den Vortheil, daß die wirklichen Väter, wenn sie im Kriege die Parthey wider den Pflegevater ergriffen, dem Rechte der Aufnehmung keinen Schaden thaten. Dieß erinnert mich an eine Begebenheit, welche mir von einer Person aus der Colonie ist erzählet worden.

Einige Franzosen hatten Streit mit den Wilden bekommen, und waren zusammen in ein Handgemenge gerathen, wobey letztere ziemlich übel behandelt wurden. Ihre Camaraden, die erfahren hatten, was vorgegangen war, belagerten die Franzosen in so großer Anzahl, daß es diesen nicht möglich schien, zu entkommen. Eines von den Kindern, von denen ich gesaget habe, als es seine Landesleute in der äußersten Gefahr sah,

Der 98. Brief.

gieng zu seinem Pflegevater, der einer der Häupter der Völkerschaft war, und sagte zu ihm: „mein Vater, ich habe ein großes Verlangen, darnach ich mich sehne: ich möchte gern einem der Feste beywohnen, wo verordnet ist, daß alles, was zugerichtet wird, verzehret, und nicht das geringste übrig gelassen werde. Ich bitte, ihr wollet eines dergleichen in dem Dorfe anbefehlen; und ich versichere euch zum voraus, daß ich sterben würde, wenn das geringste von dem Gastgebote übrig blieb." Der Indianer, der bey der Bitte dieses jungen Franzosen keine Arglist vermuthete, antwortete ihm: „mein Sohn, ich bin von der Unruhe deines Gemüthes durchdrungen, und ich versichere dir, daß ich die Anstalten dieses Festes sogleich anbefehlen will." Es wurde der Tag dazu genommen, da die Franzosen sich vorgenommen hatten, die Flucht zu ergreifen. Das Gastmahl nahm seinen Anfang gegen Abend; und alle Tische wurden mit so vielem Ueberflusse besetzet, daß die Gäste um Milderung baten. Der junge Mensch, dem die Franzosen das Zeichen ihres Aufbruches gegeben hatten, gieng und sagte seinem Pflegevater, er hätte Mitleiden mit den Gästen,

und

und wünschte, daß man sie mit mehrerm Essen verschonen möchte. „Ich bitte euch, mein Vater, befehlet, daß sie vom Tische aufstehen, und sich zur Ruhe begeben; ich mache mich anheischig, sie in einen angenehmen Schlaf zu versetzen." Die Gäste nahmen diese höflichen Anerbietungen an; er aber nahm seine Zither, und spielte ein einschläferndes Lied mit so vieler Kunst, daß nicht ein einziger Wilder war, der nicht in den tiefsten Schlaf verfiel. So bald der listige Musicus sie in dem Zustande sah, worinnen er sie haben wollte, machte er sich auf zu seinen Landesleuten, und ergriff mit ihnen die Flucht, ohne sich der geringsten Gefahr auszusetzen.

Die Naturgeschichte von Acadien hat heutiges Tages wenig Merkwürdiges aufzuweisen. Man sagt aber, daß ehedem an der Mündung des Flusses St. Jean, wo eine Sandbank befindlich ist, die an ihrer Oeffnung eine Bay von ohngefähr vier hundert Schritten im Umfange ausmachet, ein großer schwimmender Baum soll zu sehen gewesen seyn, der bey der stärksten Ebbe und Fluth, und bey den größten Ueberschwemmungen, niemals von seinem Platze gewichen ist, sondern sich um um seine Wurzel, wie um einen Stift zu drehen geschienen hat, dabey aber allemal aufrecht stehend geblieben ist. Er war von der Stärke einer kleinen Tonne, und das Meer bedeckte ihn zuweilen etliche Tag lang. Die Wilden leisteten ihm eine Art von abergläubiger Verehrung; hiengen Häute von Bibern, und andern Thieren daran, und sahen es als ein übeles Zeichen an, wenn sie ihn nicht gewahr wurden. Die Franzosen begaben sich einsmals in einer Schaluppe dahin, banden ein Seil um den Baum, und versuchten, ob wohl vergebens, ihn auszureißen. Der Stamm, der bey aller ihrer Bemühung unbeweglich blieb, hat niemals von seinem Platze können verrückt werden. Der Fluß St. Jean ist einer der größten im Lande. Seine Ufer sind mit großen Eichen besetzet, und mit vielerley andern Gattungen von Bäumen, derer Holz von Werthe ist. Man findet auch eine Art von Nußbäumen daselbst, derer Frucht dreyeckig, und von sehr gutem Geschmacke ist: ingleichen Weinstöcke, welche vortreffliche Trauben hervorbringen.

Man rühmet auch die Ufer des Flusses Pentagoet, wegen der Fruchtbarkeit des dasigen Bodens. Außer denen in Frankreich

be-

bekannten Bäumen, wie die Eiche, Buche, Esche, der Ahorn, sieht man daselbst Fichten, von sechzig Fuß Höhe. Das Land hat eine Menge Bäre, die von Eicheln leben, und derer Fleisch so weiß und schmackhaft ist, als das von einem Kalbe. In der Gegend derer Inseln, die an der Mündung des Flusses liegen, fängt man Mackerellen in Ueberflusse, womit die Engländer einen grossen Handel nach den Antillischen Inseln treiben. An dem mitternächtlichen Ufer des Pentagoet hatten die Franzosen vor diesem einen kleinen Wohnplatz errichtet, der St. Sauveur hieß.

In der Nachbarschaft von Acadien ist eine Insel, Miscou genennt, wo die Natur das daselbst mangelnde Flußwasser durch eine sehr besondere Quelle ersetzet. Zwey hundert Schritte von der Insel, sieht man mitten aus dem Meere einen Strudel süßes Wassers, zwey Hände dick, herausdringen, der sich zu einer ansehnlichen Höhe erhebet. Er behält seine Süßigkeit auf zwanzig Schritte im Umkreise, ohne daß ihn Ebbe und Flut abhält, oder seinen Lauf verhindert; vielmehr sinkt und hebt er sich mit selbiger. Die Fischer fahren in ihren Schaluppen hin, Wasser zu holen, und schöpfen es mit Eimern, wie an einem Brunnen.

nen. Der Ort, wo es herausquillt, ist bey der seichtesten Ebbe ohngefähr eine Lachter tief; das Wasser aber da herum ist so salzig, als in der offenbaren See. Die Insel Miscou liegt in der Bay der Spanier; und ihren Namen hat sie von etlichen Reisenden dieser Nation erhalten, die dahin gekommen waren, Goldgruben zu entdecken. Nach etlichen vergeblichen Versuchen kehrten sie wieder heim, und schrien a ca nada, das heißt, hier ist nichts: dieses, sagt man, sey der Ursprung des Namens von Canada. Andere leiten ihn von dem Irokoischen Worte Kannata her, welches einen Haufen Hütten bedeutet. Dem sey aber wie ihm wolle, ich befinde mich gegenwärtig an dem Eingange dieser weitläuftigen Landschaft, und bin auf dem Puncte, mich nach Quebec zu begeben, wo ich den Winter zuzubringen gedenke.

Ich bin u. s. w.

Louisbourg, den 4 September, 1748.

Ende des achten Theils.

Ver

Verzeichniß
der in diesem Theile befindlichen Materien.

Der 89. Brief.
Lappland.

Beschreibung der Lappländer	3
Der Reisende kommt aus den Haven von Archangel nach Lappland: Beschreibung dieses Havens	4
Welche Fremde zu erst daselbst angelandet sind	5
Ursprung der Lappländer: wer ihre Landesherren sind: die Stadt Kola in dem Rußischen Lapplande.	6
Das Schwedische Lappland: wie die Städte darinnen beschaffen sind	7
Die Lappländer sind ein herumziehendes Volk	8
Die Bauart ihrer Häuser: wie sie von einem Orte an den andern ziehen.	9
Beschreibung ihrer Häuser	10

Ihre

Ihre Magazine: ihre Speisen: wie sie ihr
   Salz verfertigen.   11
Ihr Getränke   12
Sie lieben den Brandwein: wie sie ihre
   Mahlzeiten zu halten pflegen   13
Sie rauchen gern Tabak; und kauen ihn
   auch: ihre Gastgebote   14
Sie sind selten krank; und werden sehr
   alt: ihre häufigsten Krankheiten sind,
   das Augenweh, und die Dürrsucht: sie
   haben keine Aerzte: ihre Heilungsmit-
   tel   15
Sie nehmen ihre Zuflucht zu der Zauberey 16
Beschreibung der Zaubertrommel, und wie
   der Zauberer sich ihrer bedienet   17
Ein Zauberstück, der Gan genennet   18
Sie haben auch eine große schwarze Katze 19
Wie die Verstorbenen begraben werden   20
Der Lappländer Kleidung   21
Der Weiber Kleidung   22
Reise etlicher französ. Mitglieder d. Acad.
   d. Wissensch. nach Lappland   23
Die vornehmste Messe der Lappländer wird
   zu Torneå gehalten   24
Wie man in Lappland die Jagden anstel-
   let   25
Die dasigen Kupferbergwerke: Reise des
                                           fran-

franzöſ. Dichters Renard, nebſt einigen
anderen Herren nach Lappland: aller-
hand Denkmale, und Aufſchriften 26
Aſtronomiſche Beobachtungen bey der
Stadt Uleå: Beſchreibung dieſer Stadt 27
Die Wälder von Lappland 29
Der Berg Kiemi: ein Denkmal, das die
Lappländer als ein Wunder anſehen 30
Die Art, wie man in dem Lande reiſet 31
Nahrung der Rennthiere: wie die Herme-
line gefangen werden: der Berg Wind-
ſo, wo ein berühmtes Denkmal iſt 33
Beſchreibung dieſes Steines 34
Muthmaßungen wegen der darauf befindli-
chen Aufſchrift 35
Lappländiſche Caravanen, die ihre Waa-
ren auf die Meſſen führen 36
Ihre Lebensart unter Weges 37
In dem mittäglichen Lapplande giebt es
Pferde; dieſe Thiere leben auf eine ſon-
derbare Weiſe 38
Die daſigen Einwohner bedienen ſich der
Bäder 39
Worinnen ihr Geleuchte beſteht: Beſchrei-
bung der Stadt Torneå, und ihrer Häu-
ſer 40
Die daſige Kirche, u. Gottesdienſt: die Dör-
fer,

fer, u. Kirchspiele: die Policey 41
Character der Einwohner: die Lappländer
schicken sich nicht zum Soldatenstande 42
Ihre Religion, und abergläubige Gewohnheiten; auch Zauberey: was sie ihren Priestern entrichten müssen 43
Einführung des Christenthumes in Lappland; und der Lutherischen Religion: die dasigen Schulen, und Priester 44
Die Einwohner sind den abergläubigen Gebräuchen, der Zauberey, und den Ueberbleibseln vom Heidenthume noch zu sehr ergeben 45
Ihre Götzen 46
Ihre Schlachtopfer 48
Sie widmen gewisse Tage dem Andenken der Verstorbenen: sie gehen nicht gern in die Kirche 49

Der 90. Brief.
Fortsetzung von Lappland.

Die Moscowitischen Lappländer sind fast alle Götzendiener 50
Ehemalige Regierungsform der Lappländer 51
Ihre itzigen Abgaben 52
Ihre berühmtesten Messen 54

Die

Verzeichniß der Materien.

Die Waaren, die sie dahin bringen; und was sie dafür eintauschen: die Art, wie die Schwedischen Lappländer sich verheurathen 55

Wenn ein Kind getaufet wird: Anwerbung um eine Braut 56

Die Verheurathungen werden zuweilen lange aufgeschoben: des Bräutigams gewöhnliche Lieder, wenn er die Braut besuchet 58

Gebräuche bey der Hochzeit 61

Mitgabe der Töchter, und die übrigen Hochzeit Geschenke 62

Die Moscowitischen Lappländer machen bey ihrer Verheurathung nicht so viel Umstände: Ehebruch, und Ehescheidung sind selten in diesem Lande: die Weiber zeugen nicht viel Kinder 63

Wenn eine Frau schwanger ist, wird der Wahrsager befraget: Anstalten zu des Kindes Taufe 64

Die Mütter säugen ihre Kinder selbst: ihre Wiegen, Windeln 65

Erziehung der Kinder: die Söhne werden geschickte Jäger: große Zurüstung bey der Bärenjagd 66

Wer einen Bär erleget hat, wird als ein

VIII. B.   Ee   Held

Held angesehen: wie diese Jagd angestellet wird 67
Gastgebote werden hernach angestellet 70
Was die Jäger nach dem Feste zu beobachten haben 71
Keine Frau darf sich bey einer Jagd einfinden: gewisse Tage werden als unglücklich gehalten 72
Von Wissenschäften u. Künsten wissen die Lappländer nichts: sie bilden sich ein, gut zu kochen: ihre Tischerarbeit: ihre Barken: ihre Schlitten, worinnen ihre Pracht besteht 73
Die Weiber beschäftigen sich auch mit der Stickerey: ihre übrigen Verrichtungen 74
Ihre Rennthiere: der Lappländer Gemüthsart 75
Die Weiber sind jähzornig; der Lappen gute Eigenschaften 77
Die verschiedenen Jahreszeiten in Lappland: Wirkung der Kälte 78
Die Nordlichter 79
Die Hitze im Sommer: entsetzliche Sturmwinde 80
Es giebt vieles Wildpret in Lappland; Schneehüner, und andere Vögel; worunter der Loom, u. der Kniper merkwürdig sind 81

Verzeichniß der Materien.

Die Lappländischen Hunde: ihr Nutzen:
die Fehen, wovon das Grauwerk kommt,
sind eine Art von Eichhörnern   82

Besondere List der Marde: Hermeline   83

Der Lemmer, eine Art von Ratten: dessen
besondere Eigenschaften   85

Die vielen Fliegen in Sommer werden
den Einwohnern unerträglich: der große
Ueberfluß an Fischen giebt zu einem starken Verkehr Anlaß   87

Drey berühmte Flüsse: die Schiffahrt
wird durch die großen Wasserfälle in
den Flüssen sehr gehemmet   88

Wenig Ackerbau, aber viele Wiesen, giebt
es in Lappland: auch hohe Berge, u. angenehme Thäler   89

Was für Bäume hier wachsen? verschiedene Arten von Moosen, u. Erdschwämmen: von letztern riechen einige sehr
gut: ihr Gebrauch   90

Beschreibung einer Lappländ. Hütte   91

Wie die Wirthinn dieser Hütte einen Reisenden aufgenommen hat: ihr Anzug   92

Man machet ein anderGeschenke   93

Weiße Bäre: eine Reise in Schlitten mit
Rennthieren   94

Die Lappen sagen diesen Thieren in das
Ohr, wo die Reise hingeht   95

Sie schätzen ein Stück Tabak höher als
  Geld: wie sie ihre Todten begraben 96
Unterredung mit einer Lappländerinn: die
  Weiber sticken ziemlich gut 97
Ihre Religion 98
Besuch bey einem Zauberer 99
Nach empfangenen Brandwein, machet er
  seine Künste 100
Die Lappen sind gastfrey 101
Wie sie ihre Butter machen: wie sie ein=
  ander grüßen 102
Beschreibung der Städte Kola, und Wa=
  ranger 104
Getränke des Landes: das Dänische
  Lappland ist das wildeste 105
Die Sitten, die Gestalt, u. das Frauen=
  volk, aller Lapplande 106

Der 91. Brief.
Norwegen.

Es giebt Zauberer im Lande, die sich rüh=
  men, daß sie dem Winde auf der See
  befehlen können, und treiben ein Ge=
  werbe damit: was dabey vorgegangen
  ist 107
Was von dieser vermeynten Macht zu
  halten ist 109

Schil=

Verzeichniß der Materien.

Schilderung der Norwegen	110
Sie unterscheiden sich durch ihren Verstand, u. Gestalt, von den Lappen	112
Ihre Geschicklichkeit in mechanischer Arbeit	113
Sie sind höflich, ehrgeitzig: ihr Adel	114
Ihre Tapferkeit, u. Treue für ihre Landesherren	115
Ihre Neigung zu den Processen: ihre Aufrichtigkeit, u. Freygebigkeit	116
Sie sind reich, ihre Beschäftigungen	117
Die Silber- u. Kupferbergwerke des Landes	118
Ihr Ertrag	120
Die Stadt Drontheim	122
Geschichte von Norwegen	123
Die dasige Verwaltung der Justiz: die Religion: die Eintheilung des Reiches	124
Christiania ist die Hauptstadt: die Festungen	125
Bergen: der ehemalige Palast des Erzbischofes wird einer Gesellschaft von Kaufleuten eingeräumet, welche Mönche gennennet wurden	126
Beschreibung einer Jagd der Elendthiere	127
Wie man die Seevögel fängt	128
Ihre Federn machen einen ansehnlichen Handel aus	129

Die Federn der Pingoins, u. Elvers, sind besonders berühmt: Beschreibung dieser Vögel 131
Das Meerwunder an den Norwegischen Küsten, Krake genennet 134
Es giebt zu einem Sprichworte im Lande Anlaß 137
Ein Vogel, der große Nordische Taucher: der Fischeradler 138
Die große Norwegische Meerschlange 139
Die vierfüßigen Thiere in Norwegen: die Pferde 142
Die Ochsen und Kühe 143
Die dasigen Bäre 144
Wie sie gejaget werden 145
Große Anzahl von Wölfen: wie sie gefangen werden 148
Der Ackerbau ist nicht einträglich: das Obst wird selten reif: die Waldungen sind desto ansehnlicher: es giebt auch vielen Marmor 151
Ingleichen Bergcrystall: die hohen Gebirge dienen dem Lande als Festungen 152
Die Dörfer sind klein, u. die Häuser sehr zerstreuet: Beschwerlichkeit der Landstraßen 153
Ein merkwürdiger Weg, der in eisernen

Stan-

Verzeichniß der Materien.

Stangen hänget: die Risse in den Felsen sind für die reißenden Thiere vortheilhaft ... 154
Die Schneefälle in den Gebirgen ... 156
Sonderbare Gestalt mancher Berge: Abwechselung der Tages- u. Jahreszeiten ... 157
Die Nordlichter ... 158
Die Kälte in Norwegen ... 161
Wegen der großen Kälte findet man auf den Landstraßen warme Stuben: mehrere Verwahrungsmittel ... 162
Große Hitze im Sommer: die Religion, u. die Gesetze in Norwegen ... 163
Ein berühmter Wasserfall ist eine peinliche Strafe des Landes ... 164

Der 92. Brief.
Island.

Alte Geschichte von Island ... 165
Norwegische Familien haben sich in Island niedergelassen: woher Island seinen Namen hat ... 167
Das Land ist voller entsetzlichen Berge, u. fruchtbaren Thäler: die Eintheilung des Landes: die dasigen Wohnungen: die Einwohner leben von der Fischerey: der Acker wird wenig gebauet ... 168

Die Jahreszeiten: die Nordlichter: die Städte; keine Dörfer kennet man 169
Der Berg Hecla; seine siedenden Wasserquellen: sie zeigen das Wetter an 170
Der Berg Krafle, ein anderer Volcan 171
Drey merkwürdige warme Quellen in Island 173
Ein dergleichen warmes Bad: Hochzeitceremonien in Island 175
Ein Art von Getränke in Island, Syre genennt 177
Das Brod ist selten: der Isländer Gesundheit ist dauerhaft; ihre Kinder Erziehung 178
Wie sie unterrichtet werden 179
Bekleidung dieses Volkes 180
Ihre Häuser 182
Ihr Hausrath: ihre Kirchen 184
Die Religion im Lande ist die Lutherische 185
Jedes Bisthum hat eine lateinische Schule: Einkünfte der Bischöfe 186
Der übrigen Geistlichen Einkünfte 187
In Hoolum werden geistliche u. andere Schriften gedruckt: die Isländische Dichtkunst: dieses Volkes Geschicklichkeit zum Studiren, und Handwerken; und zur Handlung 188

Ge-

Verzeichniß der Materien.

Gerichtliche Personen: der Befehlshaber
 auf der Insel 189
Wie die Abgaben bezahlet werden: e**
 Pachtgesellschaft der königl. Finanzen
 ist in Kopenhagen errichtet 190
Man rechnet hier nach Fischen, u. nicht
 nach Gelde: wohin die Einwohner
 ihre Waaren zum Verkaufe bringen 191
In Island giebt es eine unzähliche Menge
 Fische 192
Die Einwohner lieben die Processe: wo
 sie entschieden werden: was außeror=
 dentliche Gerichtstage sind? 193
Die höhern Gerichte: wie die geistlichen
 Streitigkeiten entschieden werden 194
Die peinlichen Strafen: die Lustbarkeiten
 der Isländer 195
Sie lieben das Schachspiel: worinnen
 ihr vornehmster Reichthum besteht 196
Ihre Heerden Schafe: welcher Gefahr
 sie ausgesetzet sind 197
Der vorzüglichste Handel besteht in Scha=
 fen: die außerordentliche Menge von
 Füchsen thut den Schäfereyen großen
 Schaden 199
Es giebt ihrer viele weiße: wie man die
 Båre fängt 200

Allerhand Merkwürdigkeiten auf dieser
  Insel, als Crystalle, die Jokuls   201
Kein giftigen Thiere giebt es nicht: auch
  weniges Holz: wie man diesen Man-
  gel ersetzet: wie man sich hilft, wo es
  an Weyde fehlet   202
Die Luftzeichen in Island: die zahmen
  Thiere: die Pferde werden zu gewissen
  Zeiten in das Gebirge geschicket   203
Man hat wenig zahmes Federvieh: desto
  mehr Wasservögel   204
Ihre vortreflichen Federn, insonderheit
  der Eiderdun: die Raubvögel: die
  hiesigen Falken sind die besten in ganz
  Europa: die dazu bestellten Falkeniere
  müssen die Falken alle Jahre einliefern 205
Wie die Falken nach Dänemark gebracht
  werden: der König machet Geschenke
  damit an die Europäischen Potentaten   206
Es giebt viele Schwäne und Enten auf
  den Küsten: auch viele Fische: viele
  Heringe: besonders viele Sardellen   207
Der größte Feind der Sardellen ist der
  Cabeljau: wie dieser Fisch gefangen
  wird: er ist unter dem allgemeinen
  Namen, Stockfisch, bekannt: wie er
  zubereitet wird   208

Der

Verzeichniß der Materien.

Der Wallfischfang 209
Warum Island wenig bevölkert ist: eine der Ursachen ist, die schwarze Pest 211
Die Geschichte der Isländer ist in den alten Chroniken, in Versen, aufbehalten: so wie ihre Religion: ihre Göttergeschichte 212
In alten Zeiten waren die Isländer gute Fechter, u. Seeräuber: der Zweykampf entschied ihre Processe 213

Der 93. Brief.
Grönland.

Beschreibung des Heringfanges 215
Viele Holländer leben blos von dieser Fischerey: sie verstehen am besten die Kunst, die Heringe einzupökeln 217
Was man Picklinge heißt: Aufenthalt der Heringe 219
Ihr Zug, und wie sie sich vertheilen 220
Ursache ihrer jährlichen Reise 221
Ihre Anführer heißen Königsheringe 222
Wie die Fischer ihre Netze stellen: der ärgste Feind der Heringe ist der Wallfisch 223
In Grönland giebt es weder Städte, noch Dörfer: etliche Hütten für die Däni-

sche

sche Colonie: Beschreibung der Häuser
der Eingebohrnen 224
In ihren Stuben brennen große Lampen,
mit Fischthrane, u. der Dacht ist von
Moose gemacht 226
Im Sommer leben die Grönländer unter
Zelten 227
Zu Gotteshaab haben die Herrnhuter ei-
ne Gemeine: Stiftung dieser Secte 228
Lebensbeschreibung eines Herrnhuters,
Namens Marcus 231
Geschichte der ersten Bevölkerung von
Grönland 234
Ihre Oberherren: der größte Theil der
Einwohner wurde durch eine Krank-
heit hingerissen, der schwarze Tod ge-
nennet 235
Dieses hat alle Gemeinschaft mit Grön-
land aufgehoben: in neuern Zeiten ha-
ben die Könige v. Dánemark dem
Lande aufzuhelfen gesuchet: die Er-
richtung der königl. Handlungsgesell-
schaft: gegenwärtiger Zustand des Landes 236
Grönland wird in zwey Districte einge-
theilet 237
Unerträgliche Kälte dieses Landes: entsetzlicher Schnee 238

Er-

Erstaunende Eisschollen auf dem Meere:
große Eisinseln: kurze, aber heftige
Hitze im Sommer 239
Das Meerwasser verdünstet sogleich in ein
Salz: die Nächte sind allezeit sehr
kalt: viele Nebel: die Witterung in
Grönland ist allemal das Gegentheil
der Witterung in dem übrigen Europa 240
Die häufigen Dünste, welche aus dem
Meere steigen, verursachen den Scor=
but, u. Brustbeschwerungen 241
Norblichter sieht man alle Abend: was
für Bäume, u. Gartenfrüchte in Grön=
land wachsen: keine Metalle findet
man 242
Eine mineralische Erde trift man an:
auch Amiantsteine: einen unreifen
Marmor: kein giftiges Thier sieht man:
Bäre giebt es von außerordentlicher
Größe 243
Rennthiere: die Hunde werden an statt
der Pferde gebrauchet: Hasen, u. Füch=
se sind sehr häufig: das Meer ist sehr
fischreich: der Wallfisch, u. der See=
hund sind die wichtigsten: Beschrei=
bung des letztern 244
Wasservögel 245

Der

Der 94. Brief.

Fortsetzung von Grönland.

Es fehlet in Grönland nicht an Lebensmitteln, die häufig aus Dänemark zugeführet werden, zum Unterhalte der Colonie 246

Nahrung der Grönländer: ihr Getränke: sie sind sehr unreinlich: Zurichtung ihrer Speisen: wenn sie essen 247

Wie sie Feuer anmachen: sie sind geschickte Fischer 248

Sie haben eine Art von Kleidung, darinnen sie auf der See gehen können: Beschreibung des Wallfisches 249

Die Grönländischen Wallfische sind sehr groß 250

Zu dem Wallfischfange ziehen die Grönländer ihre besten Kleider an: wie sie den Wallfisch fangen 251

Wie viel ein Wallfisch Thran giebt: wie die Seehunde gefangen werden: der Grönländer Heurathen 254

Wenn sie Kinder erzeugen: die Heurathen werden leicht getrennet: die Weiber müssen ihre Männer bedienen, u. kriegen öfters Schläge 256

Verzeichniß der Materien.

Nach der Niederkunft bleiben die Weiber nicht lange im Bette: Erziehung der Kinder 257
Die Vielweiberey ist in Grönland selten: 258
Die unverheuratheten Weibspersonen leben sehr keusch, u. eingezogen: was ein Angekkok ist 259
Die Weiber rechnen sich zur Ehre, bey diesen Propheten zu schlafen: sie verheurathen sich nicht mit ihren Verwandten: Gestalt der Grönländer 260
Ihre Krankheiten; u. Arzeneymittel: sie haben wenig Verstand; auch keinen Begrif von Gott 261
Sie singen u. tanzen bey allen Gelegenheiten, entscheiden auch ihre Streitigkeiten auf diese Art: sie leben unter einander völlig unabhängig, u. wissen nichts von Anständigkeit 262
Was für eine Art von Zweykampfe bey ihnen eingeführet ist 263
Von Mordthaten findet man wenige Beyspiele: wie sie bestrafet werden: die Hexen werden hart bestrafet: Diebstahl wird höchst verabscheuet 264
Die Grönländer sind unglaublich unreinlich 265

Die

Die Weiber waschen sich mit Urine 266
Die Grönländer haben einen außerordentlichen Nationalstolz: ihre guten Eigenschaften 267
Ihre Kleidung 268
Der Weiber Kleidung 269
Der Grönländer Feste: ihre Gastgebote 271
Ihre Dichtkunst: ein Beweis davon 272
Ihre Spiele 273
Ihr Gottesdienst: Eigenschaft eines Zauberers 274
Sie werden bey Kranken um Rath gefraget 275
Der Grönländer Begräbnisse 276
Die Insel Spitzbergen: Beschreibung dieses Landes 277
Die dasige Witterung, Nordlichter, Thiere, Erdboden: hier werden die größten Wallfische gefangen 278
Der Holländer Handel dahin 279

Der 95. Brief.
Hudsons-Bay.

Schwimmende Eisberge 280
Gefahr der Schiffe bey diesen Eisbergen 281
Woher sie entstehen 282

Verzeichniß der Materien.

Erforſchung eines Weges nach Oſtindien über Nordweſten: Johann Cabot Reiſe dahin: man ſchreibt ihm die Entdeckung des nördlichen America zu	283
Seines Sohnes, Sebaſt. Cabot Verſuche	284
Forbiſhers, u. des Capitain Davis, u. Hudſons Verſuche	285
Mehrerer Engländer Verſuche	286
Der Capitaine, Moore, u. Smith, letzte Schiffahrt dahin: ihr Verhaltungsbefehl	287
Es entſteht auf dem Schiffe ein gefährliches Feuer	297
Das Land der Esquimaux: woher dieſer Name kommt	298
Eintheilung der Esquimaux: ihre Geſtalt	299
Ihre Geſchicklichkeit: ihre Lebensart	300
Ihre Kleidung	301
Was ihre Schneeaugen ſind: die Schneeblindheit, eine ſchmerzhafte Krankheit	302
Ihre Werkzeuge, Kähne, und Schleudern: die Meerenge von Hudſon	303
Die Marmorinſel	304
Errichtete Hütten, u. Wohnungen an dem Fluß Haics	305
Kälte der Hudſons=Bay	306
Winterkleider, Schneeſchuhe, u. Unterhalt daſelbſt	307

VIII. B.   F f   Der

Der harte Frost, u. Schnee daselbst:
wie lange die Kälte dauert 308
Die Hunde ziehen die Schlitten: Unter=
suchung der Küste 309
Das dasige Erdreich, Pflanzen, und Ge=
wächse: die Engländer haben bey ih=
ren Wohnplätzen hübsche Gärten ange=
leget: die Mineralien des Landes 310
Der Amiantstein ist sehr gemein: auch
ein gewisser schwarzer Stein, woraus
die Einwohner Spiegel machen: Wit=
terung des Landes 311
Man sieht hier öfters Nebensonnen, Licht=
kegel, u. Nordlichter: die Gewitter
sind selten, aber desto stärker 312
Wirkungen der heftigen Kälte 313
Das Wildpret wird im Winter weiß 314

Der 96. Brief.
Fortsetzung von der Hudsons=Bay.

Character der Esquimaux: sie sind dienst=
fertig 317
Ihre Arbeitsamkeit u. Geschicklichkeit ist
zu bewundern: ihre Kleidung 318
Sie trinken Fischthran gern 319

Ihre Art Feuer anzumachen: sie sind nicht
 eiferſüchtig: Beweis davon   320
Muthmaßung wegen eines nördlichen
 Weges   321
Die Meerenge von Wager   322
Fernere Unterſuchungen dieſes Weges   323
Je weiter man nach Norden kommt, je
 mehr nimmt alles an Größe ab: die
 daſigen Wilden   325
Schlechte Hofnung des geſuchten Weges   326
Gegenbeweiſe von der Wirklichkeit dieſes
 Weges   327
Auch die Ausſage der Esquimaux beſtä=
 tiget dieſe Meynung   329
Mehrere Beweiſe dieſer Meynung   330
Die wahrſcheinlichſte Muthmaßung die=
 ſes Weges iſt in den Meerbuſen von
 Cheſterfield zu ſetzen   331
Noch ein einziger Verſuch entdecket ihn
 vielleicht   332
Vortheile dieſer Entdeckung   333
Der Fluß Nelſon: er iſt vortheilhaft für
 die Handlung: die Schanze York   335
Sie iſt der wichtigſte Platz der Compag=
 nie von Hudſons=Bay: die übrigen
 Schanzen   336

Die südwestlichen Esquimaur: ihre Gestalt: ihre Kleidung 337
Ihre Lebensart: sie tödten vieles Wildpret: Ursachen davon 338
Beschreibung einer Art von Wildpret Cariboux genennt 339
Der Esquimaux übrige Nahrung: sie heben keine Vorräthe auf 340
Ihre grausamen Mittel, wenn die Vorräthe ausgegangen sind 341
Sie verzehren alsdenn ihre eigenen Kinder 342
Geschichte von der Aeltern Liebe zu ihren Kindern 343
Barbarische Gewohnheit in Ansehung alter Leute 344
Dieses Volk ist wenigen Krankheiten unterworfen: sie heilen sich durch Schwitzen 345
Ihr Mittel wider die Colik: sie lieben starke Getränke 346
Ihre natürliche Billigkeit: ihre Oberhäupter 347
Regierungsform der meisten Canadischen Wilden: ihre Gesetze 348

Sie

Verzeichniß der Materien.

Sie wissen nichts von Leibesstrafen: die Mißionnaire, u. Prediger unterrichten sie: Mordthaten bleiben ungestrafet 349

Ihre Religion 350

Es giebt unter ihnen eine Menge Marktschreyer, welche sie betrügen 351

Sie haben wenige Achtung für das weibliche Geschlecht 352

Ihre Sprache: große Menge von Bibern, und schwarzen Füchsen; geringer Preis des Pelzwerkes 353

Betrügerey der Handlungsfactore 354

Die Biberhäute der Hudsons-Bay sind besser, als die von Canada: Beschreibung des Bibers: ihre Farbe, Haare, 355

Ihr Kopf, Füße, 356

Ihr Schwanz, Fleisch 357

Das Bibergeil: für was es hilft 358

Der Biber Wohnungen 359

Wie sie solche verfertigen 360

Alle ihre Gebäude werden vor Winters fertig: ihre Vorräthe 363

Ihre Jungen 364

Zeit zur Biberjagd 365

Wozu die Biberhaare gebrauchet werden: der Handel der Englischen Compagnie nach der Hudsons=Bay besteht hauptsächlich in Biberhäuten, Rauchwerke, und Mundleim . 366

Die Colonie der Hudsons=Bay hat wenige Einwohner . 367

Der Engländer Eigenthum von der Hudsons=Bay ist ihnen durch den Utrechter Frieden versichert worden . 368

Widerlegung der Franzosen, von der Entdeckung und dem Eigenthume der Engländer des nördlichen America 369

Wenn die Engländer die erste Stadt daselbst erbauet haben: den Franzosen ist die Errichtung des Stockfischfanges zu danken: sie haben auch eher Besitz vom Lande genommen, als jene . 370

Der 97. Brief.

Die Insel Terre=neuve.

Wenn die Engländer und Franzosen sich daselbst niedergelassen, und den Stockfischfang ausgeübet haben . 372

Verzeichniß der Materien.

Die Engländer bemächtigen sich der ganzen Insel: ihre nachher errichtete Gesellschaft, und Anbauung eines Theils dieser Insel 373

Diese Gesellschaft überläßt ihr Recht hernach an andere einzelne Personen: wie diese Insel dadurch bevölkert worden ist 374

Die Franzosen lassen sich viel später auch daselbst nieder; legen einen Haven, Schanze, und Stadt an 375

Die Engländer bemächtigen sich der Fischerey allein: schlecht genommene Maasregeln der Franzosen; Feindseligkeiten beyder Nationen 376

Der Utrechter Friede eignet die ganze Insel England zu: der Boden, das Innerste, und die Eingebohrnen des Landes 377

Anzahl der Engländischen Einwohner: ihre angelegten Schanzen 378

Ihre Statthalter, und Commendanten: wie das Recht daselbst gesprochen wird 379

Wie viel die Fischerey den Engländern jährlich einträgt: andere Vortheile ihres dasigen Handels 380

Ff 4   Jah=

Jahreszeit des Stockfischfanges: wo der
 beste Fang geschieht . 382
Der Stockfische Nahrung: sie werden mit
 Angeln gefangen: ihre erstaunende
 Vermehrung 383
Eine besondere Eigenschaft dieses gefrä-
 ßigen Fisches; wie er eingesalzen
 wird 384
Was man getrockneten Stockfisch nennet:
 wo er gefangen, und zubereitet wird 385
Was dieser ganze Handel den Engläa-
 dern einträgt 386
Umfang von Terre-neuve: ihre Meer-
 enge heißt Belle-Isle 387
Die Landeserzeugungen dieser Insel: die
 Insel Cap-Breton 388
Vortheile, welche die Franzosen von
 Cap-Breton hätten ziehen können 389
Sie legen die Stadt Louisbourg daselbst
 an: der dasige Haven 390
Beschreibung der Stadt, Festungswerke,
 und Schlosses 391
Die Einwohner, der Reichthum, und
 die Magazine dieser Stadt 392
Verfassung der Wilden auf der Insel:
 sie werden durch die Mißionnaire in

der

Verzeichniß der Materien. 457

der christlichen Religion unterrichtet, und getaufet: sie ziehen herum: ihre Hütten 393

Wo sie hinkommen, erbauen sie zu erst eine Kapelle, und ein Haus für ihre Pfarrer: Witterung, Boden, und Holzungen auf der Insel 394

Ihre Früchte, und Thiere; vorzüglicher Stockfischfang; schlechter Ackerbau 395

Warum die Stadt Louisbourg von den Engländern eingenommen worden ist 396

Die benachbarten Inseln von Terre-neuve: in Paris wird eine Gesellschaft zu Bevölkerung der Insel St. Jean errichtet 397

Wem die Insel Anticosti gehöret; sie ist unfruchtbar; die Insel Sable 398

Unglückliches Schicksal einiger auf dieser Insel an das Land gesetzten Franzosen 399

Die Küste von Labrador; dieses Land ist ganz unfruchtbar; Handel der dasigen Wilden 400.

Der 98. Brief.

Acadia.

Die Engländer nennen es Neu-Schott-
land 401

Geschichte dieses Landes: die Hauptstadt:
ihr Haven 402

Die Engländer haben sie in guten Vertheidigungsstand gesetzet: ihr Handel 403

Der Engländer Vorwand zu Besitzneh-
mung dieses Landes 404

Geschichte eines Franzosen, Latour, dieses Land betreffend 405

Schlechtes Verfahren eines Französischen
Gouverneurs, Charnisay 408

Der Utrechter Friede setzet die Engländer in den beständigen Besitz von Acadien 410

Zweifel wegen der Gränzen 411

Wie die Franzosen solche auslegen 413

Eintheilung des Landes in vier Provinzen 415

Die

Verzeichniß der Materien.

Die Engländer wollen eine neue Colonie hier errichten: und eine neue Stadt bauen 416

Sie soll ihrem Stifter zu Ehren Hallifax heißen: was die Engländer für Schwierigkeiten dabey finden dürften 417

In dem Innersten von Acadien giebt es vielerley Indianische Nationen 419

Ihre Oberhäupter nennen sie Samago: derer Gewalt: der Wilden hartes Bezeigen gegen ihre Weiber 420

Die unverheuratheten Weibspersonen leben sehr eingezogen: Liebe dieser Völker zu ihren Kindern: ihr Betragen ehe sie in eine Schlacht gehen 421

Ihre Art, Krieg anzukündigen 422

Die Franzosen lassen sich von ihnen an Kindesstatt annehmen: eine dahin gehörige Geschichte 423

Naturgeschichte von Acadien: ein schwimmender Baum 425

Der Fluß St. Jean: vielerley Bäume von Werthe: vortrefliche Weinstöcke:

die

460 Verzeichniß der Materien.

die Ufer des Flusses Pentagoet sind
sehr fruchtbar 426

Die übrigen Landesproducte, worunter
die Mackarellen sind: die Insel Miscou, woselbst eine merkwürdige Quelle
ist 427

Ursprung des Namens Canada 428

www.ingramcontent.com/pod-product-compliance
Lightning Source LLC
Chambersburg PA
CBHW032001300426
44117CB00008B/860